リーガル
スタディー
現代法学入門

村田　彰〔編〕

中央経済社

は し が き

　本書は，大学や短大あるいは市民カレッジなどにおいて，リーガルセンスを身に付けるための「法学」を講義する際のテキストとして企画したものです。

　現代社会は高度に複雑化し多様化しています。そして，それに伴って，これまでに生じた問題が量的に拡大しているだけではなく，これまでとは質的に異なる問題が新たに生じています。しかも，グローバル化は，これに拍車をかけています。

　そこで，本書では，まず，これから法律学を学ぼうとしている皆さんへのガイダンスとして「これから法律学を学ぶ人のために」（Ⅰ）を，ついで，「紛争・事件と法」（Ⅱ），「一般社会生活と法」（Ⅲ），「金融と法」（Ⅳ），「会社と法」（Ⅴ），「家族と法」（Ⅵ），「福祉と法」（Ⅶ），「高度技術と法」（Ⅷ），「国家と法」（Ⅸ），「国際社会と法」（Ⅹ）のあわせて10の Folder を設定し，それぞれについて File を設けて，今日の社会に生起する様々な問題を考える，というスタイルをとることにしました。

　File の中は，スタート→キーワード→サポート→ステップアップの順となっています。スタートは，問題提起であり，サポートへとつなぐ導入部分ともなっています。サポートでは，問題を解決するための糸口や知っておきたい基礎的な事項が説明されています。そして，サポートを読んで理解できたかどうかを，キーワードでチェックすることができるように工夫されています。さらに，サポートを読み終えた方は，ステップアップで紹介した他の File や参考文献を頼りにして，文字どおりステップアップをすることができます。また，10の Folder はそれぞれ独立していますので，Folder Ⅰの６つの File を読まれた後は，必ずしも本書の順序に従って学習する必要はありません。皆さんが興味を持ったテーマから読み進めて下さっても結構です。ともあれ，皆さんが本書を通して法律学に少しでも興味を抱くようになったとしましたら，執筆者の１人として素直に喜びたいと思っています。

　本書を執筆して下さったのは，私のほか38名の専門家です。その多くは私が以前赴任していた佐賀大学および現在赴任している流通経済大学のスタッフ，私の所属する研究会のメンバーです。特に，尊敬する先輩である雨宮則幸先生（元裁

判官で現弁護士）に寄稿していただいたことはありがたく思っております。また，海外の学術交流の仲間であり友人でもある台湾静宜大学の王欽彦教授と国立台湾大学の黄詩淳副教授にも，お忙しい中執筆していただきました。厚く御礼を申し上げます。そのほかにも，いちいちお名前をあげきれませんが，ご多忙の中執筆して下さった先生方には，心からのお礼を申し上げます。

　本書は，2002年に酒井書店から初版を発刊し，2005年に第2版，2007年に第3版と版を重ねた『リーガルスタディ法学入門』をリニューアルし，『リーガルスタディ現代法学入門』としてヴァージョンアップしたものです。そして，今回からは中央経済社から出版していただくことになりました。同社の露本敦編集長には大変お世話になりました。この本を世に送り出してくださった酒井書店に深く感謝し，それを引き継いでより良い本を出版するためにご協力いただいた露本編集長に厚くお礼を申し上げます。

　なお，今回の編集にあたっては，私の健康上の理由から，流通経済大学の同僚である周作彩教授，西島良尚教授，前田聡准教授に多大なご協力を賜りました。この本を出版することができましたのは，ひとえにお三人のおかげです。ここに記して深く感謝を申し上げます。また，執筆者のお一人である布山裕一先生には，公私にわたってお世話になっており，この場をお借りして厚くお礼を申し上げます。

　　2018年5月

村　田　　彰

目　　次

Folder I　これから法律学を学ぶ人のために

File 1　法源とは／1
1　法解釈学における法源／1
2　成文法と不文法／3

File 2　六法とは／4
1　六法の意味／4
2　公法と私法／6
3　一般法と特別法／6

File 3　法の解釈／7
1　法の解釈／7
2　立法理由／9
3　法概念の相対性／9
4　民法解釈の基準／9

File 4　法令の調べ方／10
1　法の体系／10
2　法律不遡及の原則／12
3　法令の調べ方／12

File 5　法令の読み方／13
1　法令の基本的な構成／13
2　法令用語の基礎知識／14

File 6　判決例の調べ方と読み方／16
1　判決例の調べ方／17
2　判決例の読み方／17

Folder II　紛争・事件と法

File 1　裁判制度／23
1　裁判制度の発展／23
2　日本国憲法における司法権と裁判制度／24

File 2　裁判官・検察官・弁護士／26
1　日本国憲法における司法権と裁判制度／26
2　法曹三者の役割とその関係／27
3　法曹三者の役割の前提としての原理・原則等／28

File 3　民事訴訟／29
1　民事紛争と民事訴訟／29
2　民事訴訟の2つの側面と原則／30
3　民事訴訟の手続（仕組み）／31
4　手続の重要性／32

File 4　少額訴訟手続／32
1　少額訴訟手続の意義と目的／32
2　少額訴訟の手続／33
3　手続の選択／34
4　少額訴訟手続の運用上の課題／34

4　目　次

File 5　民事執行と破産／35
1　民事執行／35
2　破　産／37

File 6　ADR（代替的紛争解決）／38
1　ADR とは／38
2　司法型 ADR／39
3　行政型 ADR／39
4　民間型 ADR／40
5　ADR と時効の中断／40

File 7　刑事訴訟／41
1　刑事訴訟法の目的・基本原理／41
2　刑事訴訟の意義／42

3　捜　査／42
4　公訴の提起（起訴）／42
5　公　判／43
6　公判の裁判／44

File 8　裁判員制度／44
1　裁判員制度とは／44
2　裁判員制度の基本構造／45
3　裁判員の選任／46
4　裁判員制度の裁判手続／46
5　裁判員の守秘義務と裁判員保護のための措置／47

Folder III　一般社会生活と法

File 1　財産法／49
1　財産法／49
2　物権と債権／49

File 2　契約の基本原則／52
1　契約総論／52
2　契約の分類／53
3　契約の成立／53
4　契約の効力／54

File 3　民法（債権関係）の改正／55
1　財産編改正の歴史／55
2　民法債権法改正／56
3　改正法案の内容／57

File 4　売買のルール／58
1　売買はどのような契約か／58
2　売買の予約／59

3　手　付／59
4　売買の効力／60
5　特殊の売買／60

File 5　不動産取引／61
1　不動産とは／61
2　不動産取引とは／61
3　売買契約／62
4　物権変動／62

File 6　動産取引／63
1　動産取引と対抗要件／63

File 7　消費者の保護／65
1　消費者保護の必要性／65
2　消費者契約法／66
3　集団（団体）訴訟制度の新設／66
4　消費者契約法改正／66

File 8　不法行為／68
1　想定される事案と民法709条／68
2　故意又は過失／69
3　権利・法律上保護される利益の侵害／70
4　損　害／70

File 9　交通事故と法／71
1　交通事故と責任／71
2　刑事責任／72
3　行政上の責任／73
4　民事責任／73

File 10　まちづくりと法／74
1　「まちづくり」の分類と概念／74
2　「まちづくり」と都市再生への新たな取り組み／76

File 11　マンションと法／77
1　マンションとは何か／77

2　民法の原則と区分所有法の制定／78
3　マンションの維持管理に関する団体的規律／79
4　復旧・再建・建替え／79

File 12　借地借家と法／80
1　賃借権が債権であることの問題／81
2　存続期間／81
3　賃貸人の変更／82
4　妨害排除／83
5　まとめ／83

File 13　雇用（働き方）と法／83
1　働き方と契約／84
2　雇用契約と労働契約／84
3　労働関係と法／85
4　労働契約の基本原則／85
5　働き方の多様化と法／85

File 14　公証役場と公正証書／86

Folder IV　金融と法

File 1　預金契約／91
1　預金契約の成立／91
2　預金契約をめぐる法律関係／92
3　預金保険制度／93

File 2　金銭と法／94
1　金銭の定義／94
2　金銭債権／95
3　通貨の受領強制力（法定通用力・強制通用力）／95
4　仮想通貨／95

5　金銭債務不履行の特則／96
6　金銭所有権／96

File 3　為　替／97
1　「為替」とは何か／98
2　代表的な為替取引／98

File 4　事業者向け融資／100
1　総　説／100
2　担保と手形／101

File 5　消費者向け融資／103

6　目　次

　　1　消費者向け融資の諸方法／104
　　2　利息の制限と貸金業改革／104

File 6　有価証券／106
　　1　有価証券／107
　　2　手形・小切手／107

File 7　保　証／110
　　1　債権者平等の原則と担保／110
　　2　保証契約の成立／110
　　3　保証債務の性質と根保証／111

　　4　保証契約の効力と連帯保証／111
　　5　分別の利益／111
　　6　保証のヴァリエーション―身元保証
　　　と法人保証／112

File 8　信託法／112
　　1　信託の意義と信託法の歴史／112
　　2　信託の法律関係／113
　　3　現行信託法と民事信託／114

Folder V　会社と法

File 1　法人の種類／117
　　1　法人とは／117
　　2　法人の種類／118

File 2　株式会社の設立／120
　　1　株式会社の設立手続／120
　　2　発起人の権限／120
　　3　定　款／121

File 3　株式会社の機関設計／122
　　1　株式会社の機関／122
　　2　株式会社の機関設計／123

File 4　企業会計／125
　　1　企業会計とは／125
　　2　貸借対照表・損益計算書と複式簿記
　　　の仕組み／126
　　3　会社法会計／127

File 5　資金調達／128
　　1　資金調達の手段（方法）／128
　　2　新株の発行／129

　　3　社債の発行／130
　　4　資金調達手段の比較検討／130

File 6　組織再編／131
　　1　組織再編とは／131
　　2　事業譲渡／132
　　3　合　併／132
　　4　会社分割／133
　　5　持株会社創設のための株式交換・株
　　　式移転／133

File 7　解散・清算・倒産・事業再生／134
　　1　通常の清算手続―解散・（通常）清
　　　算／134
　　2　倒産処理手続／135

File 8　企業の社会的責任(CSR)／137
　　1　「株主の利益最大化」の原則と CSR
　　　／137
　　2　今日における CSR の意義と企業の
　　　責務／138

3　CSRを促進するための方策／139

File 9　独占の禁止／140

　　1　はじめに／140
　　2　私的独占／141
　　3　おわりに／142

Folder VI　家族と法

File 1　家族法／145

　　1　明治民法と第四編親族編・第五編相続編との関係／145
　　2　現行民法／146
　　3　現行民法の問題点と課題／147

File 2　結婚のルール／148

　　1　法律が「婚姻」を規定する理由／148
　　2　婚姻の要件／148
　　3　婚姻の効果／150

File 3　離婚のルール／151

　　1　婚姻関係の解消としての離婚／152
　　2　離婚の方法／152
　　3　離婚の効果／153

File 4　親子間の法律問題／154

　　1　実親子関係／154
　　2　嫡出である子（嫡出子・婚内子）／155
　　3　嫡出でない子（非嫡出子・婚外子）／156
　　4　準　正／156

File 5　養子縁組／157

　　1　養子制度／157
　　2　普通養子縁組の要件と効果／158
　　3　特別養子縁組の要件と効果／159

File 6　親　族／160

　　1　親族の範囲／160
　　2　親族の効果／161

File 7　法定相続／163

　　1　相続の開始と相続の対象となる財産／163
　　2　相続人／164
　　3　法定相続分／164

File 8　遺　言／167

　　1　法律行為として有する遺言の特質／167
　　2　遺言の方式／168
　　3　遺留分／169

File 9　遺産分割協議／170

　　1　相続とは／170
　　2　遺産分割協議／170
　　3　相続分／171
　　4　特別受益・寄与分／171
　　5　遺産分割の方法／171
　　6　遺産分割の対象／172

Folder VII　福祉と法

File 1　成年後見制度／175
1　成年後見制度とは／175
2　任意後見制度と法定後見制度／175
3　成年後見制度の理念／176
4　成年後見制度の利用状況／176

File 2　法定後見制度／178
1　法定後見が開始される場合／178
2　法定後見（後見・保佐・補助）開始
　　の審判／178
3　サポートの内容／179

File 3　任意後見制度／181
1　なぜ任意後見制度が必要なのか／
　　181
2　任意後見制度の概要／182
3　法定後見との関係／183

File 4　医療契約／184
1　医療契約の成立／184
2　医療契約の内容／184
3　医療契約の当事者／185
4　患者が意思無能力の場合／185

File 5　介護保険／186
1　介護保険制度とは／186
2　社会保険としての介護保険／186
3　介護保険給付／187

File 6　医療保険／188
1　医療保険制度／188
2　医療保険の仕組み／189
3　保険給付の種類／189

4　高齢社会と医療制度改革／189

File 7　障害をもつ人のための法／191
1　支援の必要な人間／191
2　障害者自立支援法／192
3　国連障害者権利条約／192
4　成年被後見人の選挙権制限違憲判決
　　／193

File 8　高齢者に対する支援／194
1　高齢者の財産管理／194
2　住宅問題／195
3　医療・介護と虐待防止／196

File 9　労災保険／197
1　労災保険／197
2　労災保険給付／198

File 10　年金制度／199
1　年金制度の趣旨／199
2　年金の種類／199
3　公的年金／199

File 11　ドメスティック・バイオレンス／201
1　ドメスティック・バイオレンスとは
　　／201
2　DVを見つける／201
3　警察官による被害の防止／201
4　配偶者暴力相談支援センターでの相
　　談・保護／202
5　裁判所の保護命令／202
6　国・地方公共団体の責任／202

File 12　児童虐待防止法／203

1 児童虐待の防止等に関する法律（児童虐待防止法）の目的／203
2 児童虐待とは／203
3 虐待を見つける／203
4 どのようにして児童を虐待から保護するのか／204

File 13　少年法／205
1 少年法の意義と理念／205
2 非行少年の意義／205
3 少年審判／206
4 少年の刑事事件／206

Folder VIII　高度技術と法

File 1　公害と法／209
1 公害対策法制の発展／209
2 水質汚濁防止法／210
3 大気汚染防止法／211
4 公害問題と法学の発展／211

File 2　環境問題と法／212
1 環境法とは何か／212
2 生活環境と法／213
3 自然環境と法／214
4 地球環境と法／214

File 3　安楽死・尊厳死／215
1 安楽死・尊厳死の概念／215
2 安楽死・尊厳死をめぐる法的状況／216
3 積極的安楽死をめぐる学説および判例／216
4 治療行為の中止をめぐる法的問題／217

File 4　人工生殖／218
1 人工生殖／218
2 出生した子との親子関係／219
3 その他の問題／219

File 5　脳死と臓器移植／220
1 治療行為の法的性質／221

2 死の判定基準／221
3 臓器移植／221
4 その他の問題／222
5 臓器移植の将来／222

File 6　インターネットと法／223
1 現実社会の法秩序とインターネット／223
2 インターネットにおける表現の自由／224
3 インターネットと取引／225
4 未成年者の保護／225
5 インターネット特有の問題／226

File 7　情報公開と法／226
1 情報公開の歴史／226
2 制度の概要／227
3 不開示情報／228

File 8　知的財産権／229
1 財の多様化・無体化／229
2 知的財産とは／230
3 知的財産の種類／230
4 工業所有権と著作権の違い／231

File 9　大深度地下／232

1 大深度地下法の意義／232
2 大深度地下法の概要／233

File 10　専門家の責任／235
1 専門家が当事者となる契約の特徴／235
2 専門家の義務／235
3 医師の医療上の義務／236
4 専門家責任の問題点／237

File 11　製造物責任／238
1 製造物責任とは／238
2 要　件／239
3 免責事由／239

4 効　果／239

File 12　原子力と法／240
1 原子力発電と安全性／240
2 原子炉を監督する行政機関／240
3 原子炉に対する規制／241
4 被害者の救済／241

File 13　温泉と法／243
1 観光と温泉／244
2 温泉法と温泉資源の保護／244
3 地熱発電と温泉の熱利用／245

Folder IX　国家と法

File 1　国会（法律の制定過程）／247
1 権力分立制のもとにおける国会／247
2 「唯一の立法機関」／248
3 立法権の行使─法律の制定過程─／249

File 2　議院内閣制／250
1 議院内閣制／250
2 衆議院の解散／251

File 3　行政と法／253
1 行政の行為形式──行政法的なものの見方／253
2 行政処分／254
3 法の支配（法治主義）／255

File 4　財　政／256
1 財政民主主義／256
2 租　税／256
3 予　算／257

4 決　算／258

File 5　基本的人権／259
1 人権思想の歴史と変遷／259
2 基本的人権の保障／260
3 憲法の私人間効力の問題／260

File 6　プライバシー保護と法／261
1 プライバシー権／261
2 判　例／262
3 個人情報保護制度／262

File 7　宗教と法／264
1 大日本帝国憲法と信教の自由／264
2 日本国憲法における信教の自由／265
3 日本国憲法における政教分離／266

File 8　選挙に関する問題／267
1 選挙権と選挙法の諸原則／267
2 平等選挙と「一票の価値」─議員定

目　次　11

　　数不均衡問題―/268

File 9　地方自治/269
1　明治憲法下の地方行政の特徴/269
2　現行憲法下の「地方自治」/270
3　国と地方の関係/270

File 10　平和主義/272
1　日本の平和主義/272
2　戦争の放棄/272

File 11　憲法改正/275
1　憲法改正/275
2　憲法改正手続の概要/276
3　憲法改正の限界/276

File 12　国家賠償法/277
1　国家賠償法の制定/277
2　公権力の行使/278
3　違法性/278

Folder X　国際社会と法

File 1　外国人と財産権/281
1　外国人との共存/281
2　日本における外国人の財産権保有制限/282
3　問題点/283

File 2　外国人の参政権/284
1　外国人の人権享有主体性/284
2　外国人の参政権/285

File 3　国際結婚・離婚/286
1　国際私法とは/286
2　国際結婚/287
3　国際離婚/288

File 4　国際連合（国連）/289
1　国際連合の設立/289
2　国際連合の目的，構成，任務/290
3　国際連合と法/291

File 5　障害者権利条約/292
1　障害者権利条約とは？/292
2　条約の特徴/293

3　条約の国内法への影響/294

File 6　国際司法裁判所/295
1　国際司法裁判所の成立/295
2　国際司法裁判所の構成/296
3　裁判と勧告的意見/296
4　管轄権/296
5　選択条項受諾宣言/297
6　裁判手続と判決/297

File 7　EU（EC）法/298
1　ヨーロッパ統合の発展/299
2　EU法/300
3　EUの構成/300

File 8　国際ビジネスと法/302
1　国際ビジネスに関する抵触法・準拠法の問題/302
2　国際ビジネスに関する統一的なルール/303
3　国際ビジネスにおける紛争解決/304

File 9　国際民事訴訟/305

12　目　次

　　　1　国際裁判管轄／305　　　　　　4　国際訴訟競合（国際二重起訴）／307
　　　2　国際民事司法共助／306　　　　　5　国際仲裁／307
　　　3　外国判決の承認・執行／306

＊本書の法令名略語は，原則として判例六法（有斐閣）掲載の略語によります。

Folder Ⅰ	これから法律学を 学ぶ人のために

File 1	法 源 と は

> **スタート**
> これから，みなさんは法律学の勉強を始めます。法律問題を解決する際の規準となるのは法源です。法源とはどのようなものでしょうか。

〈キーワード〉
□ 法源　　□ 制定法　　□ 慣習法　　□ 条理　　□ 判例　　□ 成文法と不文法

サポート

1　法解釈学における法源

　法源はいろいろな意味で用いられます。例えば，法のもつ力の究極的な根拠，すなわち，人を拘束する法の力の源（例：神，君主，国家）という意味で用いられることがあり，主として法哲学において用いられます。また，法とくに裁判規範の素材ないし内容を認識するための資料（例：慣習規範，法書，外国法）という意味で用いられることがあり，主として法史学や比較法学において用いられます。これに対して，最も一般に用いられるのは，裁判に際して裁判官が依拠すべき法規範の形式という意味での**法源**（法解釈学における法源）です。わが国では法解釈学が法律学の中心を占めていますので，ここでは，法解釈学，なかでも民法解釈学における法源を主として見ることにします。

(1)　制定法

　制定法とは，立法機関が定立し，条文の形式をとった成文法を指します。わが国の唯一の立法機関である国会（憲41条）が定立した法律（憲59条）は制定法の代表的なものです（その他については，Folder Ⅰ File 4 を参照して下さい）。

2 Folder I これから法律学を学ぶ人のために

(2) 慣習規範

　一定の社会の内部において繰り返して行われる行為の規範は慣習規範と呼ばれます。現実に存在する慣習規範は，大体において，行為を秩序づける規範（行為規範）であって，裁判の規準となるべき規範（裁判規範）ではないように思われます。しかし，法の適用に関する通則法（法適用通則法〔平成18年 6 月21日法律78号〕） 3 条は，公序良俗に反しない慣習であって，しかも，法令が慣習によるべきであると規定しているか（例：民263条・294条），慣習の内容が法令に規定のない事項（例：譲渡担保）に関するか，のいずれかである場合，その慣習が「法律と同一の効力を有する」と規定して，慣習規範の法源性を明言しています。このことから，慣習規範は，いわゆる「慣習法」にまで高まっていなくても法源性を有するもの，と解せられます。

　なお，商法 1 条 2 項は，「商事に関し，この法律に定めがない事項については商慣習に従い，商慣習がないときは」，民法の定めるところによる，と規定しています。これに対して，刑法では，「罪刑法定主義」により，慣習刑法を認める余地はありません。行政法におきましては，「法律による行政」の原則がありますから，慣習行政法が成立することはほとんどありません。

(3) 条　理

　条理とは，物の道理・筋道とか，事物の本性などですが，実定法体系の基礎になっている基本的な価値体系を意味します。裁判官は，民事事件において適用すべき法源がないからといって，裁判を放棄することも忌避することもできません。そこで，明治 8 年太政官布告108号裁判事務心得 3 条は「民事ノ裁判ニ成文ノ法律ナキモノハ習慣ニ依リ習慣ナキモノハ条理ヲ推考シテ裁判スヘシ」，また，スイス民法（vom 10. Dezember 1907） 1 条 2 項は成文法・慣習法ともに存在しないときは「裁判官は自分が立法者ならば法規として設定したであろうところに従って裁判すべきである」，とそれぞれ規定したのです。このように，条理は，裁判の結論を導き出すために適用される具体的な命題の形ではありませんが，法源の一つとして解されることになります。なお，憲法76条 3 項は，「すべて裁判官は，その良心に従ひ……，この憲法及び法律にのみ拘束される」と規定していますが，ここにいう「良心」は条理に相当するものと思われます。

(4) 判　例

　判例という言葉は多義的です。たとえば，裁判例や判決例という意味で，あるいは，裁判や判決とかの意味で用いられることがあります。しかし，ここでは，

先例価値のある判決のことを指しています。過去の具体的なケースの処理が将来の類似のケースを処理する際の規準とされる場合，その過去のケースは「先例」となります。先例に拘束されるのは，類似の事件に対して同じ内容の判決を下すことが公平の要請に適うだけではなく，類似の事件に対して同じ内容の判決が下さなければ，当事者が将来の判断を予測することは困難となり，法的安定性が損なわれるからです。

　このように，判例は将来の事件に対して事実上の拘束力を有していますが，問題は，判例が事実上の拘束力に加えて法源の1つとして後の判決に対する拘束力をも有するか，ということです。この問題に関して，裁判所法10条は，「憲法その他の法令の解釈適用について，意見が前に最高裁判所のした裁判に反するとき」（3号）には，「小法廷では裁判をすることができない」（同条但書），と定めています。このように，日本法上，裁判官は憲法および法律にのみ拘束されるにすぎず，判例変更をすることは制度的に認められています。実際，判例変更はしばしばなされています。

　しかし，最高裁判所が憲法その他の法令の解釈適用について前にした解釈と異なる解釈を後の裁判でする場合には大法廷でしなければならない，ということは，慎重な手続を踏まえなければ判例変更ができないという意味において判例の法源性を消極的に承認している，とみることができるように思われます。

2　成文法と不文法

　法源の中で，文書の形をとっているものは成文法で，制定法がこれに含まれ，慣習規範・条理・判例は不文法と解されています。日本やドイツ・フランスのような大陸法系の国では，英米法系の国のように判例を法源の根幹とする不文法主義とは異なり，法典が法源の根幹となっていますが（制定法主義），制定法を修正・補正するうえで，判例は重要な役割を担っています。

ステップアップ

　法源論に関しては加藤一郎「法源論についての覚書」『法源論』法哲学年報（1964年），判例の法源性に関しては『川島武宜著作集』5巻137頁以下・265頁以下（岩波書店，1982年），慣習規範に関しては北條浩『入会の法社会学（上）（下）』（お茶の水書房，2000～2001年），が有益です。

〔村田　彰〕

4 Folder I これから法律学を学ぶ人のために

| File 2 | 六 法 と は |

〈スタート〉
「六法」という言葉はよく聞きますが，何を意味するのでしょうか。

〈キーワード〉
□ 六法　　□ 公法　　□ 私法　　□ 社会法　　□ 一般法　　□ 特別法

サポート

1　六法の意味

　六法は，『六大法典』と『法令集』という二つの意味で用いられています。

(1)　六大法典

　まず，伝統的に六大法典という意味で用いられています。箕作麟祥がフランス法を翻訳して著した『仏蘭西法律書』（1874年）の中でナポレオン五法典（民法典，商法典，刑法典，民事訴訟法典，治罪法典）に憲法を加えて用いたことに由来する，といわれています。そこで，六大法典をここで見ておきましょう。

　①　憲法　　形式的な意味での憲法は日本国憲法（昭和21年11月3日公布）を指します（昭和22年5月3日施行）。これに対して，実質的な意味での憲法は，国家統治の基本を定めた法（固有の意味の憲法）を指し，国家には必ず存在します。この意味での憲法の中でも，国家権力を制限して国民の自由・権利を保障しようとする憲法は立憲主義的憲法ないし近代的憲法と呼ばれています。日本国憲法は，その第10章（最高法規）において，「この憲法は，国の最高法規であつて，その条規に反する法律，命令，詔勅及び国務に関するその他の行為の全部又は一部は，その効力を有しない」（98条1項），と規定して憲法の形式的な意味での最高法規性を，また，「この憲法が日本国民に保障する基本的人権は，人類の多年にわたる自由獲得の努力の成果であつて，これらの権利は，過去幾多の試錬に堪へ，現在及び将来の国民に対し，侵すことのできない永久の権利として信託されたものである」（97条），と規定して基本的人権を保障するという実質的な意味での憲法の最高法規性を謳っていますから，立憲主義的憲法に含まれることになります。

　②　刑法　　形式的には刑法典（明治40年4月24日法律第45号）を指します（刑

法の一部を改正する法律〔平成7年5月12日法律第91号〕により口語化された）。これに対して，刑法典のほか，軽犯罪法や爆発物取締罰則，航空機の強取等の処罰に関する法律など犯罪処罰を内容とする法律の規定や，道路交通法，税法，独占禁止法，金融商品取引法などの行政法規に関する行政刑法と呼ばれる罰則規定を総称して実質的意味における刑法と呼ばれています。

③　刑事訴訟法　　犯罪事実を認定し，刑罰を科すための手続法を刑事訴訟法と呼んでいます。実質的な意味の刑事訴訟法は，形式的な意味での刑事訴訟法典（昭和23年7月10日法律第131号）（旧刑事訴訟法〔大正11年5月5日法律第75号〕を全面改正したもの）に加え，刑事訴訟規則その他の刑事手続を規律する法令を加えた法を指します。

④　民法　　形式的には民法典（明治29年4月27日法律第89号）を指します。民法典は，総則・物権・債権・親族・相続の五編から成っていますが，このうちの親族・相続の二編は新憲法制定により，家族制度に基づく規定から個人の尊重と男女平等に基づく規定に全面改正（昭和22年12月22日法律第222号）されました。その後，文語体から現代語化されて口語体となった新たな民法典（平成16年12月1日法律第147号）が施行され，更に，債権法を中心にした大改正が120年ぶりに行われました（平成29年法律第44号。平成29年6月2日から起算して3年を超えない範囲内において政令で定める日から施行される。）。実質的には，私法（不動産登記法や借地借家法等なども含む）関係を規律する一般法と解されています。川島武宜博士は，民法を商品交換法とし，商品交換に不可欠な3要素として私的所有，契約，法的主体性をあげ，これから近代民法の基本原則として私的所有権の尊重，契約自由ないし私的自治の原則，法的人格の平等を導きました。我妻榮博士は，それらに過失責任の原則を加えて民法の基本原則を4大原則としています。

⑤　商法　　形式的意味の商法は，商法典を指しますが，手形法・小切手法（昭和9年1月1日施行），商法典第2編会社，株式会社の監査等に関する商法の特例に関する法律および有限会社法を統合した会社法（平成18年5月1日施行），保険法（平成22年4月1日施行）が単行法化したことにより，現在では，総則・商行為・海商の三編からのみ成っています。これらをも含む実質的意味の商法は，企業に関する法（通説），と解されています。

⑥　民事訴訟法　　形式的な意味では，民事訴訟法（平成8年6月26日法律第109号）を指します。それは，私法上の権利・義務の存否に関する事実を認定し，私的紛争を公権的に解決するための審判手続を定めます。このほか，民事訴訟規

則その他の関連法令を加えた，私人間の紛争を解決するための裁判手続に関する法規の総称を実質的意味における民事訴訟法といいます。その点で民法・商法と同様な民事法に属しますが，他方，国家機関である裁判所が公権力を国民に行使する手続を定めるもので公法に属するものです。

(2) **法令集**

六大法典の中でも，前述のとおり，商法典は解体傾向にあります。そこで，今日では，むしろ，「法令集」の意味で「六法」を用いるのが一般的です。

2　公法と私法

例えば，憲法，刑法および訴訟法は公法，民法および商法は私法，にそれぞれ属します。公法と私法との差異は，次の点にあるといわれています。

①　公法は，国家と地方公共団体の組織，両者の相互関係，それらと個人との関係を規律しますが，私法は個人と個人との関係を規律する法です。

②　公法は，国家・地方公共団体が個人に優越する場合があるのに対して，私法は，個人を平等・対等な関係であるとして規律します。

③　公法では，その目的を実現するために国家・地方公共団体が積極的に介入しますが，私法では，原則として個人の自主自律に委ねています。

なお，今日では，公法と私法との間の中間的な法領域に属するものとして，経済法，社会保障法の社会法などがあります。

3　一般法と特別法

人・場所・事柄について，一般的に効力を及ぼすのが一般法，一部について効力を及ぼすのが特別法です。しかし，この区別は相対的で，例えば，商法は，民法との関係では特別法ですが，証券取引法との関係では一般法です。ただし，民法は，私法に属するいかなる法律との関係でも一般法です。その意味で，民法は最も一般的な私法であるといえます。

◢ ステップアップ

多くの出版社から多種多様な『六法』が毎年改訂されて刊行されていますので，最新の『六法』を参照するようにして下さい。また，講義では『六法』を参照しますから，『六法』を講義に必ず持参するようにして下さい。更に，最近では，法律改正のテンポが早いので，総務省行政管理局所管の「e-gov 法令検索」(http://e-laws.e-gov.

go.jp）で最新の法令を知ることができます。

〔村田 彰〕

File 3	法 の 解 釈

スタート
　　法源の中でも最も明確な形をとっているのは成文法です。成文法は文字や文章で表現されていますが，それでも言葉の意味は曖昧な場合があります。そのような場合には，法文中の言葉を解釈することが必要となります。法解釈のルールをここで学んでおきましょう。

〈キーワード〉
□ 文理解釈　　□ 拡張解釈　　□ 縮小解釈　　□ 類推解釈　　□ 反対解釈
□ 変更解釈　　□ 目的論的解釈　　□ 立法理由　　□ 法概念の相対性

サポート

1　法の解釈

　成文法の解釈は種々の方法があります。ここでは代表的なものを紹介します。

(1)　文理解釈

　文理解釈とは文法に従った解釈です。したがって，**文理解釈**では，言葉の通常有する意味が探求されることになり，しかも，まずはじめになされなければならない解釈です。たとえば，橋の入り口に「車馬通行止」という立て札が立っていたとします。この場合，車と馬はその橋を通してはならない，というのが**文理解釈**の例です。また，建物の入り口に「刃物持込禁止」と書いてあったとします。文理解釈によりますと，「包丁」や「小刀」をその建物の中に持ち込むことは当然にできないことになります。

(2)　拡張解釈・縮小解釈

　言葉の通常有する意味よりも広く解釈するのが**拡張解釈**です。これに対して，言葉の通常有する意味よりも狭く解釈するのが**縮小解釈**です。前述した「車馬通行止」の例で説明しますと，馬はその橋を通してはならないなら，驢馬も通して

はならない，「刃物持込禁止」の例で，「刃物」を持ち込むことができないなら，「竹刀」を持ち込むこともできない，と解釈すれば拡張解釈となります。反対に，車は通ってはならないとしても乳母車は通ってもよい，「刃物」を持ち込むことができないとしても「木製のペーパーナイフ」を持ち込むことはできる，と解釈すれば縮小解釈，ということになります。

(3) 類推解釈・反対解釈

当該の事項については規定がなく，類似の事項についてのみ規定がある場合に，規定がある類似の事項と同様に解釈するのが**類推解釈**，規定がある類似の事項と反対に解釈するのが**反対解釈**です。前例の「車馬通行止」の立て札を立てた理由を考えて馬を通してはならないのなら，同じような重さの鹿がその橋を渡ると倒壊するおそれがあるので，鹿もその橋を通してはならないと解釈するのが類推解釈です。「刃物持込禁止」という目的が人を殺傷することのできる物の持込を禁止した趣旨であるとすると，「刃物」の中に「ワインオープナー」を含めると解釈するのが類推解釈です。これに対して車や馬といった重さのものが橋を渡ると橋が倒壊するおそれがあるが，乳母車だったら通ることができる，また，「刃物」の中に「ワインオープナー」を含めないと解釈するのが反対解釈です。なお，**類推解釈**と**反対解釈**とは，いずれも「解釈」と呼ばれてはいますが，問題となっている事項について規定のない場合（いわゆる「法の欠缺」）において，解釈者がその事項を法として通用させたいと考えた内容の宣言である，ということに留意して下さい。

(4) 変更解釈

言葉の意味を変更して解釈するのが**変更解釈**です。前例の「車馬通行止」という立て札が橋の入り口にあっても，荷物を積んでいない車なら通ってもよいとか「刃物持込禁止」の場合，その建物に誰もいなければ刃物を持ち込んでもいいというのが変更解釈です。この場合にも解釈者の法創造がみられます。

(5) 目的論的解釈

条文の目的・趣旨（「立法理由」と呼ばれる）を明らかにし，その趣旨目的を実現するように解釈するのが**目的論的解釈**です。拡張解釈によるべきか縮小解釈によるべきか，類推解釈によるべきか反対解釈によるべきか，を最終的に決定するのは当該条文の目的・趣旨です。したがって，すべての解釈は目的論的解釈である，ということになります。

2 立法理由

前述の立法理由には大きく2つの意味があり，1つは，立法者がその条文を制定する際にいわば主観的に考えていた法の目的（立法者意思説）です。もう1つは，現在の観点からいわば客観的に考えられるもの（法律意思説）です。今日では法律意思説が主流ですが，立法者が念頭においた立法理由を全く無視する純粋な法律意思説に全面的に従うことにはためらいがあります。立法者の考えた目的というものを歴史的に追求しつつ，現在の状況・問題をも考慮して解釈をするといういわば折衷説が妥当なように思われます。

なお，今日では，第1条に目的規定または趣旨規定を置くのが一般的です。例えば，旧「不動産登記法」（明治32年2月24日法律第24号）には目的規定または趣旨規定はありませんでしたが，これを全面改正した新「不動産登記法」（平成16年6月18日法律第123号）は，その1条（目的）において，同法は，登記制度について定めることにより，「国民の権利の保全を図り，もって取引の安全と円滑に資することを目的とする」，と定めています。

3 法概念の相対性

目的を異にする法や個々の規定との間で法概念の意味内容が異なることがあります。例えば，「出生」について，民法の通説は，出生の時期を明確にするために，胎児が母胎から全部露出した瞬間（全部露出説）と解していますが，刑法では，胎児に有形力を加えて死亡させた場合に殺人罪（刑199条）か堕胎罪（刑212条）とのいずれを構成するかという問題があり，通説は母胎から一部でも露出すれば「出生」（一部露出説）と解しています。

4 民法解釈の基準

第2次世界大戦後，民法に「解釈の基準」（旧1条ノ2。現行法は2条）が追加され，民法は「個人の尊厳と両性の本質的平等」とを旨として解釈しなければならなくなりました。この規定は，主として親族法・相続法上の解釈に際して意義がありますが，財産法の解釈に際しても意義があり，例えば，プライヴァシーの侵害は，人格侵害として不法行為（709条，710条）になります。

10 Folder I これから法律学を学ぶ人のために

▶ ステップアップ

　民法の解釈については，来栖三郎「法の解釈と法律家」私法11号（1964年），川島武宜『「科学としての法律学」とその発展』（岩波書店，1987年）が有益です。

〔村田　彰〕

File 4　　法令の調べ方

スタート

　わが国は，成文法国ですから，例外的に法律によって慣習法の効力が認められるとき以外は，法規範は，原則として，成文法となっており，法令の形で公表されています。ここでは，法令の調べ方について学びましょう。

〈キーワード〉
- [ ] 上位の法は下位の法に優先する　　 [ ] 特別法と一般法　　 [ ] 憲法　　 [ ] 法律
- [ ] 命令　 [ ] 政令　 [ ] 内閣府令　 [ ] 省令　 [ ] 条約　 [ ] 規則
- [ ] 法律不遡及の原則

サポート

1　法の体系

　法には様々な存在形式がありますが，それには上下関係があります。そして，上位の法は下位の法を拘束しますから，上位の法（の内容）と下位の法（の内容）が抵触（矛盾）すれば，上位の法が優先します。例えば，憲法に違反する法律は，効力を持ちません。更に，法には，一般法と特別法があり，両者の関係は，まず，一般法と特別法とが競合する場合に　一般法の適用は排除されます（特別法は一般法に優先する）。例えば，特別法である借地借家法の規定は，建物の所有を目的とする土地の賃貸借に関しては，私法の一般法である民法の賃貸借の規定に優先して適用されます。ただし，商法は，民法との関係では特別法ですが，国際海上物品運送法との関係では一般法となり，両者の関係は相対的である，ということにも留意して下さい。

(1) 憲　法

　法の最高位に位置するのが，国家の基本法である**憲法**です。憲法に抵触する法律その他の法令は効力を持ちません（憲88条1項）。**憲法**は，国会・内閣・裁判所などの国家機関の組織のあり方を規律する部分（統治機構）と，国民に対して国家が保障すべき権利（基本的人権）を定めています。だから，**憲法**は，国家機関を拘束し，国民の権利を守るための根本法規で，国家に向けた命令であり，国民に向けられた命令ではありません。このように**憲法**は最も重要な根本規則ですから，その改正には衆参各院の総議員の3分の2以上の賛成による発議と国民投票における国民の過半数の賛成が必要です（憲96条1項）。

(2) 法　律

　法律は，広義では法一般を意味しますが，ここでは狭義の意味で国会の議決によって制定される法律を意味します（憲41条・59条）。法律は，憲法に規定された国家機関の組織，国民の基本的人権を具体化するために制定されます。ですから，国民の財産的な権利の発展のための**法律**が民法（財産法），商法などの私法であり，国民の財産権に対する国家の恣意的な収奪を防止するための**法律**が税法，国家権力の恣意的な刑罰権の行使を規制するための**法律**が，刑法，刑事訴訟法などです。**法律**は具体的なルールですから，一定の要件が存在すれば（例えば，「人を殺した者は」），一定の効果が発生する（「死刑又は無期若しくは5年以上の懲役に処する」）（刑199条）という形式でルールが定められています。

(3) 命　令

　命令とは，国の行政機関が制定する法規範を意味します。命令には，法律の規定を執行するための命令，または，その制定を法律が委任している命令があります。命令を発する主体に関しては，内閣が制定する政令，内閣総理大臣が制定する内閣府令，各省の大臣が制定する省令，省の外局の委員会が制定する規則等があります。

(4) 条例・規則

　条例は，地方公共団体が自治立法権に基づいて制定する法形式の1つです。条例の制定，改正，廃止は，地方公共団体の議会の議決によって行われます。条例は，法律に反しない限りで，「地域における事務及びその他の事務で法律又はこれに基づく政令により処理することとされるもの」（地自2条2項）について定めることが可能です（地自4条2項）。さらに，地方公共団体の長は，法令に違反しない限りで，その権限に属する事務に関して，規則を定めることができます（地

12　Folder I　これから法律学を学ぶ人のために

自15条 1 項）。

(5) 条　約

条約とは，国際法上の主体（国家または国家機関）の間で締結され，国際法によって規律される国際的な合意です。条約には，2 国間条約と，多数国間条約があります。条約の締結権は内閣にありますが（憲73条 3 項本文），条約の締結の前又は後に国会の承認を得る必要があります（憲73条 3 項ただし書）。条約は，公布によって，国内法としての効力を持ちます。

2　法律不遡及の原則

新しく制定されまたは改正された法律は，その施行以前に遡っては適用されないという原則を，法律不遡及の原則といいます。仮に行為の時には適法だった行為が後にその効力を覆されると，当事者の期待を裏切って，法的安定性に欠けることになるからです。法律不遡及の原則，特に，刑罰法規については「事後立法の禁止」として罪刑法定主義の内容をなすもので，憲法に規定されています。ただし新法が当事者に有利な場合には遡及適用もあり得ます。

3　法令の調べ方

法令を調べる最も一般的な方法は，六法全書を見ることです。ただし，大学の普通の授業などで法律を調べるときには，『ポケット六法』（有斐閣），『デイリー六法』（三省堂）等で普通は十分です。学習を始めるにあたっては，小六法は常に用意しておくべきでしょう（このような小六法には，該当する法律の条文ごとに，関連する条文が編集者によって付されています。学習が進んだら，参照条文も併せ見れば，法律の理解が立体的になります）。また，特殊な分野に関する法令を見るには，例えば，『知的財産権六法』（三省堂），『自治六法』（ぎょうせい）等があります。さらに，デジタルの六法もあり，例えば，網羅的で包括的な調査手段として総務省行政管理局の『e-gov 法令検索』（http://elaws.e-gov.go.jp/）が，インターネット検索可能で便利です。

◣ ステップアップ

法令の調べ方に関しては，いしかわまりこ他著『リーガル・リサーチ〔第 5 版〕』（日本評論社，2016年），ロー・ライブラリアン研究会『法情報の調べ方入門』（日本図書館協会，2015年），小林成光他著『やさしい法律情報の調べ方・引用の仕方』（文眞堂，

2010年）等の手引書があります。ただし，一番実践的なのは，自分が調査したい法令について，自分で調べてみることです。

〔藤原 正則〕

| File 5 | # 法令の読み方 |

> **スタート**
> 実際に条文に接する場合，法令の区別の仕方や法令用語を知っておくことが必要です。

〈キーワード〉
□ 本則・附則　　□ 編・章・節・款・目　　□ 条・項・号
□ 前段・(中段)・後段　　□ 本文・ただし書　　□ 枝番　　□ 条文見出し
□ 公布・施行　　□ 場合・とき，時　　□ 又は・若しくは
□ 及び・並びに・かつ（且つ・且）　　□ みなす（見做す）・推定する
□ 準用する・適用する

サポート

1 法令の基本的な構成

　法令は，一般に以下のような構成になっています。

(1) 「本則」と「附則」

　法令の規定は，本則と附則とに区別されます。本則にはその法令の本体的・実質的規定が置かれ，附則には本則の諸規定に伴って必要とされる付随的・経過的規定（その法令の施行期日・有効期限，新旧法令の適用関係等）が置かれます。

(2) 編・章・節・款・目の区分

　法令を区分する際に，民法，会社法や刑法などの大法典では「編」という区分を設け，編を区分するときには「章」を設けます。同様に章の中では「節」，節の中では「款」，款の中では「目」，という区分を設けます。

(3) 条の構造

　法令の基本的な構成単位は「条」です。さらに1つの条をいくつかの段階に分

14　Folder Ⅰ　これから法律学を学ぶ人のために

ける場合には，「項」を用います。条や項の中でいくつかの事項を列挙する場合には，「一，二，三……」と漢数字を付すことになっていて，これを「号」といいます。号の中を細分化する場合には「イ，ロ，ハ……」を付し，更に，「イ，ロ，ハ……」の中を細分化する場合には「(1)，(2)，(3)……」を付します。また，法律が改正され，条と条の間や項と項との間，更に号と号との間や条，項や号の後に新たに条や項，号が加わる場合には，枝番（枝番号の略。例：「第二条の二」，「二の二」「第二号の二」）が付されます。

(4)　前段（・中段）・後段，本文・ただし書

条または項の内容に応じて区切りをつける必要がある場合でも，新たに条または項を設けるほどでないときには，同じ条または項の中で法文を区切ることがあります。法文を二つに区切るときは，前の文を「前段」，後の文を「後段」といいます。三つに区切るときは，「前段」・「中段」・「後段」となります。後段が前段の例外を規定している場合には，原則を規定する前段を「本文」といい，例外を規定する後段は「ただし」で始まるので「ただし書」といいます。

(5)　条文見出し

条文の内容を簡潔に要約し，条文の右肩のところに（　　）で括って表示しているものを「条文見出し」といいます。

(6)　「公布」と「施行」

「公布」とは，法令を国民（住民）が知り得る状態に置くことであり，官報に掲載することで公布が行われています。これに対して，「施行」とは，制定された法令の規定が効力を持つようになる状態をいいます。その始期は，法令の附則冒頭に施行期日が明記されることによって示されます。法律の場合は，施行期日が示されていなくても，法の適用に関する通則法2条により，「法律は，公布の日から起算して20日を経過した日から施行する」ことになります。

2　法令用語の基礎知識

法令用語は，日常生活で一般的に使用されている以上に厳密な意味内容をもち，使い分けられており，例えば，以下のようなものがあります。

(1)　「場合」，「とき」と「時」

「場合」も「とき」も，仮定の条件を示し，仮定の条件が1個の場合には，「場合」と「とき」の間に特別な違いはありませんが，仮定の条件が重なるときは，「場合」はより大きいほうの条件に，「とき」はより小さいほうの条件に使います。

（例：地自9条の2第1項「市町村の境界が明確でない場合において，その境界に関し争論がないときは，」）。これに対して，「時」は，ある時点，時刻を明確にする場合にのみ使われ（例：民915条1項「相続の開始があったことを知った時から」），仮定の条件を表す場合に使われません。

(2) 「又は」と「若しくは」

AかBか，AかBかCか，といった単純・並列的な選択的接続には，「又は」が使われます。語句を3個以上並べて選択するときは，最後の語句の前に「又は」を用います（例：憲81条「一切の法律，命令，規則又は処分」）。

選択的接続の段階が2段階になるときは，「（A若しくはB）又はC」というように小さい接続のほうに「若しくは」を，大きい接続のほうに「又は」を使います（例：刑199条は，人を殺した者は，死刑又は無期若しくは5年以上の懲役に処する。」と規定し，まず人を殺した者の刑罰を死刑と懲役刑に大きく分け，ついで懲役刑を無期と有期とに区分しています）。

接続が3段階以上続く場合は，一番大きい接続だけに「又は」を使い，その他の接続には，すべて「若しくは」を使います。

(3) 「及び」，「並びに」と「かつ（且つ・且）」

どれも併合的接続詞で「AもBも」ということを表現するときに使います（例：憲11条「基本的人権は……現在及び将来の国民に与へられる」）。

併合的接続が2段階になる場合，大きいほうの接続に「並びに」を，小さいほうの接続に「及び」を使います（例：憲24条2項「配偶者の選択，財産権，住居の選定，離婚並びに婚姻及び家族に関するその他の事項」）。接続が3段階以上になると，最小の接続に「及び」を使い，その上の接続はすべて「並びに」を使います（例：地方公務員法24条2項は，地方公務員の給与を，「生計費並びに国及び他の地方公共団体の職員並びに民間事業の従事者の給与その他の事情を考慮して定められなければならない」と定め，まず「生計費」と他の職種の給与その他の事情を考慮して給与の額を定め，次いで国家公務員，他の公務員と民間事業者の給与を考慮に入れて決定しなければならないが，「生計費」と「給与」，次に「他の地方公共団体の職員」と「民間事業者」の給与等を考慮し，「国」と「他の地方公共団体」が最小の結び付きとなっています）。

「且つ」は，例えば，動詞と動詞を接続する場合（例：人身保護法5条柱書「請求には，左の事項を明らかにし，且つ，疏明資料を提供しなければならない」），形容詞を結びつけて一体の意味を持たせる場合（例：個人情報保護法7条1項「政府は，

16　Folder I　これから法律学を学ぶ人のために

個人情報の保護に関する施策の総合的かつ一体的な推進を図るため」）等に用いられます。

⑷　「みなす（見做す）」と「推定する」

「みなす（看做す）」は，「AをBとみなす」と定めて，AとBとを同様に取り扱う場合に用いられますが（例：民721条「胎児は，損害賠償の請求権については，既に生まれたものとみなす」），「推定する」は，法律上の取り扱いについて事実を一応決めるだけで，真実がそれと異なるということを主張立証すれば真実が適用されます（例：民772条1項「妻が婚姻中に懐胎した子は，夫の子と推定する」）。

⑸　「準用」と「適用」

「準用」は，ある規定を，本来その規定が対象とする事項と類似してはいるが異なる事項について，修正を加えた上であてはめる場合に用いられます（例：非訟事件手続法154条2項「民事訴訟法第91条第4項及び第5項の規定は，前項の記録について準用する）。準用では，必要な修正を行い，準用される条文をどのように機能させるのか判断する必要があります。これに対して，「適用」は，ある法令の規定を，特定の時期や特定の人・事項・地域などに実際あてはめるときに用います（例：消費者契約法附則「この法律は，平成13年4月1日から施行し，この法律の施行後に締結された消費者契約について適用する」）。

◢ ステップアップ

法令用語を調べたいときは，『デイリー法学用語辞典』（三省堂，2015年），『法律学小辞典〔第5版〕』（有斐閣，2016年）が，法令の読み方については吉田利宏『新法令用語の常識』（日本評論社，2014年）が参考になります。

〔宮平　真弥〕

File 6　判決例の調べ方と読み方

スタート

裁判所の判断には，判決・決定・命令の3種類があり，この中で一番重要なのは判決例です。そこで，判決例の検索方法と読み方を学習しましょう。

〈キーワード〉
□ 民集・刑集　　□ 高民集・高刑集　　□ 下民集・下刑集　　□ 主文
□ 大法廷　　□ 認容　　□ 棄却　　□ 却下　　□ 破棄差戻　　□ 破棄自判

> サポート

1　判決例の調べ方

　法律のテクスト等で判決例が引用される場合，例えば，「最（大）判平成14年2月13日民集56巻2号1頁」と表示されます。これは，平成14年2月13日に最高裁判所大法廷で下された判決であり，最高裁判所民事判例集56巻2号1頁以下に掲載されている，ということを示しています。

　最高裁判所の判決例（最上級審判決例）が掲載されている公的公刊物として最高裁判所民事判例集（略称は民集，以下，（ ）の中は略称を挙げる）および「最高裁判所刑事判例集（刑集）という刊行物があり，その他の公的公刊物としては最高裁判所事務総局が発行をしている「裁判所時報」（裁時）等があります。更に，その他にも，高等裁判所民事判例集（高民集），高等裁判所刑事判例集（高刑集），下級裁判所民事判例集（下民集），下級裁判所刑事判例集（下刑集），行政事件裁判例集（行裁集）等があります。また，裁判所のHPにある裁判例情報（http://www.courts.go.jp/app/hanrei_jp/search1）で裁判例を検索することができます。各裁判所の裁判例や主題ごとの裁判例の検索も可能で，「民集」・「刑集」，「高民集」・「高刑集」，「下民集」・「下刑集」，「行裁集」等を検索することができます。

　なお，私的刊行物や，今日，既に廃刊・休刊した公的刊行物，更には，大審院時代の判例集等については，国立国会図書館のHP内にある「日本─判例資料」（https://rnavi.ndl.go.jp/politics/entry/Japan-hanrei.php）を参照して下さい。

2　判決例の読み方

　判決書に記載しなければならない事項は，「一　主文　二　事実　三　理由　四　口頭弁論の終結の日　五　当事者及び法定代理人　六　裁判所」です。（民訴253条）。これらの事項を中心に，民集69巻3号455頁に掲載された判決例（以下の損害賠償請求事件）を例として，以下，解説します。

　(1)「損害賠償請求事件」は事件名です。原告が訴状に付した「訴名」を参考にして，記載されます。

18　Folder I　これから法律学を学ぶ人のために

　(2)「1948号」は事件番号です。（受）は最高裁判所の民事事件記録符号規定で定められている符号です（その他の符号については，『民法判例百選』を参照して下さい）。

　(3)は裁判の日付と担当法廷です。最高裁判所の判例は，15名で構成される**大法廷**で行われる場合と5人で構成される**小法廷**で行われる場合とがあり，この事件では小法廷が担当しています。

　(4)は裁判所の結論を示しています。第1審（控訴審）において，原告（控訴人）の主張を認めるときには**請求認容**（控訴認容），反対に原告（控訴人）の主張を認めないときには，**請求棄却**（控訴棄却）となります。また，訴訟要件を満たしていない場合には**訴え却下**（控訴却下）として門前払いとなります。上告審では，上告人の請求を認める場合，原判決を取り消して原裁判所に裁判をやり直させるときは**破棄差戻**，原判決を取り消して上告審自らが判決するときは**破棄自判**となります。原裁判所の判決を支持する場合には上告棄却となります。上告の適法要件を欠く場合には上告却下となります。

　(5)はこの裁判の当事者を表示しています。民事訴訟の場合，訴えを起こした者が原告，その相手方が被告です。第1審の判決を不服として，第2審＝控訴審に控訴した者が控訴人，控訴された者が被控訴人です。第2審の判決を不服として，第3審＝上告審に上告した者が上告人，上告された者が被上告人です。判例評釈では，一般に，原告はX，被告はYと表示されます。

　(6)の「判示事項」「判決要旨」「参照」は，判例委員会が付したもので，判決原文にはありません。

　(7)の主文とは，裁判の結論のことです。

　(8)は判決の理由です。判決には，結論に達した「理由」を付さなければなりません。

　(9)はこの裁判をした裁判官の氏名です。最高裁の**大法廷**と長官の加わっている小法廷では，長官が裁判長となります。それ以外の小法廷では，事件の主任裁判官（当該事件を割り当てられた裁判官）が裁判長となるのが慣例です。

　(10)上告受理申立です。高等裁判所の控訴事件の判決（原判決という）に対して不服がある場合には，その理由に応じて「上告受理申立」と「上告提起」という手続きをとることができます。「上告受理申立」は，原判決について判例違反その他の法令の解釈に関する重要な事項を含むことを理由とする場合の不服申立ての方法です。「上告提起」は，原判決について憲法違反や法律に定められた重大

な訴訟手続きの違反事由が存在する場合の不服申立ての方法です。

○損害賠償請求事件[1]・
（平成24年（受）第1948号[2]
　　　　　　同27年4月9日第一小法廷判決[3]　破棄自判[4]）
【上告人】控訴人[5]　付帯被控訴人　被告　白石浩三ほか1名
　　　　　　　　　　　　　　　代理人森本宏　ほか
【同補助参加人】今治市　代理人　原田稲男

【被上告人】被控訴人[5]　付帯控訴人　原告　藤田論　ほか1名
　　　　　　　　　　　　　　　代理人　塚本博美
【被上告人兼亡藤田ツヨ子訴訟勁上人】
　　　　被控訴人　付帯控訴人　原告　藤田登志人　ほか1名
【第1審】大阪地方裁判所　平成23年6月27日判決
【第2審】大阪高等裁判所　平成24年6月7日判決
　　　　　　○判示事項[6]
責任を弁識する能力のない未成年者が，サッカーボールを蹴って他人に損害を加えた場合において，その親権者が民法714条1項の監督義務者としての義務を怠らなかったとされた事例
　　　　　　○判決要旨[6]
責任を弁識する能力のない未成年者の蹴ったサッカーボールが校庭から道路に転がり出て，これを避けようとした自動二輪車の運転者が転倒して負傷し，その後死亡した場合において，次の1）〜3）などの判示の事情の下では，当該未成年者の親権者は，民法714条第1項の監督義務者としての義務を怠らなかったというべきである。
1）上記未成年者は，放課後，児童らのために開放されていた小学校の校庭において，使用可能な状態で設置されていたサッカーゴールに向けてフリーキックの練習をしていたのであり，殊更に道路に向けてボールを蹴ったなどの事情もうかがわれない。
2）上記サッカーボールに向けてボールを蹴ったとしても，ボールが道路上に出ることが常態であったものとはみられない。
3）上記未成年者の親権者である父母は，危険な行為に及ばないよう日頃から通常のしつけをしており，上記未成年者の本件における行為について具体的に予見可能

20　Folder I　これから法律学を学ぶ人のために

であったなどの特別の事情があったこともうかがわれない。

【参照】⁽⁶⁾民法709条　故意または過失によって他人の権利又は法律上保護される利益を侵害した者は，これによって生じた損害を賠償する責任を負う。

同法712条　未成年者は，他人に損害を加えた場合において，自己の行為の責任を弁識するに足りる知能を備えていなかったときは，その行為について賠償の責任を負わない。

同法714条　前2条の規定により責任無能力者がその責任を負わない場合において，その責任無能力者を監督する法定の義務を負う者は，その責任無能力者が第三者に加えた損害を賠償する責任を負う。ただし，監督義務者がその義務を怠らなかったとき，又はその義務を怠らなくても損害が生ずべきでったときは，この限りではない。

　　　　　○主文⁽⁷⁾

1　原判決中，上告人らの敗訴部分をいずれも破棄する。

2　第1審は結中，上告人らの敗訴部分をいずれも取り消す。

3　前項の取消部分に関する被上告人らの請求をいずれも棄却する。

4　第1項の破棄部分に関する承継前被上告人藤田ツヨ子の請求に係る被上告人藤田登志人及び藤田悦郎の付帯控訴を棄却する。

5　蘇峰の総費用は被上告人らの負担とする。

　　　　　○理由⁽⁸⁾

　上告代理人森本宏，同大石武宏，同小島崇宏の上告受理申し立て理由第3の3について

1　本件は，自動二輪車を運転して小学校の校庭横の道路を進行していた藤田義信（当時85歳）が，その校庭から転がり出てきたサッカーボールを避けようとして転倒して負傷し，その後死亡したことにつき，同人の権利義務を承継した被上告人らが，上記サッカーボールを蹴ったA（当時11歳）の父母である上告人らに対し，民法709条又は714条1項に基づく損害賠償を請求する事案である。上告人らがAに対する監督義務を怠らなかったかどうかが争われている。

(略)

以上によれば，原審の判断中，上告人らの敗訴部分には判決に影響を及ぼすことが明らかな法令の違反があり，この点に関する論旨は理由がある。そして，以上説示したところによれば，被上告人らの民法714条1項に基づく損害賠償請求は理由がなく，被上告人らの民法709条に基づく損害賠償請求も理由がないことになるから，原判決中上告人らの敗訴部分をいずれも破棄し，第1審判決中上告人らの敗訴部分

をいずれも取り消した上，上記部分に関する被上告人らの請求をいずれも棄却し，かつ，上記棄却部分に関する承継前被上告人藤田ツヨ子の請求に係る被上告人藤田登志人及び藤田悦郎の付帯控訴を棄却すべきである。

よって，裁判官全員一致の意見で，主文のとおり判決する。

(⁽⁹⁾裁判長裁判官　山浦善樹　裁判官　櫻井龍子　裁判官　金築誠志　裁判官　池上政幸)

上告代理人森本宏，同大石武宏，同小島崇宏の上告受理申立理由⁽¹⁰⁾

目次（略）
第3　法令解釈の誤り
　3　監督義務に関する法令解釈の誤り
①原判決は監督義務の内容等について一切判示していないこと
　　上告受理申立人らは，第1審，控訴審を通じて監督義務違反がないことを主張し，かつ，第1審判決には監督義務違反に関する理由不備があることを指摘の上，上告受理申立人らについて監督義務違反がみとめられないことを詳細に主張したにもかかわらず（控訴理由書5頁），原判決は，上告受理申立人らがどのような内容の監督義務を負い，どのような事実から上告受理申立人らについて監督義務違反が認められるかについて一切判示しなかった。

　　このように，原判決は監督義務の内容等について特段の判示をしておらず，上告受理申立人らは，無限定の監督義務を課せられているも同然である。これでは，上告受理申立人らをはじめとする親は，常に子どもを監視下において行動を制約するか，子どもに対し屋外で球技を行うことを禁止するほかなく，子どもの自主的な判断による遊戯，レクリエーション，スポーツ，屋外における球技を通じて，子どもの身体を健全に発達させることや，社会生活に必要不可欠な事項を学習させることは不可能となる。

（略）

▶ ステップアップ

　裁判例の調べ方・読み方を学ぶには，池田真朗編著『判例学習のA to Z』（有斐閣，2010年）が参考になります。裁判例の概要と意義を解説したものには，『判例百選』，『新・判例ハンドブック』（日本評論社）などがあります。　　　　　〔宮平　真弥〕

| Folder Ⅱ | 紛争・事件と法 |

| File 1 | 裁 判 制 度 |

スタート　裁判制度は，紛争を解決するために，暴力や感情によることなく，公正な法に基づく裁定によるとする手続的な仕組みです。

〈キーワード〉
- □ 司法権　　□ 権力分立　　□ 裁判官の独立性　　□ 法律上の争訟
- □ 裁判の公開　　□ 法の適正手続　　□ 三審制　　□ 違憲審査権

サポート

1　裁判制度の発展

　人間は，集団（共同体）を形成し生きる動物です。そこで起こる人間関係から生じる紛争を解決するのに，もっとも手っ取り早いのは暴力によることかもしれません。しかし，暴力による解決は，人心や秩序を安定させることはなく，復讐の連鎖になるなど，かえって更に大きな混乱をもたらします。そこで，一定のルールに基づき，公平な解決をめざす，中立を前提とする権力機関が，紛争を裁定し，その裁定によりはじめて強制力を行使するという，広い意味での「裁判制度」が古来より採用されてきました。ただし，その紛争解決が，判定者（裁判官）の個人的な人格に頼らない，公平・公正な内容のルール（法）に基づいて，中立・公正な裁定機関により判断されるようになるには，さらに歴史の進展を必要としました。

　近代国家の成立以降，国家権力の濫用を防止し，国民個人の基本的人権を保障することを究極の目標とする「憲法」に基づく民主主義（立憲民主主義）の下で

は，公正・公平で，中立な機関による裁判制度は，一定の条件を備えたものでなければなりません。国家権力が，立法権・行政権・司法権に分立し独立した機関によって担われ（**権力分立**，憲41条以下・65条以下・76条以下），権力の集中を制度的に防止し，裁判権を行使する司法権においては「法と良心」にのみ従う**裁判官の独立性**が保障（身分保障）されており（憲76条3項，78条），特別裁判所（たとえば，行政事件を専門に扱う行政権に付随する行政裁判所のような司法権ないし三権分立を制約するような例外）を認めないなどの条件が前提となるのです（憲76条2項）。

2　日本国憲法における司法権と裁判制度

(1)　司法権の意義と裁判手続

「すべて司法権は，最高裁判所及び法律の定めるところにより設置する下級裁判所に属する」と定められています（憲76条1項）。ここで「司法」とは，「①当事者間に具体的な事件に関する紛争がある場合において，②当事者からの法律上の争訟の提起を前提として，③独立の裁判所が統治権に基づき，④一定の争訟手続によって，⑤紛争解決のために，何が『法』であるかの判断をして，正しい『法』の適用を保障し，それにより具体的事件の解決を裁定すること」と言ってよいでしょう。

　まず，①具体的な誰かと誰かの間にある具体的な紛争事件があって，②その当事者のいずれか一方（原告）が裁判所に訴えを提起し，他方（被告）がこれを受けて争うという，二当事者対立構造の前提が必要です。具体的な紛争事件には，大きく分けて，刑事事件，民事事件，行政事件があります。いずれもこの構造を前提とすることを意識してください。

　刑事事件では，原告は常に検察官（国）であり，被告は犯罪の嫌疑をかけられている被疑者（被告人）です。私的な利害に関わる民事事件では，その紛争につき，訴えたほうが原告，訴えられたほうが被告になります。行政事件では，税金の徴収その他広く国または地方自治体の行政作用による国民（市民）の権利侵害がある場合，国民が原告になり，国等が被告となります。

　それぞれ，国民には，「**裁判の公開**」の原則の下での（憲82条），公正な裁判を受ける権利が保障されており（憲32条），それは，「**法の適正手続**」によることが要求されています（憲31条）。これを受けて，刑事事件は刑事訴訟法が，民事事件には民事訴訟法が，行政事件には行政事件訴訟法が，それぞれその手続を定める中心的法律として存在します。

(2) 裁判所の種類

裁判所には，三審制と専門性という観点から，現在5種類の裁判所が存在します。三審制とは，ある事件について，原則として第1審，控訴審，上告審の3回の審理・判断を受けられる制度であり，手続・内容ともに「正しい裁判」を担保するためのものです。さらに専門性の観点から，現在以下のような，種類の裁判所が設置されています。

① 簡易裁判所　訴額が140万円を超えない民事事件と，罰金刑等の罪の軽い刑事事件など，簡易な手続による事件を扱います（裁32条以下）。

② 地方裁判所　①以外の通常の民事事件，刑事事件，行政事件の第一審裁判所で各都道府県に置かれています（裁23条以下）。刑事事件を除き，簡易裁判所の控訴審でもあります（裁24条3号）。

③ 家庭裁判所　地方裁判所と同格ですが，家庭に関する事件，少年事件を扱う一審裁判所です。事件の性質にふさわしい，調査官などの専門性を活用したより柔軟な審理手続が用意されています（裁32条以下）。

④ 高等裁判所　地方裁判所および家庭裁判所の上訴審であり，通常，一審裁判所の判決等の不服申し立てを受けて審理・判断する控訴審の役割を担います。例外的に，地方裁判所が控訴審となった事件の上告審の役割も担います（裁16条3号）。全国に8箇所の本庁が置かれています。

⑤ 最高裁判所　憲法が規定する（憲76条1項，77条，79条，81条等），終審裁判所であり上告審です（裁7条）。法令の解釈適用の統一を図ることをその任務とします。東京都に1箇所存在し，最高裁判所長官と14人の裁判官で構成されます。憲法判断事件その他の重大事件を扱う15人全員で構成される大法廷と，通常の上告事件等を扱う5人による裁判官で構成される三つの小法廷により判断が行われます。

(3) 違憲審査権（憲81条）

日本国憲法において，司法権を行使する裁判所の重要な権限として，法令の憲法適合性を判断する**違憲審査権**があります。あくまで具体的な事件を判断する前提で必要な場合に行使されます（付随的違憲審査制度）。最高裁判所だけではなく下級裁判所も，違憲審査権を有しています。この裁判所の権限は，立法や行政の国家権力の濫用から国民の基本的人権を保障する「法の支配」のための重要な権限です。

26 Folder Ⅱ 紛争・事件と法

> ◢ ステップアップ

　まず憲法の下での司法権や裁判所の役割を理解したうえで，刑事訴訟，民事訴訟，行政救済の各入門書を読みましょう。駒村圭吾編著『プレステップ憲法〔第2版〕』（弘文堂，2018年）を紹介しておきます。特に第5章「裁判所の役割を知ろう！」，第13章「もしも逮捕されたら？」を，全体との関係を意識して読みましょう。

〔西島　良尚〕

File 2　裁判官・検察官・弁護士

> スタート
>
> 　裁判制度を支えるために，中心となる法律専門家が法曹三者である裁判官・検察官・弁護士です。その役割を知りましょう。

〈キーワード〉

☐ 法曹　　☐ 裁判官の身分保障　　☐ 検察官同一体の原則　　☐ 弁護士自治

> サポート

1　日本国憲法における司法権と裁判制度

　裁判制度の運用は，高度の法的な専門知識を必要とし，一定の資質を備えた専門家（法曹）を中心として運用せざるをえません。その資質を担保するために，現在は，原則として法科大学院による一定のトレーニングと厳しい国家試験（司法試験）に合格すること，その後の司法研修所での一定の研修を経て，初めて「法曹」になれます。法曹は，裁判実務に携わりますが，その職務の種類から裁判官，検察官，弁護士の三者に分類されます。その法曹としての資格は共通です。アメリカでは，裁判官も検察官も一定の経験を積んだ弁護士から登用されます（法曹一元制度）。すべての法曹は弁護士から出発します。日本では，主として，裁判官は裁判所，検察官は検察庁の，公務員として採用・育成されます。

2 法曹三者の役割とその関係

(1) 三者の役割は裁判制度の構造 (File1参照) が前提

刑事，行政，民事の事件の種類をとわず，いずれも原告と被告（刑事事件では被告人）があり，原告の訴えを受けて裁判所が，その事件を「法」に照らして裁定します。原告側と被告側それぞれが，法に照らして，自己に有利な事実を主張しあい，それを証拠に基づき根拠づける，そして両者の主張の違いを争点として明確にし，それを中立な裁判所が，法と証拠に基づいて一定の裁定を行う。神ならぬ人間の判断の公正さを担保する制度として歴史的に形成されてきたものです。

(2) 刑事裁判の場合

① **検察官の役割**　刑事事件の場合は，国の機関である検察官が常に原告です。また，刑事裁判（公判）の前には，警察官あるいは検察官自らが，証拠収集と犯人の特定を行う「捜査」という手続の過程があります。そこでは，多くの場合，被疑者の身柄を強制的に拘束するなど人権を著しく侵害する危険性がある強制捜査が行われます。それは，法（憲法や主として刑事訴訟法）に照らして適正な手続に基づくことが要求されます。検察官は，犯罪を発見し真犯人を迅速に発見・確保し，適切に処罰する手続を遂行し，もって社会の秩序を守る「公共の利益」を担う「行政権」に属する公務員です。検察官の法律専門家としての役割は，公判前には，法に基づく適正な捜査が遂行されるようにチェックし，公判では原告として被疑者に対し訴えを提起し証拠に基づき適切な処罰の判決を裁判所に求める訴訟を遂行することです。

② **弁護士の役割**　強力な検察官の被疑者・被告人（捜査段階では「被疑者」，公判提起後は「被告人」）の責任追及に対し，被疑者あるいは，被告人は，自らの防御権として，弁護人となる法律専門家である弁護士を選任する権利（弁護人選任権）を有します。選任された弁護士は，検察官の主張する事実あるいは証拠について，被疑者あるいは被告人の法に基づく適正な防御権の行使を代行・代弁する職務を担います。検察官の主張することがすべて正しいとはかぎりません。弁護人は，被疑者や被告人の立場から，検察官の主張を争い，その緊張関係から，裁判所が真実を発見できるようにする役割を担います。

③ **裁判官の役割**　検察官と弁護人それぞれの当事者の主張について，中立な裁判官が法に基づき証拠を評価し，事実を認定し，認定事実を法的に評価していくことになります。

④　三者の役割は違えども，めざす目的は同じ　　このような専門家の役割分担の構造があって，初めて事件の真実に迫り，その本質にせまることが可能となります。したがって，**法曹三者**はその役割こそ違いますが，最終的には，適正・公平な裁判を実現するという同一の目的を目指すために，それぞれの職務を担っているのです。

(3)　**民事裁判その他の場合**

　民事事件の場合は，原告と被告はそれぞれ自己の私的な利害に関わる事件について争います。本人だけで裁判を行うことができますが，裁判の専門性や事実や証拠を客観的に評価し本人の利益や権利をよりよく守るために，弁護士に代理を依頼し本人の主張を専門的に代弁してもらうことができます。裁判所も，弁護士が本人の主張を法的に整理して主張してくれたほうが，より早くより明確・適切に争点を把握し適正な判断ができます。

　民事裁判では，原告や被告の代理人は弁護士であるのが原則であり，私的に処分可能な事件の性質上，裁判上の和解等比較的柔軟な手続である点が刑事裁判とは異なります。もっとも，検察官は，その公益の代表者としての性格上，たとえば不適法な婚姻の取消し訴訟などの人事訴訟のような民事裁判においても，原告となります（民744条1項など）。

3　法曹三者の役割の前提としての原理・原則等

　裁判官の職務は，司法権の行使として，その職務の中立性・公平性が大前提です。裁判官はその良心と法にのみ従う独立性を保障され（憲76条3項），心身の故障以外厳格な公の弾劾手続によらなければ罷免されない（憲78条）などの裁判官の身分保障を憲法自ら定めています。

　検察官は，検察庁（法務省の外局）所属の行政官とはいえ，司法権に関わる職務の中立・公平性を要求されます。法律で一定の身分保障が定められ，その独立性が保障されています（検察庁法21～25条）。他方，職務の統一的な一貫した遂行も要請されます。検事総長を頂点とする上司の指揮監督権，事務引取権，移転の権利が認められます（検察官同一体の原則。同法7～12条）。

　弁護士は，民間の在野法曹として，一般市民の依頼に応じてその基本的人権や社会正義を実現することを使命とします（弁護士法1条）。報酬も依頼者と相談のうえ決することになりますが，それは必ずしも市場原理では決められない（経済的にはペイしなくても公益性は高い事件は多く存在します）ので，公務員として報酬

も保障され組織に守られている裁判官や検察官とは違った職務の難しさがあります。また，権力にも敢然と立ち向かわないといけない場合もあります。政治的に不当な干渉を受けないように，その監督や懲戒等については弁護士会の自治による**弁護士自治**が法律により保障されています（弁護士法31条以下）。弁護士は弁護士会に入会・登録してその活動ができます（同法8条以下）。

▶ ステップアップ

法曹三者の実際を知るのに，周防正行監督の映画「それでも僕はやってない」を薦めます。日本の裁判官，検察官，弁護士のそれぞれ優れた側面と問題点の両方を，痴漢冤罪事件を素材にリアルに描いています。法学教室331号の法曹三者の記事なども参照。

〔西島　良尚〕

File 3　　　　民　事　訴　訟

スタート

お金を貸したのに返してもらえない，交通事故にあって怪我をしたので賠償金を払ってほしいなど，私人間のトラブルを話し合いで解決できない場合に，裁判所でどのような手続をとることができるかをみていきましょう。

〈キーワード〉

□ 民事紛争　　□ 職権主義　　□ 職権進行主義　　□ 私的自治　　□ 当事者主義
□ 処分権主義　　□ 弁論主義　　□ 争点整理手続　　□ 集中証拠調べ

サポート

1　民事紛争と民事訴訟

私人間の生活関係や取引関係において，権利の行使が妨げられ，あるいは義務が任意に履行されない場合には，紛争が生じます。この**民事紛争**を，裁判によって強制的に解決する法的手続が，民事訴訟です。そして，この手続の内容や順序を定めているのが，民事訴訟法になります。

2　民事訴訟の2つの側面と原則

　民事訴訟には，2つの側面があります。1つは，国家が設営した裁判所で，司法権の行使として行われる裁判による解決方法という意味で，公権的・強制的な面です。いま1つは，民事紛争には私的自治の原則が妥当するという意味で，当事者の意思を尊重するという側面です。

⑴　公権的・強制的な側面

　民事訴訟の公権的・強制的な側面は，具体的には次のように説明できます。まず，応訴強制です。紛争の一方当事者が訴えを提起した場合には，被告は何らかの対応（応訴）をしなければ，不利益を被ることになります。応訴しないからといって，制裁を科されるわけではありませんが，原告の主張に何の反論もしなければ，原告の主張がそのまま認められ，被告は敗訴判決を受けるおそれがあります。次に，判決が出た場合には，敗訴した者は，上訴期間内（判決書の送達を受けた日から二週間以内，民訴285条）に上訴しなければ，その判断に拘束され（既判力），紛争を蒸し返すことができなくなります（民訴114条，115条）。最後に，金銭の支払いなどを命じられた被告が，判決の内容に従わなかった場合には，原告はこの判決に基づいて，被告の所有するマンションや給料などを差し押さえ，強制的に金銭の取り立てをすることを裁判所に申し立てる，強制執行の手続をとることもできます。

　公権的・強制的な側面は，民事訴訟においては**職権主義**という原則にあらわれます。これは裁判所が主導権を持つことを意味し，手続進行については，民事訴訟法に従って裁判所が主導するのが原則となっています。これを，**職権進行主義**といいます。

⑵　当事者意思を尊重する側面

　私人間の関係調整には**私的自治の原則**が妥当することから，当事者同士が納得する限りは，紛争をどのように決着するかは，当事者の自由です。したがって民事紛争については，その調整の方法，手続については，当事者の意思が尊重されます。これは，**当事者主義**という原則にあらわれます。訴訟において当事者が主導権を持つのは，以下の2つの場面です。1つは，訴訟の開始・終了にかかわる場面です。民事紛争の解決方法は裁判だけではありません（ADRについては，Folder Ⅱ　File 6を参照）から，紛争を裁判によって解決するかどうか，裁判をするとしてどのような判決を裁判所に求めるか，そしていったん始まった訴訟をど

のような形で終わらせるかについては，当事者が自由に決められます。これを，**処分権主義**といいます。いま1つは，訴訟の審理の場面です。判決の基礎となる資料を収集し，どの資料を裁判所の審理の場に提出するかを決めるのも当事者です。これを，**弁論主義**といいます。

3　民事訴訟の手続（仕組み）

　民事訴訟では，裁判所に訴えを提起した側を原告，訴えられた側を被告といいます。民事訴訟は，原告が訴えを提起することによって始まります。具体的には，どのような判決を求めるか，その根拠を記載した訴状という書面を裁判所に提出します（民訴133条）。この訴状を裁判所から送られた被告は，答弁書と呼ばれる書面に，原告の主張に対する自分の反論を記載して裁判所に提出します。この後，両者は公開の法廷で顔を合わせて，互いの要求や言い分を戦わせる口頭弁論と呼ばれる審理手続が始まります。この手続は，訴訟の争点を明らかにして，必要な証拠を整理する**争点整理手続**（民訴168条〜178条）と，尋問すべき人をすべて集合させて一気に調べる**集中証拠調べ**（民訴182条）で構成されます。当事者が主張と立証を尽くすと，裁判所は弁論を終結し，判決言渡しの期日を指定します（民訴251条）。

　この間，訴訟の途中で原告が訴えを取り下げたり（民訴261条），当事者間で和解が成立したりして，訴訟が終了することもあります。当事者が自ら訴訟を終了させないときは，裁判所が判決を下します。裁判所は，証拠調べと口頭弁論の全趣旨に基づき，自由な心証に基づいて，当事者それぞれの主張がどの程度支持され，法に照らして原告の請求がどの限度で認められるかを判断します（民訴247条）。

　裁判所の判決に対して不服のある当事者は，上級の裁判所に上訴することができます。控訴審（第二審）では，第一審の資料に基づきつつ，さらに新たな主張や証拠を提出して争い，控訴した当事者が不服を申し立てている範囲内で，第一審判決の当否が審理されます。第二審の判決に対する上訴である上告審は法律審なので，事実の主張や証拠の提出はできません。また，最高裁判所の負担軽減のために，最高裁への上告には一定の制限があります（「上告提起」（＝原判決について憲法違反や法律に定められた重大な訴訟手続の違反事由があることを理由とする不服申立ての方法）と「上告受理申立て」（＝原判決について判例違反その他の法令の解釈に関する重要な事項を含むことを理由とする不服申立ての方法）とがあります）。

32　Folder Ⅱ　紛争・事件と法

4　手続の重要性

　紛争解決の結論が妥当なものかどうかを決めるのは，いかに適正な手続をとったかにかかっています。裁判の適正・迅速，当事者間の衡平という理念のもと，どのような手続をとるべきかを考えることが重要です。

◣ ステップアップ

　民事訴訟手続に関する書籍はたくさんありますが，入門書としては，中野貞一郎『民事裁判入門〔第3版補訂版〕』（有斐閣，2012年）が有用です。

〔村上　正子〕

File 4	少額訴訟手続

スタート

　　裁判をするには時間もお金もかかります。裁判で請求しようとしている金額が少ないと，弁護士に依頼して裁判をやったところで費用倒れになるおそれもあるため，結局あきらめてしまうこともあるかもしれません。小さな金銭トラブルを，手軽に早く裁判で解決できる手続をみてみましょう。

〈キーワード〉
- □　簡易裁判所　　□　一期日審理の原則　　□　証拠調べの制限　　□　即日判決の原則
- □　判決による支払猶予　　□　控訴禁止　　□　異議申立て　　□　手続選択権

サポート

1　少額訴訟手続の意義と目的

　借りていたアパートを引き払おうとするとき，きれいに部屋を使用していたつもりなのに敷金がほとんど返ってこなくて納得できない，2か月分のアルバイト代15万円が未払いで困っているといった日常的なトラブルを，弁護士などに頼まず，自分の手で裁判所に訴え，簡単に，かつ迅速に調整できる手続が，少額訴訟手続です。利用者にわかりやすく使いやすい訴訟制度を目指して民事訴訟法が平

成8年に改正されたときに，市民に最もアピールする制度として，新たに創設されました（民訴368条〜381条）。

　市民生活から生じる少額事件を簡易・迅速に処理する裁判制度としては，簡易裁判所の手続がありましたが，近時の**簡易裁判所**はミニ地裁化し，当初期待されていた機能を十分に果たせない状態に陥っていました。少額訴訟手続は，市民へのサービス提供機関として**簡易裁判所**を再生させ，ともすれば裁判所に持ち込むことをためらわれるような小さな生活紛争でも，訴訟によって調整できるようにすることを目的としています。

2　少額訴訟の手続

(1)　対象（要件）

　少額訴訟の対象は，訴額60万円以下の金銭支払請求に限られ（民訴368条1項本文），債務不存在確認請求や物の引渡請求は含まれません。しかも，この手続は一般市民のために設けられたものなので，手続を利用できる回数を年間合計10回に制限して（民訴規223条），小口の金融業者等の利用を抑えています。

(2)　審理の特色

　少額訴訟では，最初に開かれる口頭弁論の期日に審理を完了するという原則（一期日審理の原則—民訴370条）がとられています。したがって，その期日前または期日中にすべての主張を提出しなければならず，証拠調べは即時に取り調べることのできる証拠に限られます（証拠調べの制限—民訴371条）。被告が自らの請求をおこす反訴もできません（民訴369条）。

(3)　判決と不服申立て

　口頭弁論が終わると，裁判所は直ちに判決を言い渡すのが原則です（即日判決の原則—民訴374条）。判決書を作成する時間がないため，判決書の原本を作成せずに言い渡してよいことになっています（調書判決—民訴374条2項）。

　少額訴訟手続では，被告の資力その他の事情を考慮して，必要に応じて支払期限を猶予したり（判決による支払猶予），分割払いを命じる判決をすることができます。被告が判決に従ってできるだけ任意に支払い，原告が強制執行を申し立てなくても済むように，支払方法を考慮した判決が出せるようになっています（民訴375条）。判決でもこのような和解的な調整ができるようになった点に，少額訴訟手続の特徴があります。

　少額訴訟は1審限りで，判決に対して上級の裁判所に控訴することはできませ

ん（控訴禁止—民訴377条）。その代わりに，その判決をした同じ裁判所に，判決書又は調書判決送達後2週間以内に異議申立てをすることができます（民訴378条）。異議があれば，訴訟は口頭弁論終結前の状態に戻り，通常手続による審理・裁判がなされることになります。ただしそこでの判決に対しても控訴はできません（民訴379条）。

(4) 強制執行

少額訴訟で請求認容判決を得ても，被告が任意に支払ってくれなければ，原告はさらに強制執行手続を申し立てなければ，最終的にお金を手に入れることはできません。そこで，簡易・迅速というモットーをここでも実現するべく，強制執行も通常よりも簡単にできるようになっています（民執167条の2～167条の14）。具体的には，通常は必要な単純執行文は不要とされ，さらに，通常の地方裁判所ではなく，簡易裁判所で裁判所書記官に申し立てれば，強制執行ができるようになっています。

3 手続の選択

このように，少額訴訟手続は簡易・迅速を第一に考え，通常の手続とは異なる審理原則がとられているため，両当事者に手続選択権が認められています。原告は通常手続によるか少額訴訟によるか，選択できます。原告が少額訴訟手続を希望したとしても，被告が反対した場合には，これを利用することはできません（民訴373条1項）。この意味で，被告にも手続選択権が認められています（ただし，原告が望んでいないのに，被告が少額訴訟手続を選択することはできません）。

簡易裁判所では，両当事者にこのような手続選択権があることを理解してもらうために，裁判所書記官が窓口で手続の説明をしたり，口頭弁論期日の呼び出しの際に，少額訴訟手続内容を説明した書面を各当事者に送り，裁判官も口頭弁論期日の冒頭に，当事者に対して所定の手続説明を行うことになっています。

4 少額訴訟手続の運用上の課題

まず，司法サービス機関として，少額訴訟制度の存在を広く国民にアピールすることが重要です。利用を促進するために，例えば，訴額の上限を現在の60万円から100万円まで引き上げることを検討してもいいかも知れません。また，市民が弁護士に頼まず自分で訴訟をすることを想定しているのですから，裁判官が書記官と連携して，事件の実体面についても，一層積極的に教示していくことも必

要になると思われます。

▶ ステップアップ

　少額訴訟手続については，小島武司「少額訴訟手続の意義」竹下守夫編集代表『講座新民事訴訟法Ⅲ』（弘文堂，1998年）195頁以下，また，市民が利用しやすい簡易・迅速な手続一般については，川嶋四郎「略式訴訟の争点―「簡易救済手続」の現状と課題」民訴法の争点（有斐閣，2009年）270頁以下，が有用です。

〔村上　正子〕

File 5　民事執行と破産

スタート

　ここでは，お金の貸し借り等によって生じる「債権」の強制的な取立てのプロセスに関し，これを具体的に規律する民事執行と破産について学びましょう。

〈キーワード〉
- □ 自力救済禁止の原則　□ 強制執行　□ 債務名義　□ 直接強制　□ 代替執行
- □ 間接強制　□ 担保権の実行　□ 破産　□ 免責　□ 民事再生　□ 会社更生

サポート

1　民事執行

(1)　強制執行序説

　例えば，Aが，金銭をBに貸したり，その所有する自動車をCに貸与したが，債務者B・Cがその債務を約束の期限までに自発的に履行しない場合，債権者Aはどのようにすればよいでしょうか。この場合，Aは，B・Cに債務の履行を強要することはできませんし，自己の所有物だからといって，Cに貸した自動車を強引に持ち帰れば，窃盗罪（刑235条）等で処罰されることにもなります（自力救済禁止の原則）。

　そこで，Aは，B・Cが有する財産を差し押さえて競売し，その代金をAに配

当するなど，さまざまな方式で強制的に債務を履行させるよう，裁判所に請求することができるものとされています。こうした手続を**強制執行手続**といいます。

(2) 債務名義

強制執行手続を開始するには，債権者の側から，執行の基礎となる公の文書，いわゆる**債務名義**（民執22条）を提出する必要があります。民事訴訟の確定判決や和解調書・調停調書，執行証書など，裁判所や公証人が作成するものとして法が限定列挙する文書が債務名義です。

国家権力を発動させる以上，債権の存在と内容とを高度な蓋然性をもって示す文書でなければならないからです。

(3) 強制執行の方式の区分

強制執行の方式は，以下の3つの観点から区分されます。

① **執行の根拠となる債権の種類による区分**　まず，執行の根拠となる債権が貸金債権等の金銭債権か建物明渡請求権等の非金銭債権かによって，金銭執行と非金銭執行とに区分されます。非金銭執行においては，換価手続を予定せず，裁判所所属の執行官により対象財産の占有（物の現実的支配）を債権者へ強制的に移転させる等の方式がとられます。

② **執行の対象となる財産の種類による区分**　上記の金銭執行においては，さらに，執行の対象となる財産が不動産か動産か債権かによって換価方法が異なるため，規律が区分されます。このうち，不動産の強制競売を中心とする不動産執行は，差押え→換価→満足という3段階を経て実施される典型的な**強制執行手続**です。

③ **執行の方法による区分**　以上に述べた一般的な**強制執行**の方法である**直接強制**のほかにも，法は，**代替執行**と**間接強制**という執行の方法も認めています。

代替執行とは，代替性のある作為債務につき，裁判所が授権して第三者に作為をさせ，その費用を債務者から取り立てる執行方法をいいます（民執171条）。例えば，土地の所有者に無断でその土地上に建物を建てて不法占拠している者に対して土地の所有者が建物収去土地明渡しの請求をする場合の執行は，この方法によります。

また，**間接強制**とは，裁判所が債務者に履行を命ずるとともに，一定の期日までに履行しない場合に，制裁として一定額の金銭を債権者に支払えと命ずることで，間接的に債務者による履行を促す執行方法をいいます（民執172条）。従来，間接強制は，直接強制・代替執行がいずれも機能し得ない債権にのみ補充的にし

か認められませんでしたが，近時の相次ぐ法改正によってその補充性が緩和され，平成16（2004）年には，金銭債権の中でも，養育費や婚姻費用の分担金など，夫婦・親子その他の親族関係から生ずる扶養義務等に係る権利については，間接強制が認められるようになりました（民執167条の15）。

(4) 担保権の実行

民事執行法が規律する「民事執行」は，以上に述べた強制執行だけでなく，担保権の実行も含まれます。例えば，建物に設定された抵当権（民法369条）等の担保権の実行として，当該建物を競売に付す場合にも，強制執行に準じた競売手続が妥当します（民執180条以下）。

なお，強制執行の開始に必要な債務名義は，担保権の実行には要求されません。担保権には，優先弁済権が認められていますので，競売による換価権が当然に内在するものと解されているからです。

2 破 産

上記の民事執行は，執行を開始した債権者以外の債権者が当該手続の中でともに配当を受けることが可能な制度となっており，集団的な債権回収をも規律しますが，あくまで執行対象である個別財産ごとの手続にすぎません。

また，債務者が，支払能力を欠くため一般的かつ継続的に債務を履行できない状態（支払不能）に陥った場合，各債権者が債務者の有する乏しい財産を我先に取り立てようとして，無秩序な競争を招くおそれがあります。

そこで，債務者の総財産の清算過程を裁判所の監督の下で公正に行わせるための法制度が必要となります。これが破産です。

破産というと，消費者金融からの過剰な借入れ等を原因とする多額の債務から個人を解放させる手続として利用するイメージが強いかもしれません。しかし，破産自体は，個人に限らず，会社のような法人にも等しく適用されます。破産手続に付随するこうした手続は，あくまで債務者の総財産の清算を前提とした免責（破248条以下）として位置づけられるものにすぎません。

なお，債務者の経済的破綻状況を規律する一連の法制度（いわゆる倒産法制）中に民事再生や会社更生といったものがあります。これらは，財産の清算を主な目的とする破産とは異なり，事業の再生を主な目的とする再建型の手続として位置づけられます。

また，裁判所を介さずに，利害関係当事者間の合意によって破綻状況の打開を

目指す私的整理という手続も実務上よく利用されています。

▰ ステップアップ

　民事執行と（破産を含む）倒産法制の基礎については，中野貞一郎『民事執行・保全入門〔補訂版〕』（有斐閣，2013年），藤本利一・野村剛司編著『基礎トレーニング倒産法』（日本評論社，2013年）等が有益です。

〔清水　恵介〕

File 6　　ADR（代替的紛争解決）

スタート

　司法制度改革は多方面にわたり，一定の成果を得てきました。しかしながら，裁判所の規模は劇的に拡充されたわけではありません。訴訟の件数も増加をたどっていますが，激増というわけではありません。判決手続は当事者にとって負担のある場合が多いわけです。法的紛争解決のために訴訟によらない他の方法も実は多いのです。

〈キーワード〉
□ ＡＤＲ　□ 司法型ＡＤＲ　□ 民事調停　□ 家事調停　□ 訴訟上の和解
□ 既判力　□ 執行力　□ 行政型ＡＤＲ　□ 民間型ＡＤＲ　□ 仲裁合意

サポート

1　ＡＤＲとは

　ＡＤＲ（Alternative Dispute Resolution）とは裁判外紛争処理の略語です。判決などの裁判によらない紛争解決方法を指します。司法機関が関与する形態と，行政機関が関与する形態，民間機関が関与する形態があります。裁判による解決が法を基準として行われるのと比較すると，ＡＤＲは，必ずしも法に拘束されず，紛争の実情に即し，当事者が納得する解決をスピーディかつローコストで目指す点に特徴があります。ＡＤＲは関与する機関の性格から①司法型，②行政型，③民間型に分類できます。

2　司法型ＡＤＲ

　司法機関が関与する司法型ＡＤＲとして，**民事調停，家事調停，訴訟上の和解**があります。民事調停や訴訟上の和解は，民事訴訟手続に付随する手続として裁判所において行われます。民事調停および家事調停は裁判所から選任された調停委員が，当事者の間に立ち，紛争の解決を図ります。調停は当事者が合意に達して始めて成立します。合意をさせる強制力はありません。民事調停は調停委員会という主任裁判官１名と裁判官でない調停委員２名で構成され，委員会が関与するという形式で進められます。この調停委員会は，当事者が紛争を自主的に解決できるように働きかけ，当事者間で合意が成立すると，これを調書に記載します。この調書に記載された合意は，確定判決と同一の効果があります（民調16条，民訴267条）。

　離婚には調停前置主義が採用されていて夫婦が離婚したいと思ったのに，相手が離婚に応じてくれない場合には，まず家庭裁判所に離婚調停の申立てをする必要があります（家事法18条）。調停調書には**既判力**（紛争を蒸し返させない効力）と**執行力**（債務名義となり強制執行を可能にする効力）があります。

　訴訟上の和解は，訴訟係属のある裁判所において，民事訴訟当事者がなすものです。原被告双方が合意に達した場合，裁判上で紛争を互譲によって終了させる合意を裁判官の面前でおこなうことにより成立します。和解調書には確定判決と同様の既判力・執行力があります（民訴267条）。

3　行政型ＡＤＲ

　独立の行政委員会や行政機関等が行うものは**行政型ＡＤＲ**とされます。行政サービスの一環として，各行政機関の所管に応じ，消費者紛争，人権侵害，福祉サービス，住宅紛争など，幅広い行政分野に対応するために様々なＡＤＲ機関が設けられています。行政型ＡＤＲの特徴は，様々な解決形態があることです。特徴としては相談機能にあります。相談者からの情報のみで対応しなければならないため，適切な回答ができているかどうか，さらに，相談によって最終的に紛争が解決できたかどうか，その相談の実効性を確認することが難しいとされています。国民生活センター（消費者苦情処理専門委員会）・消費生活センター等があります。

　また，訴訟によらずして，行政処分を争う場合，行政機関の審査・審判手続も

ＡＤＲであるといえましょう。海難審判庁・国税不服審判所がその例です。

　あっせんをはかる行政型ＡＤＲも多くの機能を果たします。あっせんとは紛争の当事者間の交渉が円滑にいくように，その間に入って仲介する行為を言います。当事者間による自主的解決の援助，促進を主眼とし，当事者の自主性に比重が置かれています。公害等調整委員会・中央労働委員会などがあります。

4　民間型ＡＤＲ

　消費者は業界団体が共同で設立しているセンターに相談をしたり，苦情を申し立てることができます。数多くの民間ＡＤＲ機関が設立されました。この業界型ＡＤＲの特徴は，企業にとってみると，客と訴訟で争わずに穏便にすますことができ，企業のイメージを落とさないなどのメリットがあり，消費者にとっても，ほぼ無料で，相談・あっせんや原因究明のための手続きを利用できるというメリットがありますが，業界側であることは事実です。

　業界団体でない機関がＡＤＲを主宰する場合もあります。独立型ＡＤＲとも呼ばれています。当事者双方が紛争の解決を第三者に委ね，その判断に従うことによって争いを解決する方法をとることが多いです。弁護士会仲裁センターをはじめとする士業団体の仲裁センター，交通事故紛争処理センター，工業所有権仲裁センターなどが例です。この独立型ＡＤＲの特徴は，手続きの迅速性，簡便性，専門性，中立性がある点で特徴的です。他方，それなりの手数料がかかるデメリットがあります。両当事者が仲裁合意をすれば，仲裁手続になりますので司法裁判所に出訴する権利を失うことになります。

5　ＡＤＲと時効の中断

　「裁判外紛争解決手続の利用の促進に関する法律」（いわゆるＡＤＲ法）が平成16年に制定され，平成19年４月１日施行されました。この法律は，司法型ＡＤＲ以外のＡＤＲの機能の充実を目指し，紛争を抱えている人にとって，よりふさわしいＡＤＲを選択し満足のいく解決を得ることを目的として制定されました。適正さを確保するための認証制度を設けました。認証を受けた民間事業者の和解の仲介の業務については，時効の中断，訴訟手続の中止等の特別の効果を与えることにしました。ＡＤＲが不調に終わり，１月以内に訴えを提起したときは，時効の中断に関しては，当該認証紛争解決手続における請求の時に，訴えの提起があったものとみなされます（同法25条）。訴訟中でもＡＤＲが開始したときは，

訴訟手続の中止が命じられる場合があります（同法26条）。

ステップアップ

ＡＤＲ一般については，http://www.gov-online.go.jp/useful/article/201507/2.html，弁護士会の行う仲裁については，http://www.nichibenren.or.jp/contact/consultation/conflict.html に紹介されています。

〔中村　昌美〕

File 7　　刑　事　訴　訟

スタート

犯罪者に科すべき刑罰を法律で定めてあっても，実際に犯罪が行われたときその犯人に刑罰を科すには，誰が犯人かを明らかにするなど一定の手続を踏む必要があります。この手続が刑事訴訟で，刑事訴訟法により規律されます。

〈キーワード〉
- □ 実体的真実主義　　□ 適正手続　　□ 捜査　　□ 公訴の提起　　□ 公判
- □ 令状主義　　□ 起訴便宜主義　　□ 当事者主義　　□ 自由心証主義

サポート

1　刑事訴訟法の目的・基本原理

　刑事訴訟法（刑訴法）の目的は，刑事事件につき刑罰法令を適正に適用実現すること，つまり犯人を適正に処罰することにありますが，そのためにはまず事案の真相を明らかにすることが必要です。こうした考え方を**実体的真実主義**といいますが，この原則には，犯罪が行われた以上，必ずこれを発見してその犯人を処罰しなければならないとする必罰主義の側面（積極的実体的真実主義）のみならず，犯人でない者を誤って処罰してはならないという無辜の不処罰を追求する側面（消極的実体的真実主義）も含まれています。

　他方，犯人の適正な処罰という目的のためとはいえ，そのためにはどのような

手段に訴えてもよいというわけではありません。憲法31条は，基本的人権の保障の一つとして，犯罪者から刑罰の名の下に生命や自由を奪うことに繋がる刑事手続は，法律によって定められた適正な手続，英語でいうデュープロセス・オブ・ロー（due process of law）であることを求めており，刑訴法は，この要求に応えて，**適正手続の保障**を具体化する多くの規定を設けています。

2　刑事訴訟の意義

広い意味における刑事訴訟（刑事手続）は，大きく，**捜査と公判**との2段階に分けられます。捜査手続の終了後，**公訴の提起（起訴）**がされると，第一審の公判手続（狭い意味における刑事訴訟）が始まります。

3　捜　査

捜査とは，犯罪の証拠を収集保全するとともに，犯罪を行った疑いのある者（被疑者）を探索し，必要があればその身柄を確保する捜査機関の活動です。第一次的な捜査機関は，刑訴法上は**司法警察職員**と称される警察官（一般司法警察職員）と海上保安官等（特別司法警察職員）で，捜査を遂げた事件は**検察官送致**（送検）されますが，検察官も必要があれば自ら捜査を行えます。

捜査はできる限り強制捜査によらずに行わなければならず（**任意捜査の原則**），逮捕・勾留や捜索・差押など強制捜査は，原則として裁判官の発する令状（たとえば逮捕状）に基づかなければならず（**令状主義**），捜査機関の判断だけでは行えません。国民の権利・自由に対する侵害を伴うものだからです。

4　公訴の提起（起訴）

捜査が終結すると，検察官は，裁判所に公訴を提起するか不起訴とするかを決定します。公訴とは，事件について裁判所に審理および判決を求める意思表示です。公訴の提起は国家機関が行い（**国家訴追主義**），原則として，国家機関の中では検察官だけがその権限を有します（**検察官の起訴独占主義**）。その一方，検察官は，犯罪が成立する場合でも，公益上訴追を要しないときは公訴を提起しないことができます（**起訴便宜主義**）。いわゆる起訴猶予処分です。

公訴の提起は，検察官が審判を求める犯罪事実等を記載した起訴状だけを提出して行い（**起訴状一本主義**），証拠等事件について裁判官に予断を与えるおそれのあるものは提出してはならないとされています（**予断排除の原則**）。

5　公　判

　公判手続は，広義では，公訴提起から裁判確定までの手続全体をいい，狭義では，公判期日に公判廷で行われる審理・判決の手続を意味します。公判期日の審理は冒頭手続に始まり，証拠調べを経て，検察官の論告・求刑と弁護人の最終弁論および被告人の最終陳述をもって終結し，判決の宣告へと至ります。

　現行刑訴法は，一方の訴訟当事者である検察官に対して，どのような犯罪事実の存在を主張するか，その立証のためどのような証拠を提出するかを任せる一方，反対当事者である被告人および弁護人が検察官の主張・立証に対して反論・反証できるようにして訴訟遂行の主導権を当事者に委ね，裁判所は公平中立な第三者として両当事者の主張・立証を吟味して判定する立場に位置づけることにより当事者（追行）主義の基本構造を採用しています（これに対して，裁判所が訴訟遂行の主導権を握る訴訟構造のことを職権主義といいます。）。

　冒頭手続では，人定質問で被告人が人違でないことを確かめた後に，まず検察官が起訴状を朗読します。その後，被告人に対し黙秘権等の告知がされた上で，被告人および弁護人に事件について陳述する機会が与えられ，起訴状に記載された犯罪事実を認めるか争うか等を明らかにする罪状認否が行われます。

　証拠調べは，こうして出揃った両当事者の事実に関する主張に理由があるかどうかを審理する手続で公判手続の中心を成すものです。はじめに検察官は証拠によって証明しようとする事実を明らかにした上で（冒頭陳述），証拠の取調を請求します。裁判所はその証拠の採否を決定し，証拠の種類によって，証人尋問や証拠書類の朗読，証拠物の展示，被告人質問といった証拠調べが実施されます。検察官に続き，被告人および弁護人も証拠調べを請求できます。

　主張された犯罪事実が存在するかどうかに関する裁判所の判断（事実の認定）は，適式な証拠調べを経た証拠能力のある証拠に拠らなければなりませんが（証拠裁判主義），証拠能力ある証拠の証明力をどのように評価するかは，裁判官の自由な判断に委ねられています（**自由心証主義**）。

　刑事訴訟では，検察官が犯罪事実を立証する責任（挙証責任）を負うものとされ，合理的な疑いを差し挟む余地のない程度の立証が要求されます。検察官による立証がこの水準に達しなければ被告人は無罪とされるわけで，これは無罪の推定あるいは「疑わしきは被告人の利益に」と表現されます。

44   Folder Ⅱ　紛争・事件と法

6　公判の裁判

　判決は，公判廷で宣告により告知します。被告事件について犯罪の証明があったときは有罪の判決を，証明がないとき，あるいは被告事件が罪とならないときは無罪の判決を言い渡します。検察官の主張について判断するこれらの実体裁判のほか，手続上の理由から訴えを退ける形式裁判として，管轄違いの判決，公訴棄却の判決および決定，免訴の判決があります。いずれの裁判に対しても，その確定前であれば，取消や変更を求めて上訴をすることができます。

ステップアップ

　刑事訴訟についての最近の解説書としては，田口守一『刑事訴訟法〔第7版〕』（弘文堂，2017年），長沼範良ほか『刑事訴訟法〔第5版〕』（有斐閣，2017年）などがあります。

〔信太　秀一〕

File 8　　　　　裁判員制度

スタート

　裁判員制度は，平成11年から16年にかけての司法制度改革の中で，その柱の一つである国民的基盤の確立（国民の司法参加）のための中核的施策として，同年5月に成立した「裁判員の参加する刑事裁判に関する法律」（裁判員法）により制度化され，平成21年5月21日から実施されています。

〈キーワード〉
- □ 裁判員制度　　□ 裁判員法　　□ 裁判員　　□ 刑事訴訟手続
- □ 公判前整理手続　　□ 補充裁判員　　□ 裁判員等選任手続

サポート

1　裁判員制度とは

　裁判員制度は，一般の国民の中から選ばれた人たちが裁判員として裁判官とと

もに一定の重大な犯罪事件についての刑事訴訟手続に関与する制度であり，司法に対する国民の理解の増進とその信頼の向上に資することを目的としています。この制度は，刑事訴訟手続の一部を裁判員法に規定された特別のルールにより実施することとしたものですから，同法に定めがない場合は，裁判所法および刑事訴訟法が規定する一般的なルールによることになります。

2　裁判員制度の基本構造

⑴　裁判員制度の対象事件

　裁判員制度の対象となるのは，地方裁判所が取り扱う刑事訴訟事件のうち，①死刑または無期の懲役・禁錮に当たる罪に係る事件と②裁判所法26条2項2号に規定される法定合議事件（死刑または無期もしくは短期1年以上の懲役・禁錮に当たる罪（強盗等を除く。）に係る事件で，3人の裁判官による合議体で審判すべきものと法律で定められているもの。）のうち故意の犯罪行為により被害者を死亡させた罪に係るものです。殺人，強盗致死傷，現住建造物等放火などの事件が前者に，傷害致死，危険運転致死などの事件が後者に当たります。ただし，被告人の言動等により，裁判員やその親族等の生命等に危害が加えられるおそれがあり，そのため裁判員が畏怖しその職務の遂行ができないなどと認められる場合は，裁判所の決定により対象事件から除外されます。

　なお，裁判員裁判を受けることは被告人の権利ではないので，被告人が裁判員裁判か，それとも裁判官のみによる裁判かを選択することは認められません。

⑵　裁判員の参加する合議体の構成，裁判官と裁判員の権限

　対象事件は，原則として，裁判官3人，裁判員6人で構成される合議体で取り扱われます。裁判長は裁判官のうち1人が務めます。

　裁判員は，裁判官との合議によって，有罪や無罪等の判決に係る裁判所の判断のうち事実の認定，法令の適用および刑の量定の各判断に関与します。裁判員の関与する判断のための審理および評議は，裁判官と裁判員で行われ，審理においては裁判員にも証人等に対する質問権が認められます。そして，評決は，裁判官および裁判員の双方の意見を含む合議体の員数の過半数の意見によります。したがって，たとえば，裁判員が全員一致で有罪の意見であっても，裁判官が全員，反対の意見であれば有罪の評決はできないことになります。

　他方，上記の判断を除いた法令の解釈に係る判断，訴訟手続に関する判断等は裁判官のみの合議によります。したがって，その判断のための審理，さらに評

議・評決も裁判官のみで行われ，裁判員はその結論に従うことになります。

3　裁判員の選任

　裁判員および補充裁判員は，衆議院議員の選挙権を有する者の中から対象事件ごとに選任されます。選挙人名簿登録者の中から毎年くじで選出され地方裁判所ごとに調製される裁判員候補者名簿に記載された者の中から，裁判所は，くじで裁判員候補者を選定して呼び出します。裁判員等選任手続は非公開で行われ，法定の欠格事由（成年被後見人または被保佐人等），就職禁止事由（国会議員，国の行政機関の幹部職員，弁護士，大学の法律学の教授等）または不適格事由（被害者やその親族等）に該当する者，辞退事由（年齢70歳以上の者，同居の親族の介護・養育の必要ある者，学生または生徒等）に該当して辞退を認められた者および検察官または被告人等から理由を示さない不選任の請求をされた者をそれぞれ除外した後，くじ等で選任します。

　補充裁判員は，審判の期間その他の事情を考慮して必要な場合に，裁判員の員数に不足が生じることに備えて選任されます。

4　裁判員制度の裁判手続

⑴　公判開始までの手続

　裁判員裁判の対象事件では，公判開始前に必ず公判前整理手続が行われることになっています。これは，事件の争点および証拠を整理した上，公判で取り調べる証拠を決定し，証拠開示を行う手続です。一般の国民が審判に参加する裁判員裁判では，迅速かつ充実した分かりやすい公判審理とともに，審理に要する見込み期間があらかじめ明らかになっていることが必須ですが，この手続により公判開始後の審理計画を策定することが可能になります。

　この手続を経て第一回公判期日が指定されると，次に裁判員等選任手続が行われて裁判員が選任され，その後，公判が始まります。

⑵　公判手続

　裁判官，検察官および弁護人は，裁判員の負担が過重なものとならないようにしつつ，裁判員がその職責を十分に果たせるよう，審理を迅速で分かりやすいものとするよう努めなければなりません。とくに迅速な審理を実現するためには，審理に二日以上を要する事件では連日開廷して継続的な審理が行うことが求められます。

5 裁判員の守秘義務と裁判員保護のための措置

裁判員は，評議の秘密（評議の経過，各裁判官および裁判員の意見とその多少の数）その他の職務上知り得た秘密を漏らしてはならない義務があり，秘密を漏らした場合は処罰されます。裁判員としての職務の終了後も同様です。

他方，裁判員を保護するため，氏名や住所等の裁判員を特定できるような情報を公開することや事件について裁判員に接触することは禁止されており，裁判員に対する請託や威迫行為は罰せられます。また，国民の裁判員としての積極的な参加を確保するため，労働者が裁判員の職務のため休暇を取得したことその他裁判員になったことを理由に，解雇その他不利益な取扱いをしてはならないとされています。

◤ ステップアップ

立法の経緯や施行後7年間の実施状況の資料を含む裁判員制度全体の解説書として，池田修ほか『解説裁判員法〔第3版〕』（弘文堂，2016年）があります。

〔信太 秀一〕

49

| Folder Ⅲ | 一般社会生活と法 |

| File 1 | 財 産 法 |

> **スタート**
>
> 　人の私的生活を規律する一般法は民法です。民法は，第１編総則，第２編物権，第３編債権，第４編親族，第５編相続の５編から成り立ちます。第１編は，基本的には民法全体の共通ルールが集められていますが，主として財産に関するルールが多く，通常，第２・３編とともに財産法に分類され，第４・５編の家族法と区分されます。ここでは，財産法について学びます（家族法については，Folder Ⅵで学びます）。

〈キーワード〉
□ 所有権　　□ 契約　　□ 物権　　□ 債権　　□ 対物権　　□ 対人権
□ 絶対性　　□ 相対性　　□ 排他性　　□ 物権法定主義　　□ 契約自由の原則

サポート

1　財産法

　財産法は，財産的利益を内容とし，究極的には，金銭によって評価されます。財産法は，広義には，民法に限らず，例えば，知的財産法，商法，独占禁止法さらには建築基準法などの公法も含まれます。これに対して，狭義には，冒頭で述べたように，民法前３編（総則・物権・債権）に関する法のことを指しています。ここでは，狭義の財産法の代表である物権と債権をみることにします。

2　物権と債権

　物権は，一定の物を直接に支配し，その利益を排他的に享受しうる権利です。物権の代表は所有権です（民206条）。これに対して，**債権**は，特定の人が特定の

人に一定の行為（給付）を請求することができる権利です。例えば，売主Ａがその所有する商品を買主Ｂに売却する契約を締結した場合，ＡはＢに対して代金を請求することができ，ＢはＡに対してその商品の引渡を請求することができます（民555条）。この請求権が債権です。

　物権と債権の特質は，両者を対比して明らかにされる必要があります。日本民法典が物権と債権とを峻別する体系を採っているからです。

(1)　物権の対物権と債権の対人権

　そもそも権利は，人と人との関係に関するものですから，人に対して請求することをその内容としています（権利の請求権的性質）。しかし，社会の中で，物権の円満な実現が侵害されていないか侵害のおそれがないときには，物権の内容を実現するためには自己以外の特定人の行為の介在を必要とせずに直接にその物を支配することができることも確かです。これに対して，債権は，その権利の内容を実現するためには特定人の行為の介在を必要とします。このことから，物権は物に対する権利であり（対物権），債権は債務者の行為（給付）に対する権利である（対人権），といわれます。

(2)　物権の絶対性と債権の相対性

　物権の場合，誰に対してもその権利を主張することができます（物権の絶対性）。例えば，地上権は，他人の土地において工作物または竹木を所有するためにその土地を使用する物権です（民265条）。したがって，地上権者は，不法占拠者に対して地上権に基づく物権的請求権を行使して撤去させることができます。これに対して，債権の場合には，原則として債務者に対してしか主張できません（債権の相対性）。例えば，賃借権の法的性質は債権です（601条）。したがって，賃借人は，その目的物を契約で定めた方法で使用収益させるように請求する権利を賃貸人に有するにすぎません。このことから，賃借人が契約関係のない不法占拠者に対して債権的な賃借権に基づいて物権的な妨害排除請求権を行使するのは困難である，との論理的帰結が導かれることになります。

(3)　物権の排他性と債権の非排他性

　物権には排他性があるので，同一の物の上に互いに相容れない同一内容の物権が同時に二つ以上成立するのは不可能です。たとえば，１つの物に２つの所有権が成立することはない（一物一権主義），ということになります。これに対して，債権においては債務者の行為が目的とされるから，両立することができない目的をもつ債権が同時に二つ以上成立することは可能です。例えば，ＡがＢ興行主と

の間で出演契約を締結しつつ，同一日時に全く別の場所で出演する契約をC興行主との間で締結（二重契約）しても，両者の契約はいずれも有効です（一方が履行されると，他方は債務不履行の問題になります）。

(4) 権利の内容

物権には絶対性・排他性が認められていますので，第三者に対する影響は少なくありません。そこで，権利の所在と内容を第三者に知らせるために公示が必要とされますが，物権を自由に創設してこれに対応する公示方法を設けることは不可能です。そこで，物権の効力の強さと公示の要請から，物権の種類および内容は民法175条によって自由に創設することができないことにしました（物権法定主義）。これに対して，債権の発生原因の1つである契約を見ますと，契約は，当事者の間を規律するだけであり，原則として第三者に影響を及ぼしません。したがって，当事者は，契約の内容を原則として自由に決定することができることになります（契約自由の原則）。

(5) 権利の優劣

物権と債権とが競合する場合，物権は債権に優先します。例えば，AがBに賃貸している不動産を第三者Cに売却した場合（しばしば「地震売買」と呼ばれました），Bの賃借権が純粋な債権的権利にすぎないとしますと，Bは，その賃借権をCに対抗できず（「売買は賃貸借を破る」），目的不動産をCに明け渡すかCからの賃料値上げに応じるしかありません。しかし，今日では，不動産賃貸借であれば，賃借権が強化されているので（「不動産賃借権の物権化」と呼ばれている），「売買は賃貸借を破らない」ことがあります。（例：民605条，借地借家10条・31条参照）。

以上のとおり，物権と債権とは峻別されていますが，両者の峻別の論理に固執すべきではなく，民事紛争を公平適切に解決することが民法解釈学の重要な任務の1つである，ということに留意して下さい。

◣ ステップアップ

民法をはじめて学習する場合，我妻榮（幾代通・川井健補訂）『民法案内』や，我妻榮・有泉亨・川井健『民法』のシリーズがお薦めです。さらに，物権特に所有権と近代的債権との関係について深く学習したい方は，我妻榮『近代法における債権の優越的地位』（有斐閣，1953年），川島武宜『所有権法の理論』（岩波書店，1949年）を読んで下さい。

〔村田 彰〕

52　Folder Ⅲ　一般社会生活と法

File 2　契約の基本原則

スタート

　　契約は社会生活を送る上で大きな役割を担っています。たとえば，店で買い物をする場合（売買契約），賃貸アパートを借りる場合（賃貸借契約）などにも，契約が締結されています。そこで，これらの個別的な契約類型を理解する上でも，そもそも契約とは何かということを，ここで学んでおきましょう。

〈キーワード〉
- [ ] 契約の意義　　[ ] 契約遵守の原則　　[ ] 契約自由の原則　　[ ] 典型契約
- [ ] 非典型契約　　[ ] 双務契約　　[ ] 片務契約　　[ ] 契約の成立　　[ ] 契約の効力

サポート

1　契約総論

(1)　契約の意義

　契約とは，相対立する2つ以上の意思表示の合致により成立する法律行為である，と説明されます。この意思表示は，一方当事者の申込の意思表示と相手方からの承諾の意思表示から成り立っています。たとえば，AがBに時計を売却する場合，AはBに時計を売るという申込の意思表示を行い，BはAに買うという承諾の意思表示を行います。このように，Aの申込とBの承諾が合致することによって契約は成立します。契約が成立すると，契約当事者は，契約内容に拘束され，その契約を守らなければなりません（契約遵守の原則）。これは，自己の自由な意思に基づいてのみ権利の取得や義務の負担が行われるべきとする基本原則（私的自治の原則）を根拠にしています。なお，契約を守らなかった場合には，当然に契約違反の責任を負うことになります（債務不履行責任）。

(2)　契約自由の原則

　契約自由の原則とは，人は，平等な立場で，自己の自由な意思に基づいて自由に契約を締結することができるとする原則です。具体的には，契約締結の自由，契約内容の自由，契約方式の自由，相手方選択の自由，を意味します。

しかし，現実社会においては，契約当事者の社会的・経済的な力関係が平等ではない状況も存在します。そのような場合に，契約自由の原則を形式的に適用し徹底すると，社会的・経済的な強者が自らの利益のためだけに，弱者にとって不利な契約を押し付けるという結果を認めることになってしまいます。したがって，現在では，必要に応じて契約自由の原則に修正が加えられています（たとえば，借地借家9条，労基13条など）。

2 契約の分類

契約は様々な角度から分類されますが，ここでは特に重要だと思われる契約の分類を2つ紹介します。

(1) 典型契約・非典型契約

民法典には，贈与，売買，交換，消費貸借，使用貸借，賃貸借，雇用，請負，委任，寄託，組合，終身定期金，和解という13種類の契約類型が規定されています。こうした民法典上に規定のある契約は典型契約（有名契約）と呼ばれます。もちろん契約は当事者の自由な意思に基づいて行うことができるので，民法典に規定のない契約を締結することも可能です。このような典型契約以外の契約は非典型契約（無名契約）と呼ばれています。たとえば，入学契約，リース契約，フランチャイズ契約などが非典型契約にあたります。

(2) 双務契約・片務契約

契約の当事者双方が対価的意義を有する債務を負担する契約を双務契約といいます。これに対して，一方の当事者のみが債務を負う契約を片務契約といいます。例えば，売買（民555条）や賃貸借（民601条）は双務契約に，贈与（民549条）や使用貸借（民593条）は片務契約に属します。

3 契約の成立

(1) 申込と承諾

申込とは，相手方からの承諾の意思表示さえあれば契約を成立させるという意思表示です。前記の例ですと，AからBに対する時計を売るという意思表示が申込にあたります。申込みと区別すべきものに，申込の誘因があります。これは相手方に申込をさせようとする意思の通知であり，その後，相手方からの申込に対して，承諾することで契約は成立します。新聞のチラシやテレビCMなどがこれにあたります。

承諾とは，申込と同一の内容で契約を成立させるという意思表示です。前記の例ですと，BからAに対する買うという意思表示がこれにあたります。

(2) 契約の成立時期

契約当事者が対話者間である場合には，申込と承諾の合致により契約は成立します。しかし，契約当事者が隔地者間である場合には，特約のない限り，承諾が発信された時点で契約は成立することになります（民526条1項）。

4 契約の効力

通常，契約は当事者が契約内容通りの債務を履行することで終了することになります。しかし，当事者が債務を履行しない場合があります。そのような場合の解決方法が民法には規定されています。

(1) 履行の強制

債務が履行されない場合，債務を履行しない相手方に対して履行を強制することができます。もちろん日本において相手から力ずくで奪うといった自力救済は認められていませんので，国家（具体的には，裁判官と執行官）がその役割を果たしてくれることになります（民414条，民執168条～170条）。

(2) 債務不履行責任

履行期が到来しても，債務が履行されない場合（債務不履行），債務が履行されないことによって損害が生じているのであれば，債務を履行しない相手に対して，損害の賠償を求めることができます（民415条）。また，債務不履行を理由に契約の解除をすることもできます（民541～543条）。契約が解除されると契約の効力は消滅することになります。これは，自らの債務を免れることを意味します。したがって，契約の解除という制度は，両当事者とも債務を負う**双務契約**の場合に，重要な意味をもつことになります。

◢ ステップアップ

契約の基本原則については，山本敬三『民法講義Ⅳ‐Ⅰ契約』（有斐閣，2005年），平井宜雄『債権各論Ⅰ上　契約総論』（弘文堂，2008年）が有益です。

〔平山　陽一〕

File 3　民法（債権関係）の改正　55

| File 3 | 民法（債権関係）の改正 |

スタート

　2017年5月に民法の一部を改正する法律が成立し，同年6月に公布されました。2020年4月1日から施行されます。なぜ民法が改正されたのか，どのような部分が改正されているのかを学んでいきましょう。

〈キーワード〉
- □ 民法改正　□ 財産編　□ 債権法　□ 消滅時効　□ 約款
- □ 法定利率　□ 保証　□ 敷金

サポート

1　財産編改正の歴史

　民法典が施行されたのは1898年です。家族関係に関する親族編，相続編は，第2次世界大戦後の憲法改正に併せて大改正が行われました。一方，総則編，物権編，債権編から構成される財産編は，部分的な修正は何度か行われてきましたが，大部分は改正されず，時代の変化に応じていないとの指摘がされてきました。ここでは，財産編の重要な改正の歴史を簡単に見ていきましょう。

(1)　民法の指導原理の導入

　民法1条は，1項で「私権の公共性」，2項で「信義誠実の原則」，3項で「権利濫用の禁止」を規定しています。これは，第2次世界大戦後の1947年に導入されたものです。1項は日本国憲法29条を受けたもので，2項と3項はすでに判例学説上認められていたものを立法化したものです。

(2)　成年後見制度の見直し

　1999年には，自己決定の尊重，ノーマライゼイションを基礎とする成年後見制度が導入され，2000年4月1日より施行されています。

(3)　担保・執行法制の見直し

　「抵当権等の担保物権の内容及び実行手続を，現代の社会・経済情勢に適合したものに改めるという目的」から，2003年8月に改正された担保物権の規定が公布され，翌年の4月1日から施行されています。

56 Folder Ⅲ 一般社会生活と法

(4) 民法の現代語化

　財産編は，明治時代に制定されたままの表現を用いてきましたので，ひらがなではなくカタカナが用いられていたほか，漢字も旧漢字が使われ，一般の人々では読むことが困難な場合もありました。そこで，①文語体の表記をひらがなに改め，②現代では一般に用いられていない用語を他の適当なものに置き換え，③確立された判例・通説の解釈を条文に明示する，との方針で民法の現代語化がなされ，2005年4月1日から施行されています。

(5) 保証制度の見直

　上記の民法の現代語化と共に，個人保証人保護の観点から，民法典中の保証制度が改正され，個人保証のための規定が新たに追加されました。

(6) 法人制度の見直し

　2006年には公益法人制度改革関連三法の制定に伴い，民法典総則編の法人に関する規定も改正されました。

2　民法債権法改正

　このように，時代の要請に応じて改正が行われてきましたが，民法施行後一世紀のあたりから，「部分的な改正だけでは時代の変化に対応しきれなくなってきたため全面的な大改正が必要である」との意見が，実務家や法学者から出てきました。まずは取引に関する債権法に関する規定を見直すべきであるとして，法務省が中心となって「民法（債権法）検討委員会」が2006年に結成され，2009年までの約3年間にわたり議論を積み重ねました。

　それを受けた形で，2009年には，法務大臣の諮問機関である法制審議会に，「社会の変化に対応し，国民に分かりやすいという観点から債権関係の規定について改正すべきである」との諮問がなされ，6年間の議論を経て，2015年2月に「民法（債権関係）の改正に関する要綱案」が答申されました。同案は同年3月に「民法の一部を改正する法律案」として閣議決定され，同月開催の第189回通常国会に提出されました。その国会では他の重要法案との関係で，あまり議論が行われないままでしたが，2016年9月に招集された第192回臨時国会の法務委員会で議論が行われ始めました。そして，2017年1月に招集された第193回通常国会，可決成立し，同年6月2日に公布され，その後，2020年4月1日から施行されることが決定しました。

3 改正法案の内容

改正された民法は，これまで規定がなかった原則（「意思無能力無効」や「契約自由」など）が明記されるなど総則編を含む債権の様々な規定に関係していますが，ポイントとして次の6つをあげることができます。

(1) 消滅時効制度の見直し

現在は，一般債権の10年のほかにも様々な長さの期間が規定されています。この点について，複雑で分かりづらいこと，10年では長すぎることなどから，債権は一律5年とし，短期消滅時効を廃止されました。一方で，人の生命身体による損害賠償請求権については，不法行為に合わせ20年となりました。このほか，分かりづらいとされていた「時効の停止」という言葉が「時効の完成猶予」に，「時効の中断」という言葉が「時効の更新」に改められました。

(2) 法定利率の引き下げ

現在の民法で規定されている法定利率は5パーセントです（民404条）。これは低金利の現代社会には適合しないことから，当初原則3パーセントとして，その後は，市場の変動に応じて3年ごと見直す変動金利制へ変更されました。

(3) 保証人保護の強化

2005年の改正では不十分であるとして，さらなる個人保証人保護が図られました。

(4) 定型約款に関する規定の創設

現代の複雑化した契約では，事業者があらかじめ定めた契約内容に関する規定（定型約款）が利用されています。これまで消費者保護の観点から消費者契約法などに規定はありましたが，一般法である民法典にも規定が置かれました。

(5) 購入した商品に欠陥があった場合の買主の権利（売主の瑕疵担保責任）

購入した標品に欠陥があった場合の買主の権利について，債務不履行責任とし，これまで不明確であった買主の一部の権利が明記されました。

(6) 敷金の原則的返還

部屋を借りる場合などにあらかじめ大家に預ける敷金は，その返却に関してトラブルが絶えませんでした。そこで，原則として賃貸借契約が終了し，その目的物の引渡しを受けたら，必要な部分を除いて返還すべきとしています。

58 Folder Ⅲ 一般社会生活と法

◢ ステップアップ

　今回の民法改正については，山本敬三『民法の基礎から学ぶ　民法改正』（岩波書店，2017年），大村敦志＝道垣内弘人『解説　民法（債権法）改正のポイント』（有斐閣，2017年），中田裕康ほか『講義　債権法改正』（商事法務，2017年）が有益です。

〔芦野　訓和〕

File 4　売買のルール

スタート

　売買は，子供が小遣いでおやつを購入したり，生活に必要な食料や衣料などの購入，さらには自動車や住宅の購入など，私たちの日常生活において最も身近な契約の１つです。

〈キーワード〉
□ 売買の成立　　□ 売買の予約　　□ 手付　　□ 売買の効力
□ 売主の担保責任　　□ 特殊な売買

サポート

1　売買はどのような契約か

　売買は，買主Ａが売主ＢにＢ所有の自動車を100万円で売ってくれと申込み，ＢがＡに100万円で売ることをを承諾するというように，双方の意思の合致（合意）によって成立します（民555条）。このような契約を諾成契約といい，契約書などの書面の作成は，売買の成立に必要な要件ではありません。ただし，財産価値の高い不動産取引などでは，後日トラブルが発生しないように売買の内容を明確にしておく必要があり，特別法により書面の作成が売買の成立要件とされるものもあります（例：宅建業35条）。また，売買は，当事者双方が債務を負う双務契約であり（Ｂは車を引き渡す債務を負い，Ａは100万円の代金を支払う債務を負う），さらに，Ａは代金を支払わなければ車を取得することができないので，有償契約であるともいえます。

　売買の対象となる目的物は，財産的価値があり譲渡できるものでなければなり

ません。たとえば，動産や不動産の所有権はもちろんのこと，貸金債権や賃借権などの債権，著作権や特許権などの無体財産権も売買の目的となります。

2　売買の予約

　たとえば，AはBから2,000万円で建物を購入したいが，代金は半年後にしか準備できません。しかし，Aは何としてもこの建物を購入したい場合，Aのとる手段の1つとして売買の予約があります。これは，当事者間で将来において売買（本契約）を成立させることを約束する契約であり，半年後に，代金の準備ができたAは売買の予約をした時の価格や条件でこの建物を買う申込みを行い，Bはその申込みを承諾する義務を負います。

　しかし，本契約を成立させるには相手方の承諾が必要となり，承諾が得られなければ訴訟（承諾の意思表示に代わる判決を得る〔民414条2項ただし書〕）という面倒な事態が起こることにもなります。そこで，民法は，予約当事者の一方（予約権者）が本契約成立の意思表示（予約完結の意思表示）をすれば，相手方の承諾を待つまでもなく本契約（売買）が成立する，という「売買の一方の予約」という制度を設け，本契約が迅速に成立することを認めています。

　日常生活においても，予約（本や飛行機の予約など）は身近なものですが，これらの予約は直接に本契約の成立を意味します。これに対して，売買の予約は，将来，本契約を成立させるという意味での予約であり，日常生活において利用される予約とは異なることに留意して下さい。

3　手　付

　売買に際して，代金の一部を当事者の一方が他方に交付することがあります。これを手付といいます。手付の交付は賃貸借契約や請負契約でもなされることがあり，それぞれの契約の内容によって手付が交付される目的は様々です。

　手付をどのように解釈するかは，主に3つに分類できます。①証約手付は，契約の具体的な内容を合意したうえで契約を締結させたことを示し，その証拠として交付される手付です。手付の交付には，少なくともこの証約手付としての機能があります。②違約手付は，当事者が債務を履行しない場合の損害賠償として交付される手付です。違約手付には，損害賠償額が手付の額に制限される場合（損害賠償の予定〔民420条〕としての手付）と，それに制限されずに現実の損害額について賠償請求できる場合（違約罰としての手付）があります。③解約手付は，

手付を放棄することで、自由に契約を解除することができる手付です。民法は、当事者の一方が履行に着手するまでは、手付を交付した者はこれを放棄し、交付を受けた者は手付金額の倍額を交付者に償還して、契約を解除することができるとしています（民557条1項）。

4 売買の効力

(1) 売主の財産権移転義務

売主は、目的物である財産権を買主に移転する義務を負います（民555条）。土地の売買であれば、売主は、買主に土地を引き渡すとともに、買主に対抗要件を備え（登記の移転。File5「不動産取引」参照）、証書などがあればそれも引き渡すなど、買主が財産権を完全に取得するための協力義務を負います。

(2) 売主の担保責任

買主が売主から買った物が売主の所有物でなかったり、その物に隠れた瑕疵（欠陥）があったような場合、買主は売主に何らかの責任を取ってもらうことを考えるでしょう。このような責任を売主の担保責任といいます。これは、売買が有償契約であること（売主・買主間の等価的な公平）を考慮し、売主に故意・過失がなくても、買主は売主に損害賠償を請求したり、契約の解除をしたりすることができます（民561条以下）。

(3) 買主の代金支払義務

買主の主な義務は、売主に代金を支払うことです（民555条）。代金の支払時期や場所は、特に取り決めがない場合には、目的物の引渡と同時に、その場所で支払われます（民573条、574条）。また、買主は、目的物の引渡しを受けた日から代金の利息を支払う義務を負います（民575条2項）。なお、買主は、同時履行の抗弁権（民533条）を主張したり、権利を失うおそれがある場合（民576条）、また、買い受けた不動産に抵当権などの登記がある場合（民577条）には、代金の支払を拒絶することができます。

5 特殊の売買

売買には、特殊な形態の売買も認められています。たとえば、見本を見て目的物を決める見本売買や、目的物を試用したうえで購入する試験（試味）売買のほか、買主が代金を一定期間分割して支払うことを特約する割賦売買は、割賦販売法に規定されています。また、商品の購入にあたり、買主や売主と提携した金融

機関から購入代金を借り入れ，売主に一括して支払った後，金融機関に買主が分割して返済するローン提携販売も広く行われています。さらに，訪問販売や通信販売は，詐欺的な方法で購入させるなどのトラブルも多いことから，特定商取引法により規制されています（File7「消費者の保護」参照）。

▍ステップアップ

契約法の詳細については，山本敬三『民法講義Ⅳ−１契約』（有斐閣，2005年），近江幸治『民法講義Ⅴ契約法〔第３版〕』（成文堂，2006年），中田裕康『契約法』（有斐閣，2017年）等を参照して下さい。

〔長坂 純〕

File 5	不動産取引

> **スタート**
>
> 不動産取引の代表例として，Ａが所有する土地をＢに１億円で売るという土地売買契約をとりあげ，不動産取引の基本的な流れを学びましょう。

〈キーワード〉
□ 意思表示 　□ 法律行為 　□ 契約 　□ 物権変動 　□ 対抗要件
□ 背信的悪意者

サポート

1　不動産とは

土地およびその定着物のことです（民85条）。定着物とは，家屋，土地に生育している樹木，土地の構成部分としての定着物（例：石垣，溝，靴脱石，トンネル）等を指します。なお，家屋，立木法によって登記された樹木の集団は法律により，また，明認方法を施された個々の樹木は慣習法により，土地から独立した不動産として扱われます。

2　不動産取引とは

不動産を対象とする取引を指します。取引行為の中でも，売買契約の場合には，

62　Folder Ⅲ　一般社会生活と法

債権法および物権法に関する双方のルールが適用されます。

3　売買契約

　債権法に着目すると，土地売買契約は，Aがその土地をBに移転することを約し，Bがこれに対してその代金を支払うことを約することによって，成立してその効力を生じます（民555条）。その効果は，それぞれが約束を守る義務を負うということですが，約束をしてもらったほうからみて，売主が買主に代金を支払えといえる債権を，買主が売主に対して所有権を移転せよといえる債権を取得すると説明します。

　このような効果が生じるのは「約束は守らなくてはならない」というルールによるのですが，民法の議論では，各約束者に，法的な効果を発生させる意思（効果意思）をもってそれを相手方に表示をする**意思表示**の効果だと説明されます。このように意思表示を要素とする法的要件を**法律行為**と呼びますが，なかでも，売買契約は売主の意思表示と買主の意思表示が合致することによって成立する契約というタイプの**法律行為**の1つだということになります。

4　物権変動

　それでは，Aがもっていた土地の所有権は，どのようにしてBに移転するのでしょうか。条文では，**物権変動の意思表示**（176条）によって移転するとされています。では，何がこの意思表示にあたるのかは，判例によれば，売買契約における売主の所有権を移転する旨の約束が，物権変動の意思表示を兼ねると説明されています（最判昭和33・6・20民集12巻10号1585頁等）。

　そうしますと，Aが物権変動の意思表示をすると，所有権はBに移転します。しかし，Aがこのことを知らないCにも譲渡をするというトラブルが発生するおそれもあります。そのため，民法は，176条とは別に，物権変動は，所有者から譲渡を受けそれゆえ所有権を相争う関係（対抗関係）にある第三者に対しては，不動産登記（対抗要件）をしなければ対抗できないというルールをおきました（民177条）。Bが先に譲渡を受けていて，新たな所有者になったはずでも，その後にAから同じ不動産を譲り受けたCが，先に売買を理由とする所有権移転登記をした場合には，Bは同じ不動産について登記ができなくなって所有者であることをCに対抗できなくなるのです。CがAB間の先行する取引を単に知っている（単純悪意）の場合でも，同様だと解されています。ただし，CがAB間の取

引を妨害する目的で競合する取引をして先に登記をしたというような信義則上許されない事情がある場合には，Cは，Bに登記の欠缺を主張できなくなり，176条の原則に戻ってBが土地所有権を取得するということになります（**背信的悪意者排除論**）。

ステップアップ

3で紹介した内容は，一般に判例の立場と考えられていますが，異論の多い論点です。最判平成18年1月17日民集60巻1号27頁（民法判例百選〔第7版〕116頁）等，判例の学習を通じて具体的に検討していくといいでしょう。

〔青木 則幸〕

File 6　　動 産 取 引

スタート

コンビニで飲食品を買ったり本屋で本を買ったりといった，普段何気なく行っている行為が法律上どのように整序されているのかを学んでいきましょう。

〈キーワード〉

□ 意思主義　　□ 公示の原則　　□ 引渡し　　□ 公信の原則　　□ 即時取得

サポート

1　動産取引と対抗要件

日常生活の中で購入するほとんどの物は「動産」です。動産とは，わが国では，土地及びその定着物（不動産）以外の全ての管理・支配が可能な物（有体物）のことを指します。平易に言えば，（例外はありますが）持ち運びができる物のことです。

(1)　動産物権変動

コンビニで1個100円のパンを購入するとしましょう。その際，皆さんはコンビニとの間で，代金を対価にパンを自分のものにする（パンの所有権を取得する）

売買契約を締結しており，一般に，その所有権は売買の合意をした時点で移転します（意思主義——民176条）。代金支払や物の引渡しといった形式的行為は必要ありません（物権変動に障害がある場合や特約による例外はあります）。

(2) 動産物権変動の対抗要件

　一般に，動産所有権は当事者が意思表示をした時点で買主に移転すると解されています。ただ，権利は目に見えませんので，意思表示だけでは外部から見て物権が移転したのかどうかが分かりません。そこで，物権変動が外部から容易に認識できるよう，その事実を一般に知らせる（公示する）必要があります。これを「公示の原則」といいます。動産物権の公示方法は「占有」，つまり物を事実上支配していることです（例えば，手に持ったり，自宅に保存したり，倉庫に保管したりすること）。そうすると，動産物権が移転したことを公示するには占有の移転が必要となるため，通常，動産物権移転の公示は「引渡し」によってなされます。引渡しは①現実の引渡しと②観念的引渡しとに大別されます。

　①現実の引渡し——目的物を実際に引き渡すことです。②観念的引渡し——実際に占有を移転させることなく，もっぱら当事者の意思表示によって行う占有移転のことです。これにはさらに三つの方法があります。(i)簡易の引渡し——譲受人（またはその代理人）がすでに物を所持している場合に，意思表示のみによって引渡しを行う方法です。(ii)占有改定——譲渡人が目的物を現実に所持しており，譲渡後も所持を続ける場合に，当事者の占有移転の合意のみによって引渡しを行う方法です。(iii)指図による占有移転——譲渡人が目的物を第三者に貸していた場合等，第三者が目的物を所持している場合に，譲渡人がその第三者に対して，以後譲受人のために占有すべき旨を指図し，譲受人がこのことを承諾することによって引渡しを行う方法です。

　観念的引渡しは，現実の引渡しとは異なり，物の所在が実際には変わりませんが，取引の便宜を図るため，公示方法として認められております。動産取引では，原則として物の「引渡し」がなければ，譲受人は動産物権が自分に移転したことを第三者に対して対抗することができません（対抗要件——民178条）。

(3) 即時取得制度——公信の原則による修正

　動産物権の公示は占有によるわけですが，占有物が借り物であったり，所有者の手許に物が移らない引渡しも認められているため，現在の占有者が，その物の処分権を有していないこともありえます。その際，他人の物の占有者が，勝手に第三者に占有物を譲渡した場合，真の所有者と他人の占有を信頼した第三者の取

引の安全のどちらを優先させるべきかという問題が生じます。

　この点，動産取引には「公信の原則」が採用されており，占有に公信力が認められています。これは「即時取得」と呼ばれ（民192条），譲受人は，一定の要件のもと，真の所有者に優先して保護されます。即時取得の要件は，①目的物が動産であること，②前主が無権利者であること，③前主から取引行為により動産の占有を取得したこと，④平穏かつ公然と動産の占有を開始し，前主が無権利であることについて取得者が善意無過失であること，です。

◢ ステップアップ

　川泰康啓『商品交換法の体系』（勁草書房，1972年）が有益です。

〔隅谷 史人〕

File 7　　消費者の保護

スタート

　日常生活に必要なものを事業者との契約を通じて入手する人々を一般的に消費者と呼びます。消費者が法的にどのような保護を受けるかみてみましょう。

〈キーワード〉
□ 消費者　　□ 事業者　　□ 消費者契約　　□ 消費者契約法

サポート

1　消費者保護の必要性

　消費者と事業者（企業）間の契約で消費者が思わぬ被害を受けることがあります。その対策として，行政法上事業者を監督しクーリング・オフを認める特定商取引法他，および民事法上契約の取消権や無効を認める消費者契約法が制定されています。以下では消費者契約法とその改正の概観をみましょう。

66 Folder Ⅲ 一般社会生活と法

2 消費者契約法

⑴ 消費者と事業者間の格差

2001年民法の特別法として制定された消費者契約法は，消費者と事業者間に「情報の質及び量並びに交渉力の格差」が存在することを前提にしています（同法1条）。本法によると，消費者は，事業者の一定の行為によって誤認し，または困惑して締結した契約を取り消すことができます（同法1条）。また，消費者は，事業者の損害賠償責任の免除，または消費者の利益を不当に害する条項の下で締結した契約を無効にすることができます（同法1条）。

⑵ 消費者と事業者間の消費者契約

消費者とは「個人」（同法2条1項）をいいます。事業者とは「法人その他の団体及び事業として又は事業のために契約の当事者となる場合における個人」をいいます（同法2条2項）。消費者契約とは，消費者と事業者との間で締結されるすべての契約をいいます（同法2条3項）。

3 集団（団体）訴訟制度の新設

2007年被害発生の拡大防止を目的に，消費者に代わって適格者消費者団体が事業者に対して差止請求をすることができるように，集団（団体）訴訟制度が設けられました（同法1条）。

さらに2013年には，消費者の財産的被害を個人でなく集団で回復することができるようにした裁判手続が新設されました（消費者裁判手続特例法2016年10月1日施行）。事業者は，団体訴訟で敗訴した場合には経済的ダメージを受けることになるでしょう。

4 消費者契約法改正

⑴ 背 景

消費者契約法制定後の情報通信技術の発達，消費者の権利意識や発信力の高まり，および民法改正の動向等を受け，消費者契約法の一部が改正されました（2017年6月3日施行）。つぎに，消費者契約法の改正部分を概観しましょう。なお以下では，改正消費者契約法を「改正法」と呼ぶことにします。

⑵ 不実告知により取消のできる重要事項の拡大

取消権の対象となる重要事項とは契約を締結するか否かの判断に通常影響を及

ぼすものをいいます。この重要事項は，改正前の契約目的の質，用途およびその他の内容並びに対価その他の契約条件に加えて，契約の前提となる客観的事実いわゆる動機部分が付加され拡大しました（改正法4条5項3号）。

たとえば，床下の湿度が高く換気扇が必要だといわれて契約を締結したとき，改正前は契約目的の換気扇そのものに不実告知がない場合には契約を取り消せませんでした。改正後は，客観的事実つまり具体的な湿度の数値等換気扇設置の根拠がない場合には，契約を取り消すことができるようになりました。

(3) **過量契約による取消の新設**

契約の目的物の量，回数および期間が，当該消費者にとって通常の分量等を著しく超え，かつ事業者がそれと知って契約を締結した場合には，消費者は，契約を取り消すことができます（改正法4条4項）。本規定は，次々販売のような被害に対応するものです。

(4) **無効となる不当条項の追加**

改正後は，①事業者の債務不履行により生じた消費者の解除権を放棄させる条項，②契約目的物の隠れた瑕疵および仕事の目的物に瑕疵があることにより生じた消費者の解除権を放棄させる条項が無効となります（改正法8条の2）。

(5) **無効となる消費者の利益を一方的に害する条項の例示**

消費者の不作為をもって当該消費者が新たな契約の申込承諾をしたとみなす条項は，同法10条にあたると例示し無効になるとしました（改正法10条）。

たとえばある特定の冷蔵庫購入時に「断りのない限り毎月2ℓの水2ダースの定期購入契約を締結したとみなす。」との条項が契約書に存する場合には，消費者に不測の損害発生の危険があります。このような契約が対象です。

(6) **取消権行使後の返還義務の範囲の明確化**

消費者契約を取り消した場合に受領したものを返還する範囲は，改正前は民法703条に従いました。これを明確にするために「現に利益を受けている限度とする」との規定が新設されました（改正法6条の2）。本規定は，民法改正上，有償契約が無効・取消になった場合には現状に服させる義務を負うと規定することに合わせて新設されましたから，改正民法施行と同日に施行します。

(7) **消費者取消権の行使期間の伸長**

改正前の取消権行使期間は，追認をすることができる時から6箇月間，当該消費者契約の締結の時から5年と規定されていました。改正により，前者の期間が，追認をすることができる時から1年間となりました（改正法7条）。

68   Folder Ⅲ　一般社会生活と法

(8) 今後の推移

　今回の改正は，速やかに法改正を行なうべきものが対象とされていますから，今後も継続して改正等の検討が進められることになっています。

◢ ステップアップ

　『消費者法判例百選』，消費者庁消費者制度課編『逐条解説消費者契約法〔第2版補訂版〕』（商事法務，2015年），須藤希祥「消費者契約法の一部を改正する法律の概説」（NBL1076号6号）

〔花立　文子〕

File 8	不 法 行 為

スタート

　ある人が停車中の他人の車のフロントガラスをバットでたたき割ったとしましょう。当然，車の持ち主は，割った人に対して「弁償しろ」といえるはずです。しかし，この2人の間には，予め取引関係があったわけではありません。それなのに法的な請求ができるのはなぜでしょうか。

〈キーワード〉
☐ 不法行為　　☐ 故意又は過失　　☐ 権利侵害　　☐ 損害
☐ 損害賠償請求権

サポート

1　想定される事案と民法709条

　先に挙げた例で「弁償しろ」といえる権利は，不法行為に基づく損害賠償請求権にあたります。債権のひとつです。といっても，例えば，車の売買契約といった取引関係にある当事者間にみられる，売主が買主に対して代金の支払いを請求できる債権のような，意思表示によって発生する債権ではありません。偶然の事実関係から法的な権利の発生を認める制度のひとつです。制度の必要性はいうまでもありませんが，逆に，被害者側からすれば自分が不利益を受けたから「弁償

しろ」と言いたいという場面でも，加害者側からすれば，こんなことで弁償させられたらたまらないという状況もたくさんあります。民法がどのような判断基準で，法的な損害賠償請求権を発生させるのでしょうか。

民法で不法行為に基づく損害賠償請求権の発生要件を規定している一般的な規定は，民法709条です。損害賠償請求権の発生という効果を生じさせる要件は，「故意または過失によって他人の権利又は法律上保護される利益を侵害した者は，これによって生じた損害」について損害賠償義務を負うとされており，被害者側からみると，損害賠償請求権の要件だということになります。問題は，条文がシンプルなだけに，どういう意味に解釈するのか，学説はかなり複雑な議論をしています。順にみていきましょう。

2 故意又は過失

条文に最初に出てくる要件は，「**故意又は過失**」です。バットで他人の車のフロントガラスを割るという行為でも，わざとやったのなら故意にあたります。野球の練習のために駐車場で素振りをしていたらうっかりぶつけて割ってしまったという場合は過失です。被害者側からみると，どちらも車を傷つけられて修理代等の損害が出ているのだから，弁償させたいのは同じでしょう。しかし，加害者側からみると，わざとやった場合には，弁償する覚悟もできているだろうが，わざとじゃない場合にまで，弁償させられたのではたまらない，という言い分もあるかもしれません。

かつて，伝統的通説はこの問題を，加害者の主観の問題ととらえ，違法と評価される事実が生じることを認識していたことを故意，社会生活上求められる注意（善良なる管理者の注意）を欠いていたことを過失と説明してきました。駐車場でバットを振り回したら車を傷つける可能性があることに気づくのは常識だろう，といえるような場合には，わざとでなくてもわざとに類比する主観的な落ち度があるとして，損害賠償義務を負うのだということになります。

ところが，現在では，このような説明を維持する学説は少数派になっています。伝統的通説に対する批判はいろいろありますが，加害者の主観についての要件だといいながら，「常識」に反するという説明になることが最大の問題です。その加害者個人の「常識」が世間の「常識」からずれていたとしても，やはり過失が認められるのであって，そうであればもはや加害者の主観ではなかろう，端的に「常識」に反する行為をしたという客観的な行為態様を意味すると考えるべきだ

というわけです。つまり，結果発生を回避するための行為義務がある場合にそれに違反することを過失というと考えられています。

3　権利・法律上保護される利益の侵害

　ところで，侵害されるのは，被害者の何でしょうか。この要件が，「他人の権利又は法律上保護される利益」です。平成15年改正までは，「他人の権利」だけが規定されていましたが，早くから，判例によって，それでは足りないことが明らかにされていたのです。自動車のフロントガラスが破壊されたという事案では，侵害されたのは，自動車の所有権だといってよく，「他人の権利」の典型例でしょう。しかし，加害行為によって侵害されるおそれがあるのは，物権だけではありません。債権の侵害ということもおこりえるし，法律上「権利」として定義されていない利益が侵害される場合もありえます。判例は，大学湯事件（大判大14・11・28民集4巻670頁）で，老舗（お店の信頼，ネームバリューのような利益）の侵害による不法行為の成立の可能性を認め，その際「法規違反の行為」という説明をしたことから，伝統的通説は権利侵害を違法性と読み替えるような説明をしてきました。未だ具体的な権利と構成されていない利益でも，侵害されれば損害賠償請求を認めるという形で保護されるべきものもあるでしょう。この点については，異論がなく，上記の法改正に至ったのです。

　ただ，権利侵害という要件を「違法性」という要件に読み替えて検討することは必要でしょうか。伝統的通説は，先に触れたように，故意又は過失を主観的要件と説明しますから，被侵害利益の種類と侵害行為の態様から相関的に分析される客観的な行為態様を違法性としてとらえる必要があったのです。しかし，現在の通説は，過失を結果発生の行為義務違反ととらえますから，行為義務違反のかなりの部分がオーバーラップしてしまいます。学説では，過失と違法性を一元的に論じる説が有力に論じられていますが，過失の問題として論じる説と違法性の問題として論じる説がありますし，伝統的通説とは異なる視点から二元的な説明をする有力説もあり，百花繚乱の様相を呈しています。

4　損　害

　損害賠償請求権が認められるのは，損害が発生しているからだ，というのはあたりまえのことのように思えます。学説でも，損害を不法行為によって財産状態に生じた差額ととらえ，その発生を要件だと説明されてきました。対して，損害

事実があれば足り，損害の範囲は効果の問題だとする説も有力です。

ステップアップ

　過失にせよ違法性にせよ，どういう場合に，結果発生回避の行為義務があるのでしょうか。これについては，多様な議論が接続しています。「常識」だからということで，リスクをなんでもかんでも行為者に負わせるということになると，息苦しい社会になります。一方で，近現代社会では，大企業が出現し，財力にものをいわせて「常識」さえ企業に有利なほうに動かしかねないこともままあり，このような場合には，結果回避義務を適切に課することが社会を守るべき法の使命だともいえそうです。

〔青木　則幸〕

File 9　　交通事故と法

スタート　交通事故（特に人身事故）を起こすと，加害者にはどのような責任が生じるでしょうか。

〈キーワード〉
☐ 自動車運転過失死傷処罰法　　☐ 略式手続　　☐ 道路交通法　　☐ 不法行為
☐ 自動車損害賠償保障法（自賠法）

サポート

1　交通事故と責任

　交通事故の責任は，刑事・民事・行政の各分野に関わります。以下では，各分野の法的責任を説明することにします。交通事故前の予備段階ともいうべき**道路交通法違反**（無免許運転や酒気帯び運転など）の問題には立ち入りません。自動車運転により人を死傷させた交通事故の場合を主に念頭に置きます。

2　刑事責任

⑴　自動車運転により人を死傷させる行為等の処罰に関する法律（以下「自動車運転死傷処罰法」という）による重罰化

　被害者に死傷を及ぼした場合，長らく，刑法上の業務上過失致死傷の罪責が適用されてきましたが（刑211条），運転の悪質性や危険性等の実態に応じた処罰ができるようにするために，最近は刑法の一部改正により重罰化されてきました。さらに，2013年には，自動車運転死傷処罰法が制定され独立した特別法として整備されました。これによって，「自動車の運転上必要な注意を怠り，よって人を死傷させた者は，7年以下の懲役若しくは禁固又は百万円以下の罰金に処する。」（同法5条）として，一般の業務上過失致死傷罪の上限5年の法定刑よりも重い「過失運転致死傷罪」を基本類型としました。その加重類型として「アルコール又は薬物の影響により正常な運転が困難な状態で自動車を走行」，「その進行を制御することが困難な高速度で自動車を走行」させるなどの重大な危険運転により人を「負傷させた者は15年以下の懲役」「死亡させた者は1年以上（20年以下）の有期懲役」に処するとされました（同法2条）。また，アルコール・薬物・病気などで「正常な運転に支障がある状態で自動車を運転し」，それにより「正常な運転が困難な状態に陥り」人を「負傷させた者は12年以下の懲役」「死亡させた者は15年以下の懲役」に処するとされました（同法3条）。その他，アルコール等の影響発覚免脱行為の処罰化（同法4条），無免許運転による加重類型（同法6条）など重罰化傾向を強めています。

⑵　交通犯罪の大量性と程度に応じた柔軟・簡易な対応

　他方で，交通犯罪は大量犯罪であることに特色があります。基本類型である自動車運転過失致死傷等で検挙（警察で犯罪として認知し被疑者を特定し必要な捜査を遂げること）された人員総数は，最近は減少傾向にありますが，2016年には48万7,490人でした（平成29年版『犯罪白書』法務省法務総合研究所編139頁。以下のデーターはこれによります。）。

　これらの事件すべてを厳格な刑事公判手続で対応することは不可能ですし，また不要・不適切です。基本類型の「過失運転致死傷罪」（同法5条）のただし書では，「その傷害が軽いときは，情状により，その刑を免除することができる」と規定されています。また，比較的軽微な事件について，不起訴として後は民事の問題にまかせたり，あるいは，検察官が100万円以下の罰金又は科料を相当と

すると判断したときには，被疑者に異議がないことを書面で確認したうえで，簡易裁判所に書面審理だけで行う簡易な略式命令の裁判を求める**略式手続**（刑訴461条以下参照）が利用されます。

2016年のデーターによりますと，検察庁段階で扱った交通関係の自動車運転過失致死傷等事件約48万8,000件のうち，不起訴となったのが86.3％，略式命令請求をされたのが9.4％，正式な公判請求をされたのはわずか1.1％であり，残りの3.2％は未成年者の場合で家庭裁判所送致です。ただし，約560件の危険運転による致死傷事件は，重い犯罪類型（同法2・3条）ですから73.6％が公判請求されており，不起訴率は低く14.5％で残りは家裁送致です（罰金刑はないので略式手続はありません。）。

交通事故を起こして最終的に懲役や禁固の実刑に処せられる確率は高いとはいえませんが，最近は交通事故関係の犯罪が厳罰化傾向にあるので注意を要します。

3　行政上の責任

行政上の責任の典型的なものが，公安委員会による運転免許の取消しや停止の処分です（道交103条1項5号）。公安委員会は，自動車等の運転に関し道路交通法もしくはそれに基づく命令や規則や処分に違反したときは，その程度によって免許を取り消したり停止したりできます。

4　民事責任

(1)　運転者の不法行為責任（民709条）

自動車の運転者が，故意もしくは過失の自動車事故により他人の生命・身体・財産に損害を与えた場合は，**不法行為に基づく損害賠償責任**を負うことになります（民709条）。

重大な人身事故の場合には損害金額が多大なものになりますので，**自動車損害賠償保障法**（自賠法）により自動車の保有者（＝自動車の所有者等で，自己のために自動車を運行の用に供する者。所有者より広い概念です。自賠2条3項）は一定の責任保険（強制保険）に加入しないと当該自動車を運行の用に供せないことになっています（自賠5条）。さらに，通常は，自動車の保有者各人が損害保険会社と任意に保険契約（いわゆる任意保険）を締結して万一の場合に備えます。

(2)　自動車の運行供用者の責任（自賠3条）

自動車の保有者は，たとえ自ら運転していなくても，その自動車を自己のため

74 Folder Ⅲ 一般社会生活と法

に運行の用に供する者として責任を負います。ただし，①自己および運転者が自動車の運行に関し注意を怠らなかったこと，②被害者または運転者以外の第三者に故意または過失があったこと，③自動車に構造上の欠陥または機能の障害がなかったことすべてを証明すれば免責されます（自賠法3条）。この運行供用者の責任は，過失の証明責任が転換された中間的責任ですが，この免責事由の証明は実際には困難です。

◤ ステップアップ

　毎年刊行される法務省法務総合研究所編『犯罪白書』の交通犯罪に関わる箇所が参考になります。藤本哲也『刑事政策概論〔全訂第7版〕』（青林書院・2015年）など刑事政策や，刑法各論の最新の教科書も参照するとよいでしょう。民事責任については，「不法行為」の箇所で紹介されている各教科書が参考になります。

〔西島　良尚〕

| File 10 | まちづくりと法 |

スタート

　日本では，少子化と超高齢化が進展して人口が減少しはじめました。また，東京圏をはじめとする大都市圏に生産人口が流出している地方都市が増加する傾向が見られ，消滅する可能性が高い自治体があることも指摘されています。ここでは「まちづくり」に関係する主要な法規と政策について学びましょう。

〈キーワード〉
□「まちづくり」の概念　　□ まちづくり三法　　□ 生産人口の増加
□ コンパクトシティ　　□ まち・ひと・しごと創生法　　□ 景観法

サポート

1 「まちづくり」の分類と概念

「まちづくり」の形態は，まず，例えば東京のお台場や都市の郊外にあるニュー

タウン等の，海浜の埋め立てや丘陵等の土地造成を実施して，新しい「まち」をつくるタイプがあります。次に，「まち」の中心部や駅前等の地区の大規模な再開発を実施して新しい商業地域を創設し「まち」の機能を刷新するタイプがあります。さらに，既存の「まち」に新しい建造物を殆ど建築せずに，住みやすさ・暮らしやすさ・安全性など住環境を良好にしていくタイプがあります。

(1) 「まちづくり」の3つのタイプ

このように，「まちづくり」は大きく3つのタイプに分類することができます。第1と第2のタイプは，ハード的な面が主体の「まちづくり」であり，都市計画を伴うことになります。第3のタイプは，医療・福祉・教育をはじめ商店街の活性化等地域住民の生活に関係が深く，ソフト的な面が主体の「まちづくり」であると言えます。また，いずれのタイプの「まちづくり」にも，それを実施する担い手が必要であり，特に第3のタイプは「まちづくり」の担い手が重要なポイントになります。土木や建築が主体となる「ハード面」と施策・手法・取組が主体となる「ソフト面」，さらにそれらを実施する担い手を育てていく「人材育成」を包括するものが「まちづくり」の概念であると考えられます。

(2) 「まちづくり」三法

次に，「まちづくり」に関連する代表的な法律について見ていきましょう。

都市計画を伴うハード的な「まちづくり」に関連する法律は，都市法というカテゴリーに属する法律が中心となり，代表的なものとしては，都市計画法や都市再開発法などが挙げられます。

これらの法律の中で，「都市計画法」・「中心市街地活性化法」・「大規模小売店舗立地法」の3つの法律をあわせて「まちづくり」三法と呼んでいます。

(3) 「まちづくり」は何故必要なのか？

多くの地方都市では，人口が減少し中心地での消費額も減少していることが指摘され，まちの中心となる商店街がシャッター通りと呼ばれ空洞化が続いていました。この大きな要因としては，都市の郊外化現象があげられます。都市の郊外化の要因は，1960年代以降都市郊外の丘陵地等を造成して団地をつくり都市人口の多くが郊外に居住するようになったこと。1973年に制定翌年施行された「大規模小売店舗における小売業の事業活動の調整に関する法律」（大店法）の規制によって，まちの中心地に大規模小売店舗が出店しづらくなり，規制の少ない郊外に大規模な小売店舗の設置が加速されたこと。車社会の進展で郊外の店で消費する傾向が多くなったこと。などが挙げられます。

76　Folder Ⅲ　一般社会生活と法

　そこで，都市の中心市街地の衰退を抑制して活性化を図ることを支援する目的
で，1998年に「中心市街地活性化法」（中心市街地における市街地の整備改善及び商
業等の活性化の一体的推進に関する法律）が制定されました。多くの地方自治体が
中心市街地の活性化に取り組みましたが，期待されたほどの成果が上がらず，む
しろ，中心市街地の空洞化に歯止めがかかりませんでした。

2　「まちづくり」と都市再生への新たな取り組み

⑴　「まちづくり」三法の見直し

　都市の郊外化現象の一要因となっていた大店法を廃止して2000年の大規模小売
店舗立地法の施行により，大型小売店舗の出店に伴う規制が緩和され，都市の中
心市街地に大型店舗が出店しやすくなりました。また，2006年には「中心市街地
活性化法」（中心市街地の活性化に関する法律）が改正されて，中心市街地の活性
化に積極的な取組を実施する地方自治体に対して政府の支援が拡大しました。さ
らに「都市計画法」も改正され，大規模集客施設の立地調整の仕組みを改正し，
郊外への都市機能の拡散を抑制することとなりました。この大店法の廃止と大店
立地法の施行，中心市街地活性化法の改正，都市計画法の改正が「まちづくり」
三法の見直しです。

⑵　「地方再生」から「地方創生」の試み

　「まちづくり」三法の見直しによって，都市の郊外化の抑制を目指し，行政を
はじめ，教育や医療そして居住という都市機能を都市の中心部に集約させる「コ
ンパクトシティ」を目指す取り組みが各地で展開されはじめました。また，地方
経済の衰退や地方の生産人口の減少などに対応するため「地方再生」が提唱され，
地方自治体の取組に対して政府による交付金が支給される制度が設定されました。
その後地方再生を発展させた「地方創生」が提唱され「まち・ひと・しごと創生
法」が2014年に制定・施行されました。同法の規定により，地方自治体が新規雇
用の創出や定住人口の増加につながる計画を立案した場合，政府が認定すると新
型交付金の交付制度を策定し実施されています。地方の雇用促進と定住生産人口
の増加が実現する取り組みは，地域を活性化させ「まちづくり」に深く関係する
ことになります。

⑶　「まちづくり」と景観

　地域の景観やまちなみなども「まちづくり」と密接な関係があります。2004年
に「景観法」が制定・施行されました。中核都市未満の市町村でも景観行政に積

極的に取り組みたい場合は景観行政団体になることができます（同法7条）。景観行政団体となった市町村は，景観地区を設定して景観法の規定により良好な景観を保全するための条例を策定することができます。この条例により，建造物の意匠や規模・高さなどを規制することが「都市計画法」により可能となりました。また，都市計画区域外の景観を保全したい場合は，準景観地区を設定することにより景観地区と同様に都市計画法の手法で建造物の意匠・規模・高さ等を規制できる仕組みとなっています。

ステップアップ

「まちづくり」に興味のある方には，田村明『まちづくりの実践』（岩波新書，1998年），地域づくりの理論と実践等をまとめている『人口減少時代の地域づくり読本』（公職研，2015年）等が有益です。

〔布山 裕一〕

File 11　マンションと法

スタート

マンションは一棟の建物に独立した居住空間が複数存在する集合住宅です。一戸建てと比べてその法的な特色を学びましょう。

〈キーワード〉
□ 共有・準共有　□ 区分所有法　□ 区分所有権　□ 専有部分　□ 共用部分
□ 区分所有建物　□ 敷地利用権　□ 管理組合　□ 管理規約　□ 管理者

サポート

1　マンションとは何か

マンションとは，一般には中高層（3階建て以上）の集合住宅をいいます。新築の場合，通常，分譲業者から購入します。このような住宅形態は昭和30年前後に登場し，以後都市への人口集中を背景に急速に普及しました。平成27年末現在，全国で約623万戸のマンションが存在し約1,530万人が居住しているといわれます

78 　Folder Ⅲ　一般社会生活と法

（国土交通省「全国マンションストック数」）。

2　民法の原則と区分所有法の制定

　通常の一戸建ての建物の所有・利用関係を考えますと，その建物を単独で所有している人は，その建物の全体を自由に利用・管理できます（民206条）。このような所有・利用関係は，一つの物の所有権は一つだけという民法の一物一権主義の原則に合致したものといえます。民法には，この例外として，複数の人が一つの物を共有するという共同所有形態があります（民249条以下）。しかし，この民法上の「共有」は，いずれは分割され単独所有に移行する例外的状況として定められています（民256条・258条）。

　他方，マンションでは一棟の建物に中に，構造上区分された数個の部分で独立して住居等の建物の用途に供することができるものがあり，それ自体が単独所有の対象になります。しかし，同時に，一棟の建物の柱，壁，床や階段など建物全体を支える構造部分は，すべての専有部分を維持するために不可欠であり，特定の**専有部分**の所有者の単独所有にするわけにはいきません。また，エレベーターやロビーなど，すべての専有部分の効用を助ける部分も同様です。これらは，独立の区分された住居等部分のすべての所有者の共有とされ，しかも，住居等の所有権とは分離処分できないものとされ，各住居等所有者が共同で維持管理しなければなりません。

　そこで，このようにマンションなどの一棟の建物の中に，構造上独立して単独所有権の対象となる区分された独立の住居等の空間がある建物については，その性質にふさわしい，所有・維持・管理の基本ルールを定め，民法の原則をその必要性に応じて修正する特別法が必要となります。それが，「建物の区分所有等に関する法律」（区分所有法）です。1962年に制定され，1983年に大改正が，2002年にも改正がされています。

　区分所有法は，上記で述べた，独立の住居等の所有権を「**区分所有権**」とし（区分所有法1条，2条1項），区分所有権を有する者を「**区分所有者**」，区分所有権の目的たる建物の部分を「**専有部分**」とし（同法2条3項），すべての専有部分を維持するために不可欠な一棟の建物の柱，壁等の構造部分やエレベーターのような専有部分の効用を助ける部分などは，専有部分以外の建物の部分等の「**共用部分**」として区分所有者全員の共有に属する（同法2条4項・11条1項）とします。居住用のマンションに限らず店舗や事務所その他の用途に利用する場合も，同様

の構造をもっている建物であれば同じく区分所有建物です。

区分所有法の基本は，マンションなどの区分所有建物において，単独所有の対象となる専有部分と，全専有部分の所有者の必然的に共有の対象となる共用部分が不可分であることです。さらに，一棟の建物の存続に不可欠の前提である敷地の権利（通常，敷地の所有権や借地権）も敷地利用権として全区分所有者の共有ないし準共有となります（同法2条6項）。このように，区分所有建物の所有関係は，専有部分の単独所有と建物の共用部分および敷地の共有という二重構造になっており，それらは分離処分が原則として禁止され，登記も不可分一体に扱われます（同法15条・22条，不登44条1項6～9号・46条）。

3　マンションの維持管理に関する団体的規律

上記のような特色があるマンションなどの区分所有建物では，区分所有者全員が共有する共用部分や敷地利用権などについて，共同で維持・管理する必要があります。そこで，区分所有法では，区分所有者となった場合には，当然に，区分所有者全員で構成される建物の維持管理を行うための「団体」（管理組合）の構成員になることが定められています（同法3条前半）。そして，この「団体」が「集会」（総会）を開いて管理のためのルールである管理規約を定め，規約や団体の決議を執行するための「管理者」（理事長）を選任することができます（同条後半）。集会の意思決定は，原則として，区分所有者の人数及び議決権（通常は専有部分の床面積割合）の過半数により（普通決議：同法39条1項），管理規約の設定，変更，廃止や共用部分の変更（形状または効用の著しい変更を伴わないものは除く）などの重要な議題については，人数及び議決権の4分の3以上の多数決によります（特別多数決：同法31条1項，17条1項）。なお，管理費や修繕積立金の徴収や日常的なマンションの管理は，管理組合との委託契約による管理業者に代行させるのが通常です。管理業者が適正に管理を行うために「マンション管理適正化推進法」が2000年に定められました。

4　復旧・再建・建替え

マンション等の区分所有建物が災害等で一部滅失した場合の「復旧」については，区分所有法が団体的規律を定めています（同法61条）。全部滅失した場合の「再建」には原則として区分所有者全員の合意が必要ですが，「被災区分所有建物の再建等に関する特別措置法」が制定され，一定の要件の下に土地共有者の特別

80　Folder Ⅲ　一般社会生活と法

多数決（5分の4以上）により再建が認められました。

　また，老朽化や損傷等による「建替え」については，区分所有法は，建物を取壊し，その敷地に新たに建物を建築する場合は，集会の5分の4以上の多数による決議（「建替え決議」）によると定めます。2002年改正により，老朽等により建物の効用の維持又は回復のために「過分の費用」を要するときという要件は廃止されました。曖昧さを伴い，かえって混乱を招くからです（同法62条1項）。同時に適正な決議がなされるよう手続を厳格化しました（同法62条4項〜7項を新設）。建替え決議後は，その実行は「マンション立替えの円滑化等に関する法律」（2002年制定）によることになります。

▶ ステップアップ

　鎌野邦樹・山野目章夫編『マンション法』（有斐閣，2003年），詳細は，稲本洋之助・鎌野邦樹『コンメンタールマンション区分所有法』（日本評論社，2015年）を参照。

〔西島　良尚〕

File 12　借地借家と法

スタート

　家賃をとって土地や建物を貸すという不動産の賃貸借は，広く行われている取引です。賃借人にとって，賃貸物件は住宅など生活の拠点となる不動産であることも多く，地代や家賃を初めて滞納したのにかかわらず債務不履行を理由にあるいは契約満了を理由に，簡単に追い出されるようではたまりません。そこで，ここでは，賃借権の保護について学びましょう。

〈キーワード〉
□ 賃貸借契約　　□ 定期借地権　　□ 定期借家権　　□ 賃借権の物権化

> サポート

1　賃借権が債権であることの問題

　賃借人は，賃貸人の所有する不動産を占有し使用することができますが，この権原は，民法上，**賃貸借契約**（民601条）によって発生する債権だとされています。このことがいくつかの問題を生むため，民法の特別法である借地借家法によって種々の修正が行われています。

2　存続期間

　賃借権の内容は賃貸人と賃借人とで契約内容を自由に定めることができる（契約自由の原則）としますと，契約期間や更新の有無についても，契約当事者間で自由に定めることができるはずです。しかし，これを認めますと，社会的強者の要求がそのまま契約内容になるおそれが十分にあることから，民法および特別法で制限されています。

(1)　民法の条文

　民法は，賃借権の最低利用期間を定めず，逆に，賃貸借の存続期間が20年を超えることができず，契約でそれを超える期間を定めたときでも20年に短縮されます（民604条）。また，賃貸借の期間が満了しても賃貸人が賃借人による使用収益の継続を黙認している場合には，賃貸借の更新が推定されます（民619条）。ただし，更新されても，期間の定めがないものとされ，しかも，当事者はいつでも解約の申入れができ，申入れから所定の期間（土地1年・建物3か月）の経過によって終了します（民617条1項）。

　なお，民法の起草者は，建物所有を目的とする借地については，本則としては地上権が用いられ，実際にも地上権が用いられるだろう，と予測したのですが，多くの地主が希望したのは賃借権の方でした。

(2)　借地契約

　借地契約は，前述したように，建物所有目的が多く，利用期間が短い契約では，すぐに建物の取壊しが必要になるおそれもあり，社会経済上不合理です。また，特に居住用建物の所有を目的とする賃借人は，往々にして地主の主張する契約内容に従わなければなりません。そこで，借地借家法は，借地権の存続期間を30年とし，契約でこれより長い期間を定めたときはその期間とするという条文をおきました（借地借家3条）。また，更新についても，建物が残存したり，その他の土

82　Folder Ⅲ　一般社会生活と法

地利用の継続がある場合には，地主が遅滞なく異議を述べない限り，当事者の合意をまたず更新が擬制されます（同5条2項・3項）。地主の異議には正当の事由が必要とされています（同6条）。なお，更新後の期間は最初20年その後10年とされています。また，更新がない場合には借地権者に建物買取請求権が認められています（同13条）。もっとも，事業用不動産では，多様な土地利用の必要性がある上，地主よりも交渉力が弱いとは限らず，こうしたルールが土地の有効利用の妨げとなるおそれもあることから，これより短い利用期間の借地権を認める方法が定められています（同23条2項・3項）。

⑶　借家契約

建物の賃貸借の場合には，借地権のような条文はなく，合意により自由に期間を定めることができます。ただし，期間を1年未満とする場合には期間の定めがない建物賃貸借とみなされます（借地借家29条1項）。

期間の定めがない建物の賃貸借はいつでも解約できますが（民617条），明渡猶予期間を与える趣旨で解約による終了は申入れから6か月経過時とされています（民27条1項）。また，期間の定めがある賃貸借の更新については，期間満了の1年前から6か月前までの間に更新拒絶の通知等がない場合（民26条1項）や，賃借人の使用の継続を黙認する場合（同2項）には，更新が擬制されます。更新された賃貸借は期間の定めがないものとされています（同1項）。

なお，定期借家権もありますが，これは更新についての例外です（民38条）。

3　賃貸人の変更

賃借権は，目的物を使用収益させる義務を負う賃貸人に対して請求できる債権ですから，賃貸人が土地建物を第三者に譲渡すると，他人物の賃貸借となり，債務を履行できず，また，賃貸借契約の当事者でない譲受人には使用収益させる債務はないということになるはずです。そこで，民法は，このような不都合を回避するために，不動産賃貸借の登記によりその後の譲受人等に対抗できるという条文をおきました（民605条）。しかし，賃貸人が登記に応じるのは稀です。そこで，借地借家法は，借地権については，借地人が登記（地主に関係なくできる）された建物を所有するだけで，対抗要件が具備されるとしました（借地借家10条1項）。借家権については，建物の引渡しだけで対抗要件が具備されるとしています（同31条1項）。

4　妨害排除

　賃貸物件を不法に占有する第三者がいる場合，所有者である賃貸人に妨害排除請求権があることは明らかですが，賃借人はどうでしょうか。この場合，賃借人は，占有権に基づく妨害排除が可能ですが，制約があります（占有権の取得時期や行使期間の制限）ので，債権者代位権（民423条）の転用により所有者の妨害排除請求を代位行使することが古くから判例で認められてきました。さらに，判例は，対抗要件を具備した賃借権について，賃借権に基づく妨害排除請求を認めています（最判昭30・4・5民集9巻4号431頁等）。

5　まとめ

　以上のように，賃借権は契約上の債権ですが，民法や借地借家法によって，その効力は強化されています。これを，**賃借権の物権化**と呼びます。

◤ ステップアップ

　賃貸借契約には，他に関連する多くの問題があり，例えば，敷金のように，賃貸借契約に伴って行われることの多い契約（明渡時における清算を予定した一種の金銭消費貸借契約）があります。更には，ファイナンス・リースやサブリースといった新たな契約類型が出現しやすい分野でもありますから，この点について注目するとともに，債権法改正の動きにも注目するようにして下さい。

〔青木　則幸〕

File 13	雇用（働き方）と法

スタート

　社会における働き方には様々なものがあります。アルバイト，パートタイム，会社員，企業などに属さず一人で仕事をする人など。社会の中での働き方については，どのような法律が関係するのでしょうか。

〈キーワード〉

□　契約自由の原則　　□　雇用契約　　□　使用従属　　□　指揮監督命令

84 Folder Ⅲ 一般社会生活と法

☐ 労働法　　☐ 労働基準法　　☐ 労働契約法　　☐ 解雇権濫用

サポート

1 働き方と契約

　社会の中で働きお金を得るにあたっては，最初に当事者間で契約が締結されます。人の労力（役務）を対象とする契約について民法典では，雇用契約，請負契約，委任契約（その特殊な類型として寄託契約）が規定されています。それぞれ，雇用契約は労力を提供する側に大幅な裁量権が与えられておらず指揮監督に従う点，請負は仕事の完成が要素となる点，委任は自らの裁量で事務を処理する点に特徴があります。

2 雇用契約と労働契約

　一般的に会社などで働く場合には雇用契約が問題となります。雇用契約について民法は，当事者の一方（労務者）が相手方（使用者）のために労働に従事し，これに対して使用者が報酬を支払う契約としています（民623条）。民法は契約自由の原則，過失責任の原則を基礎とし，使用者と労務者の対等な立場を前提として，契約の消滅と終了について若干の規定を置いているだけで，契約内容の詳細については対等な当事者の合意に委ねています。しかし，実際社会では使用者と労務者の間には経済的・社会的に大きな力の差が存在し，労務者は不利な内容での契約を結ばざるを得ませんでした。また，労務者が労働災害に遭っても，過失責任の原則が適用されると，補償を受けることは困難でした。そこで，それらの原則を修正し，労働者の生存権を保障するために国家が法律により干渉するという労働法という法分野が生まれました。労働法分野は第2次世界大戦後に大きく発展し，その中には，労働者が「健康で文化的な最低限度の生活」を営むための最低基準を定める労働基準法，労働者の賃金や安全衛生に関して定める最低賃金法，安全衛生法等があります。これらの法が適用される契約関係は，民法の雇用契約に対し「労働契約」と呼ばれます（雇用契約と労働契約の関係については，それが同一か別かについては学説上争いがあります）。この場合の「労働契約」は，労働法による労働者保護の対象となる，不平等で組織的な労働関係の契約という性格づけが込められています。

3　労働関係と法

　社会が発展し複雑化することにより，人々の働き方も，正規社員としてだけでなく，パートタイム，派遣・業務委託などの様々な非正規社員も見られるようになってきました。これら非正規社員の多くは，短期的な契約を締結し，そのつど契約内容を定めることが少なくありません。また，正規社員であっても，成果主義の導入により，そのつど成果によって賃金等の内容が決まるという形も見られるようになり，契約内容がより重要になってきました。そこで，労働条件の基礎となる労働契約について定める法律の必要性が説かれ，2007（平成19）年に**労働契約法**が制定されました。

　労働関係と法に関しては次のように説明することができます。まず，個別的な労働関係については，一般法である民法が「雇用契約」を定めていますが，特別法である労働契約法が雇用契約に代わって「労働契約」を概念化し，その権利義務の基本を規定しています。そして，事業に使用され労働契約関係にある労働者を保護するために，**労働基準法**が労働条件の最低基準を罰則として行政監督つきで設定しています。民法は，労働契約法および労働契約に関する判例法理を補う一般法として主に機能しています。

4　労働契約の基本原則

　労働契約法は次の6つの基本理念に基づいています。①合意の原則：労働契約は労使が対等な立場で自主的な交渉において合意することが基本理念とされています。②均衡処遇の原則：就業の実態に応じて均衡な処遇が求められています。③仕事と生活の調和の原則：これは理念規定ではありますが，具体的な法律問題の解決などについて援用される基本理念です。④信義誠実の原則：民法の信義誠実の原則に対応するものです。⑤権利濫用の戒め：これも民法の権利濫用の禁止を労働契約関係について規定したものです。⑥労働契約内容の理解の促進：これには，労働条件に関する使用者の説明責任と，契約内容をできる限り書面にして明確化することが含まれています。

5　働き方の多様化と法

　労務を提供する契約には，前述のように請負契約や委任契約（準委任契約）もあります。さらには，実務では「業務委託契約」などの文言が使われることがあ

ります。その契約が「労働契約」に当たるかどうかについては，契約の際の文言にとらわれることなく，労務を供給する実態に即して判断されることになります。当事者間に使用従属関係が見られ，指揮監督命令下で労務を供給する場合には，労働法が適用される「労働契約」となります。

　しかし，現代社会では民法の立法者が想定していなかった様々な働き方が生まれてきています。例えば，インターネットを利用して，自宅にいながらデータ入力や原稿の執筆を行い，そのデータを直接入力したりメールで送信する契約の場合には，専属的に契約を締結していたとしても，裁量が認められ，報酬は完成した仕事と引き替えならば請負契約となります。労働契約でない請負契約となった場合には，民法の原則である契約自由の原則が支配することになり，契約の内容は，信義則や権利濫用による制限はありますが，当事者の合意によって決定されることになります。一方で，そのような契約であっても，契約内容を十分に把握できないまま契約を締結してしまったり，力関係が必ずしも対等でない場合であったりと，働く人の保護が必要な場面も少なくありません。

　働き方と法の問題を考える際には，当事者間の関係を基礎として労働法の適用があるかどうかを第一に検討し，その適用がない場合には，一般法である民法の契約理論で解決することになりますが，このような場合であっても，なお働く人の保護をどのようにして図るかの考慮が必要でしょう。

■ ステップアップ

　働き方と法に関しては，濱口桂一郎『日本の雇用と労働法』（日経文庫，2011年），水町勇一郎『労働法〔第7版〕』（有斐閣，2018年）等があり，さらに専門的に学びたい方には菅野和夫『労働法〔第11版補正版〕』（弘文堂，2017年）がお薦めです。

〔芦野 訓和〕

File 14 公証役場と公正証書

スタート
　公証制度とはどういう制度なのでしょうか。また，公証人とは，どういう人たちなのでしょうか。

〈キーワード〉

□ 公証制度　　□ 公証人　　□ 公正証書　　□ 強制執行　　□ 債務名義

サポート

1　「公証」とは，私人間の権利や法律関係に関連する事項を，公に証明する国の作用です。「公証人」は，そのうち，一定のものを，固有の職務として行うために設けられた国の機関です。そして，公証人によって公の証明を行う制度が公証制度です。

2　公証制度の歴史は古代エジプトにまで遡ることができます。近代的な公証制度は，ヨーロッパを中心に発達してきたものです。

日本では，明治19年に「公証人規則」が制定され，公証人制度が始まりました。その後，明治41年に「公証人規則」が廃止されて現行の「公証人法」が制定され，それが今日まで至っています。

世界の公証制度は，大陸法系と英米法系の制度に分かれますが，我が国は，前者に属していて，ノータリー（Nortary）と称しています。

3　公証人は，法務大臣から任命され（公証11条），公証作用という公務に従事する国家機関であるため，国家公務員であり，国家賠償法等の適用があり，法務省の機関である法務局又は地方法務局に所属するものです。

ただし，公証人は，国から報酬，給与等の支給を受けることなく，政令である「公証人手数料令」に基づく手数料等の収入により，役場の経費，書記等の給与等をまかなっています。

公証人は，①裁判官，検察官又は弁護士となる資格を有する者（法曹有資格者）から任命されるのが原則ですが，②多年法務事務に携わり，裁判官，検察官等に準ずる学識経験を有する者で，公証人特別任用審査会の選考を経た者についても，公証人に任命することができるとされています（公証13条の２）。

全国には，約500人の公証人がいますが，公証人の執務する事務所を公証役場といい，全国には，約300ケ所の公証役場があり，書記等が公証人の職務を補佐しています。

4　公証人の職務内容は，次のとおりです。

(1)　**公正証書の作成（公証１条１号）**

公正証書とは，私人からの嘱託により，公証人がその権限において作成する文書です。公正証書が，公証人法やその他の法律の定める要件を備えているもので

あるならば，公正証書には，明確な証拠を残すことによって紛争を未然に防止する機能と，強制執行のために必要とされる債務名義を簡易な手順で整えることによって，紛争を解決する機能とが認められます。公正証書のうち，一定額の金銭の支払を目的とする請求権で，債務者が直ちに強制執行に服する旨の文言（執行認諾文言）が記載されている公正証書（執行証書）は，裁判所の判決等と同様に債務名義となり，その内容を強制執行によって実現することができます（民執22条）。

①契約に関する公正証書としては，金銭消費貸借，土地建物賃貸借などがありますが，公正証書によることが法令上予定されている契約も増えています。任意後見制度は，認知症などにより判断能力が不十分な状況に陥った場合に備えて予め代理人（任意後見人）を選任し，療養看護や財産管理のための事務などを代理して行ってもらうための契約です。

②単独行為に関する公正証書としては，遺言が典型です。

③事実実験公正証書というのは，権利義務や法律上の地位に関する重要な事実について，公証人が五官の作用で認識した結果を記述する公正証書です。例えば，知的財産の関係で，特許権の成立以前から既に使用されていたことにより成立する「先使用権」の存在を証明する物品や書類・記録などの存在を明確にして，後日の紛争に備えることができます。また，嘱託人が延命措置をしないで尊厳死を望むという尊厳死宣言公正証書も最近では利用されています。

(2) 認証（公証1条2号）

①署名又は記名押印の認証

公証人の認証は，私署証書の署名又は記名押印の真正を公証人が証明することであり，これにより文書が作成名義人の意思に基づいて作成されたと推定されます。

②宣誓認証

公証人が私署証書に認証を与える場合に，公証人が当事者に内容が虚偽であることを知りながら宣誓したときは，10万円以下の過料に処せられることを告知し，当事者がその面前で証書の記載が真実であることを宣誓した上，署名し，あるいは証書の署名押印等が自己のものに相違ないことを認めたときは，その旨を記載して認証するというものです。

③外国文認証

外国語で作成された私署証書に対する認証及び日本語で作成され外国において

使用される私署証書に対する認証です。公証人の認証を受けた文書は，当該公証人の所属する法務局長の証明を経て，外務省で公印証明を受けた後，仕向国の駐日大使館（領事館）で領事認証を受けるのが原則です。ハーグ条約は，この手続を簡略化するもので，外務省の公印証明（アポスティーユ）の付与を受ければ，在日の当該国の領事認証は必要ないことになります。

④定款の認証（公証人法1条3号）

団体である法人の目的，内部組織，活動に関する根本規則を記載した書面若しくは電磁的記録である定款については，その認証は公証人の権限とされており，株式会社，一般社団法人及び一般財団法人等の定款については，公証人の認証を受けなければその効力を有しないことになります。電子公証制度の創設に伴い，嘱託人が電磁的記録により定款（電子定款）を作成し，これを公証人が電磁的方式により認証することも認められるようになりました。

(3)　確定日付の付与・電子確定日付の付与

私法上の法律行為又はこれに関連性ある事実を記載した私人の署名押印又は記名押印のある文書（私署証書）に確定日付印が押されると，特定の内容を持ったその私署証書が確定日付の日に存在したことが証明されることになります。

◤ **ステップアップ**

詳しくは，持本健司「公証制度と公正証書」雨宮則夫・寺尾洋編『Q&A遺言・信託・任意後見の実務〔第2版〕』（日本加除出版，2015年）等を参照して下さい。

〔雨宮 則夫〕

91

| Folder Ⅳ | 金 融 と 法 |

| File 1 | 預 金 契 約 |

スタート
　　　給与の受取や公共料金等の支払など，現代人の生活は銀行（「信用金庫
等」についても同様。以下同じ）に預金口座を持たなければ成り立ちません。
口座開設のためには，銀行との間で預金契約を締結することが必要です。こ
こでは，預金契約について学びましょう。

〈キーワード〉
□ 預金　　　□ 預金者の確定　　□ 債権の準占有者に対する弁済
□ 預金保険制度

サポート

1　預金契約の成立

　普通預金口座を開設する場合，申込者は，銀行に対し申込書に印鑑を押捺した
印鑑用紙を添えて，金銭とともに提出します。また，銀行は，申込者が本人であ
ることを，運転免許証などの本人確認書類によって確認します。

　この申込に対し，銀行が口座開設に応じれば預金契約が成立し，銀行は普通預
金通帳，キャッシュ・カードを預金者に交付します。以後，預金者は，預金の払
戻，預入，振込等で預金口座を利用することができますし，当該銀行や提携金融
機関のATM（現金自動預入払出機）を利用することもできます。

　預金契約の成立に関しては，いわゆる誤振込（例：振込依頼人AがBに送金する
つもりで，誤って甲銀行のCの預金口座に送金）が問題になります。判例（最判平成
8・4・26民集50巻5号1267頁）は，振込依頼人Aと受取人Cとの間に振込の原因

となるべき法律関係がなくても，Ｃと甲銀行との間に預金契約が成立すると解します。したがって，近年多発している振込め詐欺の被害者から犯人の口座に振込が行われた場合，口座のある銀行と犯人との間で預金契約が有効に成立します。これを前提に被害者は犯人に対し不法行為に基づく損害の賠償請求をすることになります。

2　預金契約をめぐる法律関係

(1)　預金契約の特色

　預金契約は預金者が金銭を銀行に預ける契約で，一般に消費寄託契約（民666条）と解されており，これには消費貸借の規定（民657条）が準用されています。したがって，同じ預けるといっても，有価証券の保護預かり（寄託―民657条）や貸金庫に預ける場合（賃貸借―民601条）には，銀行が破綻しても預けた物は全部戻ってきますが，預金の場合には全額戻ってくるとは限りません。つまり預金は預金者が銀行に「預ける」というより「お金を貸す」というイメージに近いのです。

(2)　預金者の確定

　脱税や不正資金洗浄（マネーロンダリング）のように預金口座が不正に利用されるのを防ぐため，あるいは銀行破綻の場合の預金払戻し先を定めるためには，預金者が誰であるかを確定することが必要です。例えば，あなたの父親が「しばらく運用してくれ」といって500万円をあなたの預金口座に送金してきた場合を想定しましょう。預金者はあなたでしょうか，それともあなたの父親でしょうか。これに関し，預金者は①出捐者（実際にお金を出した人）であるとする説，②名義人など実際に預金口座を管理している人であるという説，などがあります。判例は，従来，記名式定期預金などについて，①の立場をとっていました（最判昭和52・8・9民集31巻4号742頁）が，最近では②の立場をとるケースもみられます（最判平成15・6・12民集57巻6号563頁）。

(3)　預金の払戻

　普通預金や定期預金の預金者は，銀行窓口に届出印と通帳（預金証書）を持参すれば預金者として扱われ，払戻を受けることができます。銀行は窓口での誤払防止のために，本人確認や印鑑照合などの注意義務を負っています。その際，銀行が仮に無権利者（例えば通帳と印鑑の盗取者）に支払った場合としても，善意かつ無過失であったときには，「**債権の準占有者**（預金者のような外観がある者）に

対する弁済」（民478条）として払戻は有効となり，預金者の銀行に対する預金債権は消滅します（銀行は免責され，真の預金者の損失となります）。

　なお，最近の預金払戻の多くは，キャッシュ・カードを用いて行われます。「預金者保護法」は，偽造カード，盗難カードを用いて無権利者がＡＴＭから払出した場合について，一定の要件のもとで真の預金者を保護する旨の規定がおかれています（その範囲で，民478条の適用が排除されることになります）。

3　預金保険制度

　1990年代の「金融バブルの崩壊」のプロセスで，わが国ではいくつかの銀行が破綻しましたが，その際，「預金保険法」に基づく預金保険制度が注目を集めました。これは銀行が破綻し，銀行の預金者への預金払戻しが困難となった場合に，不足分を「預金保険機構」が補てんするという制度です。同法では，預金保険機構と銀行・預金者との間で，預金払戻について「保険関係が成立するものとする」と規定しています（同法49条１項）。現在の制度では，決済用預金（当座預金など）は全額が保護され，一般預金（普通預金，定期預金など。なお，外貨預金，譲渡性預金等は預金保険の保護対象外）は，預金者一人あたり1,000万円までの元本とそれに付く利息が保護されます。

　ただし，日本では，銀行破綻に伴う預金保険による預金払戻（「ペイオフ」ともいわれています）が行われたのは，これまで１件のみです。それ以外の銀行破綻のケースでは，公的資金の注入や他の銀行との合併などで問題の表面化を回避してきたというのが実情です。

◢ ステップアップ

　預金については民法の概説書である内田貴『民法Ⅱ〔第３版〕［債権各論］』（有斐閣，2011年）や階猛ほか『銀行の法律知識〔第２版〕』（日経文庫，2009年）等，預金保険制度については熊倉修一『中央銀行と金融政策』（晃洋書房，2013年）等，を参照して下さい。

〔溝田　泰夫〕

94 Folder Ⅳ 金融と法

| File 2 | 金 銭 と 法 |

> **スタート**
> 　買い物の際には代金の支払が必要であり，多くの場合，財布から紙幣や硬貨を取り出して支払を済ませますが，交通カードなどのカード型電子マネーやクレジットカードが使用されることもあります。また，公共料金の支払いなどでは振込が用いられ，さらに，最近ではインターネット取引での決済手段としてビットコインなどの仮想通貨が注目を集めています。日常生活に不可欠な金銭とは一体何か，そして，法は金銭にどのように関わっているのでしょうか。

〈キーワード〉

☐ 貨幣単位　☐ 通貨　☐ 貨幣法　☐ 金銭債権　☐ 法貨　☐ 通貨の受領強制力（法定通用力・強制通用力）　☐ 振込　☐ 電子マネー　☐ 仮想通貨　☐ 資金決済法　☐ 金銭所有権

サポート

1 金銭の定義

　金銭といえば「円」という貨幣単位，ならびに，円の倍数である金額を表象した通貨（百円玉，一万円札など）をイメージするでしょう。金銭については「通貨の単位及び貨幣の発行等に関する法律」（**貨幣法**）に規定されていますが，わが国の貨幣単位は「円」であり（2条），十円玉や百円玉などの貨幣（5条），ならびに，千円札や一万円札などの日本銀行券（日本銀行法46条）が「**通貨**」と定められています。

　通貨は，紙（日本銀行券）や金属（貨幣）で作られていますが，紙や金属それ自体の物質的価値は何ら重要ではなく，紙や金属に表象された貨幣単位の倍数（金額）によって価値が決まります。同じ紙が原料であるにもかかわらず，一万円札が千円札の10倍の価値を有するのは，表象された貨幣単位の倍数である金額が10倍であるからです。

2　金銭債権

民法402条は，金銭債権の目的（給付内容）を「金銭の給付」と定めています。金銭債権の給付内容は，100万円や1万ドルなど，貨幣単位の倍数（金額）によって表示されます。そして，金銭債務の履行（弁済）は，債務者から債権者への一定金額の移転によって行われ，金額の移転に際して通貨が使用されます。金銭債権の目的はあくまでも一定金額の給付であり，通貨は一定金額の給付を実現するための支払手段（履行手段）にすぎず，通貨という物の給付が目的ではありません。

3　通貨の受領強制力（法定通用力・強制通用力）

紙幣（日本銀行券）や硬貨（貨幣）は通貨と呼ばれており，通貨には貨幣単位の倍数（100円，1万円等）が表象されています。金銭債権の目的となっている一定金額に相当する数量の通貨を債務者から債権者に移転させることにより，債務の履行がなされます。貨幣単位が表象された通貨には受領強制力（強制通用力や法定通用力と呼ばれることもあります）があり，受領強制力を付与された通貨には「法貨」という名称が与えられます（貨幣法7条）。原則として，債権者は，債務者から提供された通貨の受領を拒絶することはできません。ただし，通貨はあくまでも履行手段にすぎませんので，債権者と債務者間の合意があれば，必ずしも通貨を使用する必要はなく，例えば，預金口座への振込によって債務を履行する旨を当事者間で合意した場合，実際に債権者の口座に債務額が記帳されることによって債務が履行されます。振込によっても金銭債権の目的である一定金額の給付が実現されているので，この場合も弁済がなされたことになります（代物弁済ではありません）。しかしながら，振込による支払はあくまでも当事者間で特約があった場合のみ可能であり，電子マネーやクレジットカードによって支払をする場合も同様です。履行手段について何ら特約がなければ，原則に従い債務者は通貨を支払わなければならず，債権者は通貨の受領を拒絶できません。

4　仮想通貨

なお，最近では高度な金融技術（FinTech）を用いて創出されたBitcoin等の仮想通貨が注目されています。2016年に改正された「資金決済に関する法律」（資金決済法）2条5項によると，仮想通貨とは「電子的に記録され電子情報処理組

96　Folder Ⅳ　金融と法

織を用いて移転することができる財産的価値であり，不特定の者に対して物品購入や役務提供の対価の支払のために使用され，法貨による売買あるいは他の仮想通貨との交換が可能であるもの」と定義付けられています。法貨とは異なり仮想通貨は国家が定めた貨幣単位を表象していませんが，財産的価値を有しており，法貨との交換が可能で，かつ，当事者の合意があれば取引において支払手段として使用できます。資金決済法は仮想通貨交換業者を登録制として仮想通貨交換業を規制の対象としています。

5　金銭債務不履行の特則

　通貨は絶えず市場に流通しており，利息を負担すれば何時でも一定金額の通貨を金融機関や貸金業者からの借入によって調達できますので，金銭債務の債務不履行には履行不能はあり得ず，履行遅滞のみが問題となります。弁済期に金銭債務の履行を怠った債務者は履行遅滞の責任を負いますが，債務不履行責任の一般規定である民法415条と416条は適用されず，民法419条が金銭債務における債務不履行責任の特則を定めています。同条によると，金銭債務の債務者は不可抗力により履行遅滞に陥った場合でも責任を免れることができず（3項），法定利率あるいは当事者間で特約がある場合は約定利率によって定められた遅延利息の賠償義務を負い（1項），その一方で，債権者は損害を被ったことについての証明をする必要はありません（2項）。遅延利息を超える実損害について賠償義務を負うか否かについて条文の文言からは明らかではありませんが，判例（最判昭和48年10月11日判時723号44頁）は遅延利息を超える実損害賠償を否定しています。例えば，100万円の金銭債務について履行が遅滞したために債権者が20万円の損害（実損害）を被った場合でも，債権者は債務者に対して20万円の損害賠償を請求することはできず，法定利率である年5％（民事債権の場合，民404条）に相当する5万円，もしくは，年6％（商事債権の場合，商514条）に相当する6万円の遅延利息の賠償を請求できるだけです（なお，改正後の民法404条では法定利率について新たに変動利率制が導入されました）。

6　金銭所有権

　通貨は動産ですが，貨幣単位が表象された履行手段として機能しますので，高度の代替性と流通性を有し，物権法の領域においても通常の動産とは異なる扱いがなされています。通貨において占有を伴わない所有権は存在しないと解されて

おり，占有あるところに所有権ありとする「占有＝所有権」論が通説・判例（最判昭和39年1月24日判時365号26頁）となっています。Aが所有しかつ占有している一万円札100枚をBが盗んだ場合，一万円札の占有がAからBに移転するに伴い，一万円札の所有権もAからBに移転し，盗人Bが一万円札の所有権を取得することになります。AはBに対して所有権に基づく返還請求ができませんが，その代わりに，AはBに対して100万円の不当利得返還請求権を取得します（民703条）。

ステップアップ

金銭債権の法律問題については，少々古いですが能見善久「金銭の法律上の地位」星野英一編『民法講座別巻1』（有斐閣，1990年）が，また，比較的近時の文献として，金融法務事情1702号（2004年）掲載の特集「金銭債務の決済」が参考になります。金銭所有権については田高寛貴「金銭の特殊性」内田貴＝大村敦志編『民法の争点』（有斐閣，2007年）を読んでください。さらに，仮想通貨の法律問題については有吉尚哉他『FinTech ビジネスと法25講』（商事法務，2016年）がお薦めです。

〔川地 宏行〕

File 3　　為　　替

スタート

「為替」と聞くと，テレビや新聞などでよく見聞きはするけれども意味がよく分からないという人は多いのではないでしょうか。以下で，為替の意義や機能，種類のあらましを学んでおきましょう。

〈キーワード〉
□ 内国為替　　□ 外国為替　　□ 送金為替　　□ 取立為替　　□ 全銀システム
□ 振込　　□ 手形　　□ 小切手　　□ クレジットカード

98 Folder Ⅳ 金融と法

サポート

1 「為替」とは何か

⑴ 総説

まず，為替を定義づけておきましょう。為替とは，隔地者間での資金移動を，直接現金を輸送せずに，金融機関等の第三者を介して実現する仕組みのことです。これにより現金を輸送するリスクを防ぎ，時間やコストを節約することができます。このように為替は，現在の経済社会にとって欠かせないものであり，銀行等（預金取扱金融機関）の本来（固有）業務の一つとなっています。

なお，平成22年施行の「資金決済法（資金決済に係る法律）」により，銀行等以外で登録を受けた者も，例外的に，100万円以下の為替取引を業として行うことができるようになりました。

⑵ 内国為替と外国為替，送金為替と取立為替

「為替」と聞くと「1ドル〇〇円」といった為替レート（幣制が異なる国の間の通貨の交換比率）をイメージする人も多いと思います。これは外国為替で用いられるものです。為替は，資金移動が国内のみか複数国にまたがるかで「内国為替」と「外国為替」とに区別できます。前者は資金移動を必要とする地が同一国内にある場合であり，むしろこちらの方が日常生活ではより身近なものでしょう。また，為替取引は，送金のために利用される「送金為替（順為替）」と，取立のために利用される「取立為替（逆為替）」とに区別されます。

⑶ 全国銀行内国為替制度と全銀システム（全国銀行データ通信システム）

わが国の「内国為替」取引にあたり，「全国銀行内国為替制度」の存在は円滑な取引の実現に大きく寄与しています。現在，この制度には全国ほぼ全ての銀行等が加盟しています。そして，この制度に加盟している銀行等の為替取引をオンライン処理するシステムを「全銀システム」といい，これにより煩雑な他行内国為替取引における事務処理と資金決済の合理化が図られているのです。

2 代表的な為替取引

⑴ 振込

振込とは，振込依頼人が銀行（仕向銀行）に対し，受取人の預金口座に一定額を入金するように依頼し，受取人の口座がある銀行（被仕向銀行）が当該預金口座に指定された額を入金する送金方法です。仕向銀行と被仕向銀行とが同一銀行

の営業所同士である場合（本支店為替），資金決済は内部的に処理されますが，異なる銀行である場合（他行為替）は，その前提として資金決済のための特別な法律関係の形成が必要になります（内国為替制度に加盟している銀行等の間では，包括的かつ強制的にこの法律関係が形成されています）。

　振込業務は，仕向銀行が，振込依頼人から資金の提供を受けて被仕向銀行に為替通知をなし，被仕向銀行が受取人の預金口座に当該資金額を入金することによって完了します。現在ではもっともポピュラーな送金方法です。

(2)　手形・小切手

　今日のように送金方法が高度にシステム化される以前，企業間決済としての為替取引は，主として手形・小切手によって行われていました。現在では，振込の利用可能な範囲の著しい拡大や全銀システムの稼働等によって，手形・小切手の利用は減少傾向にあります。それでも強力な支払確保手段であることから（人的抗弁の切断，善意取得，不渡処分等），企業間の内国為替において現金が手許にない場合の延払いの手段として活用されていますし，外国為替の場面ではまだまだ現役です。手形・小切手は，いずれも一定金額の支払に向けられた有価証券であり，手形には「為替手形」と「約束手形」の二種類があります。国内では後者，海外では前者が多く利用されています。これらは具体的にどのような場面で用いられるのでしょうか。約束手形を例に挙げて見てみましょう。

　企業には色々お金が必要になってきます。たとえば，服の小売店Ａが，卸業者Ｂから商品となる服を大量に仕入れました。Ａは仕入れた服を仕入れ値より高く売って儲けを出します。ところが，そもそも最初に大量に仕入れる時点で多額のお金が必要となるはずですが，手持ちの現金がない。そのような時，ＡはＢに約束手形を交付します（振出といいます）。これにより，一定の期日（満期）まで代金の支払いが猶予されることになります（延払い）。一方の卸業者Ｂは，次に卸す服を服飾メーカーＣから買い入れる際，代金の代わりにＡから振出された手形の裏面に名前を記入してＣに譲渡します（裏書といいます）。Ｃはこの手形を銀行Ｄに現金で買い取ってもらいます（手形割引といいます）。これでＣは満期まで待たずに現金を入手でき，最後にＤがＡから満期に手形金額を受け取れば，ＡとＢ，ＢとＣの決済も完了したことになるのです。

　なお，手形・小切手の作成に用いられる用紙は，銀行が発行する統一用紙によるのが通常ですが，これを入手するためには，銀行等との間で，手形・小切手の決済のための専用口座である当座預金口座を開設しなければなりません。

100 Folder Ⅳ 金融と法

(3) クレジットカード

　当座預金口座の開設は，事業者ではない個人には通常認められることはありません。そのため，個人が現金を用いずに店頭で決済するためのサービスが普及しています。これがクレジットカードによる決済です。カード決済の仕組みは以下の通りです。カード会社は，あらかじめ利用者にプラスチックカードを提供し，個々の店と加盟店契約を締結しておきます。利用者が加盟店でカードを呈示した際，加盟店は利用者の情報を確認した後カード払いを承諾します。その後，加盟店はカード会社に利用金額を請求し，カード会社は請求額を加盟店に支払います（立替払い）。最後にカード会社は，利用者に利用額を請求し，一定期日に利用者の指定した銀行口座からこれを引き落とします。代金を2月以上の期間にわたり3回以上に分割するカード決済のうち特定のものは，割賦販売法の適用対象になります（詳しくは割賦販売法2条1項参照してください）。

◤ ステップアップ

　為替については，大垣尚司『金融から学ぶ民事法入門』（勁草書房，2012年）。

〔隅谷 史人〕

File 4	事業者向け融資

スタート
　ここでは，事業者向け融資の法的側面を学びましょう。

〈キーワード〉
- [ ] 直接金融・間接金融　　□ 利息　　□ 配当　　□ 貸付け　　□ 手形割引
- [ ] 担保　　□ 資産流動化　　□ 約束手形　　□ 手形の自動決済力　　□ 相殺

サポート

1 総 説

(1) はじめに

　事業資金は，市場（金商2条14項・17項）で有価証券（金商2条1項）を募集・

売出（金商2条3項・4項）して集める方法（**直接金融**）もあれば，金融仲介者（銀行等）から貸出（銀2条）の形で調達する方法（**間接金融**）もあります。いずれでもその報酬として（借入や社債の）**利息**や（株式）**配当**を支払わねばなりません。高度成長期には銀行を通じ低金利で資金を供給する政策がとられてきましたが，安定成長期には企業の自己金融力が高まり，銀行の主な関心は公債の消化と個人向け融資に推移しましたが，今なお銀行が企業金融に果たす役割は重要です。

(2)　銀行貸出の安全性

　銀行が提供する融資手法は主に**貸付け**（金銭消費貸借）と**手形割引**（手形の売買）です。銀行は公衆から預金を受入れますが，特定物と違って金銭を預かる消費寄託（民666条）では，寄託物の所有権が受寄者に移り，返還義務は貸借対照表上負債となります。銀行はその業務の性質上，過小資本になりやすいので健全な運営により破綻を回避する義務があり，不良債権を発生させないように担保を徴求します。預金者の権利を保障するため預金保険制度等も整備されています。

(3)　新たな技法

　貸付では，定まった額を融資する方法が基本ですが，枠を設け必要に応じ利用させる方法（**極度貸付**）もあります。特に，利用の多寡に関係なく枠に応じて所定の義務負担手数料を徴する技法（**コミットメントライン**）も用いられていますが，この方法では法令上の制限利息を超過する虞があるのでその適用を緩和する特例が定められています（特定融資枠法）。また，複数の銀行が一事業者に共同で融資する手法（**シンジケートローン**）が用いられます。この方法は，貸付条件に競争原理が働く場合が多いところから，「市場型間接金融」と呼ばれます。

2　担保と手形

(1)　担保と資産流動化

　担保には民法で定められた「**保証**」（Folder Ⅳ File7 参照），「**抵当権**」（Folder Ⅲ File5 参照）等が知られています。さらに 最近では，**資産流動化**（資産流動化2条2項）という技術があります。資金調達をしようとする事業者が「特定目的会社」を設立し，資産（例えば，買い手がつきにくい大規模不動産の所有権）を売却します。銀行はこの法人を相手にその発行する資産担保証券（ABS）の引受を行い，払込まれた資金は売買代金として原所有者である事業者に払渡されます（流動化＝現金化）。この証券の売買のための市場（REIT）が整備されているため，

102　Folder Ⅳ　金融と法

引受けた全額のリスクを完済まで負担する必要はなく，市場で売却することもできます。また，この法人に他に財産が存したとしても所持人はある特定の資産にしか責任を追及できないとの条件（責任財産限定特約）がついています（他の債権者は「他の財産」を引当にできるとの期待を持つ）が，特定の資産の収益（賃料等）が確実であれば，そこから償還金の弁済が行われ，原所有者の経営状態と無関係に回収が期待できます。

(2)　手形割引

　事業者が取引の相手方に対して有する債権は「売掛」といい，履行期が到来するまで払われません。そこで一般に商人は，代金の決済のために約束手形（手75条）または電子記録債権（電債2条1項）を発行させ，これを銀行に持込んで裏書・譲渡し買取ってもらうことで，履期未到来であるにも関わらず即時に資金（但し満期までの利息相当額を控除した割引対価）を入手できます（手形割引）。銀行は割引実行前に手形の支払の確実性を審査します。中央銀行が，この銀行から手形を再割引することもあります。割引された手形が不渡になると，割引銀行には不良債権を生み，再割引した手形が不渡となると，銀行券が還流しなくなり，インフレーションを生じる虞があるので，割引適格性の審査は厳格なものとされています。

(3)　手形の自動決済力

　割引に適する手形は，「商業手形」（手形授受の背景にある原因関係に基づき真実に反対給付が履行されるもの。これがないものが「融通手形」）です。買主（振出人）は手形と引換に，売主（受取人）から商品の供給を受けています。振出人はこの商品を転売して代金を入手します。経験則上，商品は流通する速度が夫々決まっており，手形の支払期日までの日数は当事者がそれを考慮して記載します。満期前日までには商品が売却され，代金を得た振出人は，当座勘定口座（手形支払のために開く預金口座）にこの代金を入金し，手形の呈示があっても支払に応じることが可能になります（手形の自動決済力。国際売買ではこれを利用して取立為替手形に商品の引渡請求権を表章する船荷証券等を担保として添付します＝荷為替）。割引の前に，銀行と割引依頼人との間では銀行取引約定書が取り交わされており，手形が不渡になる虞が高い等の事情があれば，ここで約定された「割引手形買戻請求権」を行使できます。割引依頼人は割引に際して裏書しているので，不渡に際し合同責任（手47条）を負いますが，銀行がこれを行使（遡求）するには権利保全手続（手44条）の履践が必要で，懈怠した場合には失権してしまいます。満期

前の遡求原因は限定されており，振出人の取引停止処分のような事態においては，満期未到来手形の買戻を求める必要が出てきます。これらの場合でも割引対価を回収できるよう買戻請求権が特約されているのです。

(4) 回収と相殺

銀行取引約定書では，銀行の取引先は，取引停止処分をはじめ一定の事由（法定倒産手続の申立等）があれば，期限の利益を喪失します（回収）。担保権の実行のほか，簡易で確実な回収方法として相殺が用いられます。融資に際しては，取引先が銀行に対し預金債権を保有していることが少なくなく，相殺は意思表示だけでなしうる簡易な回収方法として利用されています。相殺は，相互に同種の目的の債権を有する当事者双方の債務が履行期を迎えていることが条件になります。取引先が期限の利益を喪失してさえいれば銀行側は自己の期限の利益を放棄することで相殺ができる状態（相殺適状，民505条）になり，あとから相殺の意思表示をしても，相殺の遡及効（民506条）で，相殺適状発生時以降に預金を差押えた差押債権者に優先して回収ができることになります。

◢ ステップアップ

Folder Ⅳ File 5の文献を参照して下さい。

〔柴崎　暁〕

File 5	消費者向け融資

スタート　ここでは，消費者向け融資の法的諸問題について説明します。

〈キーワード〉
- □ 利付金銭消費貸借　□ 貸金業法　□ 利息制限法　□ 超過債務　□ 利息制限法
- □ 貸金業規制法　□ 看做し弁済　□ グレーゾーン金利　□ 貸金業法

104 Folder Ⅳ 金融と法

| サポート |

1 消費者向け融資の諸方法

(1) はじめに

　消費者は，多くの場合，給与生活者であって，一般にはその給与の範囲で生活物資を購入しますが，住宅や耐久消費財等比較的金額の大きい買い物をするときには，一時的に大きな金額が必要となり，これを借入によって賄うことになります。金銭の借入にあたっては，貸主との間で利付金銭消費貸借を締結することとなる点は，事業者について説明したのと同じです。返済計画は借主の月々の所得のうち，生活に必要な額を控除した残額の中から支払われるように設定されているので順調な返済が見込めるのですが，人の生活には不測の事態（失業，疾病，災害等）が生じることもあります。これにより返済が遅滞することもあり得るでしょう。そこで，個人向け融資についても担保が設定されます。住宅購入資金の場合には当該住宅に抵当権を設定するのが一般的です。このほか団体生命保険に加入させるなどして返済が見込めなくなる事態に対応しています。

(2) 提携ローンの法理

　銀行は，金融商品を販売するために必要な資金を融資する場合があります。このような場合の融資契約は，契約上そのことが明示されておらずとも，金融商品を販売する契約と連携して締結されていることが立証されれば，かかる販売契約と効力上連動することが一部の裁判例で認められています。金銭消費貸借契約の貸金返還債務は，特に条件を付していなければ，貸主借主の合意と貸渡の履践があれば効力を生じますが，東京高判平成16年2月25日金判1197号45頁は，保険会社が，相続税対策に有益であると資産家を勧誘し，積立型の保険商品である変額保険を販売するにあたり，その保険料を銀行が融資した事例で，商品説明にあたり保険外交員に銀行員が同行していたこと，その際示された損益の見通しが客観性を欠くという程度に楽観的であったこと等を認定した上で，保険契約の無効とともに融資契約も無効であると判断し，債務不存在確認の請求を認容しています。

2 利息の制限と貸金業改革

(1) 利息の制限

　融資金の利用目的が特定されないフリーローンという類型の貸借がありますが，これは担保となるべき財産がないので利率も高く，借主の収入が主たる回収の対

象となります。この種の融資は，銀行よりむしろ「貸金業法」（平成18年）に基づく貸金業者によって行われることが少なくありません。また，借主は多くは窮状にあり，これにつけ込むような暴利を規制しする必要があります。利息制限法は，利息付き金銭消費貸借契約においては，元本10万円未満については年2割，元本10万円以上100万円未満の場合には年1割8分，100万円以上の場合には年1割5分という利率によって計算された金額を以てその上限と定めています。

(2) 超過債務の性質

　この上限を超える部分の契約は無効となります。履行強制はできないが，任意に支払えば返還を求めることができなくなります（このような債務のことを「自然債務」と呼ぶことがありますが，超過債務の性質は，保証や更改によってその効力を補強することができないもので，自然債務よりも効力の弱いものとなります）。昭和29年まで行われていた旧利息制限法（太政官布告明治10年）も同趣旨の規制を設けてはいますが，その文言が，かかる超過債務を「裁判上無効」とする，と表現していました。そこで学説は民法705条を援用して事柄を説明していました。1954年の新利息制限法で，「無効」そのものであることを示したうえで，任意に支払ったときには返還を求めることができないと定めることとなりました（2006年改正以前の利制1条2項）。

(3) 超過債務をめぐる判例

　しかし1960年代に，判例は，このような「任意に支払った」ことの効果を認めない解釈を採用してゆきます。第一に，超過部分債務を支払った場合につき，民法が定めた充当の原則を覆します。民法は，元本債務と利息債務を負担している債務者が弁済としてなす給付が債務の全額を消滅させるのに足りない場合には，当事者の意思が不明なときは（費用の次に）利息・元本の順で充当するものと定めています（民491条，改正489条）。それにもかかわらず判例は，弁済者の具体的な意思がどうであれ，まず元本充当されるものとします（最大判昭和39・11・18民集18巻9号1868頁）。第二に，この判例の考え方を適用した上で，元本が既に消滅していることになる場合には，それ以降の返済は過払金となり，返還請求の対象となるとの考え方を採用しました（最大判昭和43・11・13民集22巻12号2526頁）。

(4) 貸金業規制法

　「貸金業規制法」（1983年）が制定されてからは，貸金業者は返済金を受領する際に同法所定の要件を具備した「法定書面」（旧貸金17条）を交付すれば，利息制限法にいう「任意に」支払ったものと看做されるとする規定（旧貸金43条。いわ

106 Folder Ⅳ 金融と法

ゆる「看做し弁済」）が設けられ，利息の割合自体は利息制限法違反でありながら貸主は返還請求も認められず，業者は処罰もされないという状態が続いていました（処罰は出資法の金利上限29.02％を超える場合のみ。業者は裁判で請求できないが実力で徴収すれば返さなくてよくなるし処罰もされない，いわゆる「グレーゾーン金利」）。一部の学説はこれは利息制限法の適用除外であると説明していましたが，この書面の交付は，弁済の任意性を立証する方法の一つであるに過ぎず，その支払が自己の自由な意思に基づくものでないことが立証されれば旧貸金43条にもかかわらず依然として超過利息債務は無効であるとの判断が繰り返されました（最判平成18・1・19金判1233号10頁ほか）。

(5) 新貸金業法

そしてついに，2006年，貸金業規制法を廃止して「貸金業法」を制定し，業者への取締りを強化するとともに，利息制限法1条2項を廃止，法定の金利上限を超える利息を要求し受領する行為は処罰することとし（貸金業18の2），グレーゾーンは撤廃する等の改革が行われています。

◤ ステップアップ

柴崎暁・金融法提要（成文堂，近刊），神田秀樹・神作裕之・森田宏樹『金融法概説』（有斐閣，2016年），西尾信一編・金融取引法（法律文化社，2004年），木内宜彦・金融法（青林書院，1989年）がお薦めです。

〔柴崎 暁〕

File 6	有 価 証 券

スタート
有価証券について概観したあと，代表的な有価証券である手形・小切手について学びます。

〈キーワード〉
□ 有価証券　□ 約束手形　□ 為替手形　□ 小切手　□ 振出　□ 裏書
□ 権利外観理論　□ 善意取得　□ 人的抗弁の切断

サポート

1 有価証券

　有価証券とは，権利の流通を促進する目的のために，物権，債権，社員権などの財産権を紙片（証券）に表章させたもので，少なくともそれらの権利の移転や行使は証券によってなされなければなりません。

　商法上の有価証券には，手形・小切手，貨物引換証，船荷証券，倉庫証券，株券，社債券などがあります。

　また，これとは別に金融商品取引法では，株券，新株予約権証券，抵当証券，国債証券，地方債証券などを有価証券として定義しています。同法は有価証券に関して，投資家保護等を目的に，企業内容の開示の制度，不公正取引に関する規制，金融商品取引業についての規制等を定めています。

2 手形・小切手

(1) 意義と機能

　手形・小切手は，有価証券の一種ですが，権利の発生・移転・行使のそれぞれに証券の作成や交付，呈示が必要であるという意味で，完全有価証券といわれます。また手形・小切手には，いずれも金銭の支払手段としての機能があります。

　このうち手形は，満期までの支払が猶予される点で企業間の信用供与を促進する働きを有しており，同時に銀行の資金を企業に還流させる機能も有しています。

　手形には約束手形と為替手形があります。約束手形は振出人（例えば売買契約の買い手，手形作成者＝債務者）が受取人（売り手）に対して手形金の支払を約束する金銭支払約束証券です。これに対して為替手形は振出人が支払人に対し，受取人（権利者）またはその指図人（受取人からの譲受人）への一定の手形金の支払を委託する金銭支払委託証券です。この支払人は，振出人により支払人として指定されただけでは手形上の債務を負わず，引受という行為をしてはじめて手形債務者となります。

　一方，小切手は為替手形と同様，金銭支払委託証券ですが，すべて一覧払（満期がない＝所持人はいつでも支払請求のため小切手を提示できる）とされ，提示できる期間も短くなっているほか，支払人が銀行に限られています（また支払人による引受という制度はありません）。日常的に金銭支払いの必要のある企業が，事前に支払資金を銀行に預けておいて，必要に応じて小切手を支払先に交付し，銀行

に支払ってもらいます。このため小切手は信用度が高く，現金の代用物としての機能を果たします。

(2) 手形行為・小切手行為

手形行為・小切手行為は法律行為であり，手形・小切手用紙に署名することにより行われます。署名には自署および記名捺印が含まれます。約束手形行為には，振出，裏書，保証が，為替手形行為には，振出，引受，裏書，保証，参加引受が，小切手行為には，振出，裏書，保証，支払保証があります。

これらの行為の性質としては，①書面行為性（手形行為・小切手行為は書面による意思表示によって行われなければならない点で民法上の意思表示とは異なる），②要式行為性（手形・小切手は厳格な要式証券で，手形行為・小切手は法定の様式を欠く場合には無効となる），③文言性（手形・小切手上の法律関係は券面上の記載のみによって決定される），④独立性（手形行為・小切手行為の有効性はそれぞれ独立に判断され，同じく券面上にある他人の手形行為・小切手行為の効力に影響をうけない），⑤無因性（手形行為・小切手行為は売買などの原因関係に基づいて行われるのが通常であるが，手形・小切手上の権利は原因関係に無効・取消事由があっても，それに左右されない），などがあげられます。

(3) 手形・小切手の譲渡

通常の民法上の債権（指名債権）は，当事者間の合意で譲渡され，これを第3者に対抗するには譲渡人からの債務者に対する確定日付のある通知等の対抗要件を備えることが必要です（民467条1項）。一方，手形・小切手には高い流通性が確保されています。すなわち手形・小切手を譲渡するには裏書という行為だけで十分です（手11条1項・77条1項。小14条1項）。この裏書とは，手形・小切手を譲渡する行為で，裏書人（譲渡者）が手形裏面の裏書欄に署名し，譲渡を受ける者（被裏書人）の氏名を被裏書人欄に記入し，かつその手形を被裏書人に交付するものです。この裏書には，①権利移転的効力（手形・小切手上の権利が被裏書人に移転する），②担保的効力（振出人・支払人が手形の支払いをしないときには，裏書人はそれに代わって支払う義務〔遡及義務〕がある），③資格授与的効力（裏書の連続があれば，手形・小切手の占有者は適法な所持人と推定される〔手16条1項・77条1項，小19条〕）があります。なお，ここで裏書の連続とは，振出人からの受取人が第1裏書を行い，これにより権利者となった者が第2裏書をしているというように，受取人から現在の所持人にいたるまで権利者の表示が手形上連続していることをいいます。

(4)　手形・小切手の流通促進

　手形・小切手は高い流通性が確保されています。この点では，善意取得，人的抗弁の切断が特に重要です。善意取得とは，例えばAが手形をBに振出し，CがそれをBから盗取して，それについて善意・無重過失のDに裏書譲渡した場合，形式的にAからCまで裏書が連続していれば（無権利者からの譲受ではあるが）Dは手形上の権利を取得できる，すなわちAに請求できるというものです（手16法2項，77条1項）。

　人的抗弁とは，特定の手形所持人に対して主張できる抗弁（支払を拒絶できる事由）のことです。例えば，AがBに売買契約の代金支払のために約束手形を振出し，手形受取人（売買の売主）Bが，売買目的物の引渡し義務を履行していないにもかかわらず，Aに手形金を請求した場合，AはBに対し手形外の理由（売買契約上のBの債務不履行）を主張して手形の支払いを拒むことができます。しかし，さらにBがCに手形を裏書譲渡した場合，AがBに主張できる抗弁をCに対しても当然主張できるとすると，Cは手形の譲受を躊躇するでしょう。すなわち手形の流通が阻害されます。そこで法は政策的にAのCに対する抗弁の主張を制限しました。これを人的抗弁の切断といいます。ただしCがこうした事情を知って，つまり手形債務者Aを害することを知って手形を取得した場合には抗弁は切断されません（手17条・77条）。この二つの制度により，譲受人は安心して手形を譲り受けることができます。

　手形・小切手の所持人は，自己の取引銀行に取立を委任するか手形割引（満期前に，満期までの利息を差し引いて銀行が手形を買い取る）により換金します。銀行間では全国各地にある手形交換所で集団的に手形・小切手を決済します（各銀行が日本銀行に有している当座預金口座で決済されます）。

　手形・小切手の支払をなすべき者の銀行口座の資金が不足している場合，「不渡り」となり，6か月以内に2回目の不渡りを起こせば銀行取引停止処分となって，事実上の倒産したことになります。

◤ ステップアップ

　手形・小切手法についてより詳しく学習する場合，河本一郎・田邊光政『約束手形法入門〔第5版補訂版〕』（有斐閣，2006年）などを参考にしてください。

〔溝田　泰夫〕

110 Folder Ⅳ 金融と法

| File 7 | 保　　証 |

┌─ スタート ─
　　大学入学，アパートの賃貸借など，さまざまな場面で保証人が必要とされることがあります。われわれの生活の中で目にすることのある保証というものは法的にどういうもので，保証人はどのような義務や責任を負うのでしょうか。

〈キーワード〉
□ 担保　□ 要式契約　□ 付従性　□ 根保証　□ 催告の抗弁権　□ 検索の抗弁権
□ 連帯保証　□ 求償権　□ 分別の利益　□ 身元保証　□ 法人保証

サポート

1 債権者平等の原則と担保

　民法には債権者平等の原則という原則があります。これは，債権者が多数いる場合で，債務者の資力が全債権者の債権を満足させるに足りないとき，各債権者の持つ債権額に応じて平等に支払いがなされるという原則です。したがって，債務が全額弁済されない可能性もあります。そのような場合に安全に弁済を受けるためには，担保を利用することが有効です。担保には人的担保と物的担保がありますが，ここでは，人的担保の一種としての保証を利用することで，債権者は，債務者が弁済できない場合に代わりに保証人に債務を履行してもらいます。この場合，債権者は，安全に債務の履行を受けることができます。

2 保証契約の成立

　保証契約は書面で締結する必要があります（民446条2項）。契約が成立するためには，原則として当事者の合意で足りますが（Folder Ⅲ File 2を参照してください），保証契約では保証人に十分な考慮の時間を与えるため，書面による契約の締結が要求されています。成立に書面が要求される契約を**要式契約**といいます。

3　保証債務の性質と根保証

保証債務は付従性を持ちます。主たる債務なしに保証債務だけが成立・存在することはありません。たとえば，数回にわたって行われる融資について保証をする場合，付従性のために融資ごとに保証契約を締結する必要があります。この手間を省くために生まれたものが根保証という制度です（民465条の2以下）。根保証を用いることで一定の限度額（極度額）まで一つの保証契約でカヴァーできるようになるため，融資のたびに契約を締結する必要がなくなり，コストの面で融資をする側にも受ける側にも便利な制度です。

4　保証契約の効力と連帯保証

保証人は2つの抗弁権を有しています。まず，債権者が主たる債務者に履行を請求することなく保証人に履行を請求してきたという場合，保証人は主たる債務者に先に請求せよということができます（催告の抗弁権—民452条）。次に，債権者が主たる債務者に履行を請求した場合でも，主たる債務者が弁済をするのに十分な財産を有し，執行も容易であることを証明して主たる債務者の財産に執行せよと求めることもできます（検索の抗弁権—民453条）。しかし，連帯保証人はこれらの抗弁権を有していません（民454条）。それは，連帯保証の場合，保証人は債務者と同じ立場で債務を負担すると約束したことになるからです。

保証人が債務者に代わって弁済をした場合，主たる債務者にそのために支払った金銭を要求することができます。そのための権利を求償権といいます。保証人が弁済をしたとしても，その負担は最終的に主たる債務者が担うべきであるからです。

5　分別の利益

一つの債権につき保証人が複数人存在するという共同保証の場合，各保証人は保証人の頭数で債務を割った額についてのみ責任を負います。たとえば，500万円の債務につき保証人が2名いる場合，それぞれ250万円分の債務を保証すればよいことになります（分別の利益—民456条）。しかし，連帯保証人に分別の利益は認められません。連帯保証人は，主たる債務者と同じ立場で債務を負担する以上，各人が債務全額に責任を負うためです。

112 Folder Ⅳ 金融と法

6 保証のヴァリエーション―身元保証と法人保証

　企業に就職した者が，身元保証人を要求されることがあります。**身元保証**は，被用者が万が一使用者に損害を与えた場合，身元保証人にその損害を負担してもらうための保証です。身元保証人の負担が過大にならないように，身元保証法によって身元保証人の責任が制限されています。また，銀行や保証会社が債務者から保証料をもらい，これと引き換えに債権者と保証契約を締結する例もあります（**法人保証**）。このように保証が一種の経済活動として行われることがあります。

ステップアップ

　法人保証について更に詳しく学びたい場合は，椿寿夫ほか編『法人保証・法人根保証の法理――その理論と実務』（商事法務，2010年）が有益です。

〔萩原　基裕〕

| File 8 | 信　託　法 |

スタート

　ここでは，大陸法系に属するわが国において信託という英米法系の基本的な法的仕組みを導入した意義や歴史を学ぶとともに，その射程が，投資手段を念頭においた現在の実務状況よりもいっそう広く，いわゆる民事信託にも及ぶものであることを確認しましょう。

〈キーワード〉
□ 委託者　　□ 受託者　　□ 受益者　　□ 信託財産　　□ 倒産隔離機能
□ 民事信託　　□ 商事信託　　□ 信託業法

サポート

1 信託の意義と信託法の歴史

　「信託法」と聞いて，人は何を想像するのでしょうか。世に信託銀行なるものがあることくらいは知っているかもしれません。確かに，この信託銀行が扱う金

融商品の中には，投資信託のように，信託法が規律の基礎となっているものもあります。そうすると，信託銀行と関わりのない人にとって，信託法は無縁の存在なのでしょうか。

信託とは，一般に，特定の者（受託者）が「一定の目的」に従い財産の管理・処分等をすることをいうなどと定義づけられます。しかし，この定義のみでは，運用の実態を明確にイメージすることができません。しかも，信託法にいう信託は，この定義よりも狭く，上記「一定の目的」から，専ら受託者自身の利益を図る目的が除かれます（いわゆる自益信託の禁止）。したがって，信託は，成年後見や相続財産管理，遺言執行，破産管財などと同様に，他者のための財産管理制度の1つとして位置づけられるものです（いわゆる管理信託）。

わが国における信託法の成立自体は古く，1922年にまで遡ります。信託制度自体は中世のイギリスで誕生したユース（use）に由来するものとされますので，判例法主義を特徴とする英米法系の法制度ですが，これを，いわゆる大陸法系に属するわが国に導入したことから，「水に浮かぶ油のような存在」とも言われ，他の法制度との整合性を確保しつつその法理を受容するにあたり，もともと困難な面がありました。英米法系の国々では，家族間の財産承継の手段としても活用されている信託（トラスト）が，わが国では，投資信託にみられるように，主に資産投資の手段として認識されているのも，かかる導入の経緯に由来するものといえます。

2　信託の法律関係

しかし，信託の仕組みそのものは，単なる投資手段を超えたより一般的な射程をもつものです。

すなわち，信託の法律関係は，**委託者・受託者・受益者**の三者によって構成され，一般には，**委託者**によって拠出された財産を，**受託者が受益者のために**管理・処分するといった極めてシンプルな構造をもちます。しかも，信託は，信託契約によるものだけでなく，遺言や公正証書によっても行うことができます（信託3条）。

また，信託によって受託者名義に移転された**信託財産**は，受託者が有する他の財産（受託者の固有財産や他の信託財産）との間で分別管理されますので，あたかも独立した財産として扱われます。すなわち，**受託者個人に対する債権者**といえども，信託財産に対して強制執行をすることができませんし（信託23条），受託

者につき各種倒産手続（破産・民事再生・会社更生等）が開始した場合も，その影響を免れます（信託25条，信託の倒産隔離機能）。

こうした信託の効果は，他方で，会社その他の法人の設立をめぐる法律関係（法人もまた，法人の構成員個人の固有財産とは別個独立の財産を創出する法的仕組みです。）にも似て，とりわけ信託の関係当事者に対して債権を有する債権者に重大な影響を及ぼすこととなります。現行の信託法が，受益者集会制度（信託106条以下）や受益証券発行信託（信託185条以下），限定責任信託（信託216条以下）等，会社法によく似た組織的規律を整備しているのも，こうした観点から正当化できます。

そのため，信託は，一見すると，民法中の契約の一種であり，事務処理の委託を内容とする委任契約（第三者のためにする委任契約〔民643条以下〕）と類似し，信託における受託者と委任における受任者の義務内容等に関して両者を平準化する解釈を目指す傾向がありますが，その内実は相当に異なるものといえます。

3 現行信託法と民事信託

かかる信託の仕組みをうまく活用するならば，遺言制度や成年後見制度などにつき，従来の法定の枠組みでは賄いきれない財産管理のニーズを個別の信託によって実現させることが可能となります（いわゆる民事信託の活用）。

そこで，かかる民事信託を含めた信託の多様な利用形態をも視野に入れ，かつ，商事信託を中心に形成されてきた信託実務のニーズを取り込むこと等を目的として，信託法は，信託業法とともに2006年に全面改正され現代化されました。旧信託法では，悪質な信託業者の取締りに力点があったために，受託者の義務につき強行規定が多くみられましたが，新信託法では，今日の健全な信託業の実状に合わせて強行規定が緩和されました。また，最終的な利益帰属者である受益者が権利行使をする場合に，その実効性・機動性を一層強化するなどの改正を行いました。

現在，こうした法整備にもかかわらず，信託業法による規制がなおも障壁となり（民事信託を事業として行うには，一定規模の株式会社であることが必要となります〔信託業5条2項〕。），民事信託の普及に向けた取組みは，いまだに十分とはいえません。もっとも，実務の実践や理論的研究は徐々に深められつつあり，信託の利用実態が少しずつ英米法系のそれに近づいているといえるでしょう。

ステップアップ

　2006年の信託法の全面改正を機に，信託法に関する数多くの解説書が刊行されていますが，ここでは，研究者の書かれた比較的平易な入門書として，道垣内弘人『信託法入門』（日本経済新聞出版社，2007年），樋口範雄『入門信託と信託法〔第2版〕』（弘文堂，2014年）を挙げるにとどめます。また，民事信託についても，新井誠・大垣尚司編著『民事信託の理論と実務』（日本加除出版，2016年）等，最近では多くの書籍が刊行されています。

〔清水　恵介〕

Folder V　会 社 と 法

File 1　法人の種類

> **スタート**
>
> 法人は，公法人か私法人か，社団法人か財団法人か，営利法人か非営利法人か，等に分かれます。ここでは，法人の類型について学びましょう。

〈キーワード〉
□ 権利能力　□ 法人法定主義　□ 社団法人　□ 財団法人　□ 公益法人　□ 営利社団法人　□ 合名会社　□ 合資会社　□ 合同会社　□ 株式会社　□ 持分会社

サポート

1　法人とは

　法人は公法人と私法人とに大別され，公法人には国家，地方公共団体，政府関係法人（独立行政法人・特殊法人等）があります。ここでは私法人のみを対象とします。権利義務の帰属点となる**権利能力**を有するのは自然人と法人だけです。法人は，①権利義務の帰属主体ですから，②法人の名で財産を保有する，③原告にも被告にもなることができる，④法人税法の適用がある，⑤契約の窓口を一本化できる，⑥自然死がなく永続性がある，⑦民法その他の法律によらなければ設立することができない（**法人法定主義**〔民33条〕），という特徴があります。したがって，法人は，自然人と異なり，法技術的性格が強く，いかなる形式と範囲において権利能力を認めるのかは，立法政策の問題です。

2　法人の種類

⑴　社団法人と財団法人

　人の集団体である社団法人は，出資者である社員で構成され，社員総会が最高意思決定機関です。ちなみに，同じく人の集合体である民法上の組合（民667条-688条）は，組合員同士が契約で直接結び付いており，法人格を取得できないのに対し，社団は社員が社団を通じて間接的に結び付いており，法人格も取得できる点で異なっています。

　これに対して，物の集合体である財団法人は，寄付者によって設立され，社員は存在せず，評議員で構成される評議員会が最高意思決定機関です。

　一般社団法人も一般財団法人も，理事会が業務決定を，理事長が業務執行を，監事（場合によっては，会計監査人も）が監査を行ないます。

⑵　営利法人と非営利法人

　営利法人は，利益および残余財産を構成員である社員に分配することを目的とし，それを目的としないのが非営利法人です。財団法人には社員が理論上存在しないので，営利財団法人は日本法上，認められないことになります。営利法人には，会社法上の会社，投資法人（SPC等）等があります。

　非営利法人には，一般法人（一般社団法人・一般財団法人），相互会社（保険業法に基づいて設立され，保険契約者が社員である一部の生命保険会社），特別民間法人（農林中央金庫・日本商工会議所・自動車安全運転センター），特別法人（日本証券業協会・協同組合・信用金庫）等があります。

　一般法人の中でも「公益社団法人及び公益財団法人の認定等に関する法律」に従って，特に公益性の認定を受けたものが公益法人であり，民間有識者で構成される公益認定等委員会によって公益性の認定および監督にかかる審議が行われます。公益法人には，学校法人（私立大学等）・宗教法人・医療法人（病院等）・社会福祉法人（児童・障害者・高齢者福祉施設・更生保護施設等）・更生保護事業法上の更生保護法人・特定非営利活動法人（NPO法人）等があります。

⑶　会　社

　会社法上の会社は，営利社団法人です。日本の会社法上の会社には，合名会社，合資会社，合同会社，株式会社があり（会社2条1号），株式会社以外の会社を総称して持分会社といいます（会社575条1項）。

　持分会社は，①社員に均一でない持分が発行され，②原則として各社員に業務

執行権限が（会社590条1項），③業務執行社員には代表権があり（会社599条），そして，④非業務執行社員にも業務財産調査権があります（会社592条）。さらに，⑤社員の加入には定款変更が必要であり（会社604条2項），⑥退社の制度があり（会社606条・607条・609条），⑦持分の払戻しが認められ（会社611条・624条），⑧持分の譲渡には原則として他の社員全員の承諾が必要であり（会社585条），また，⑨定款変更には総社員の同意が必要です（会社637条）。

　合名会社は，会社債権者に対して直接無限連帯責任を負う無限責任社員（会社580条1項）だけで構成される会社であり，出資は金銭・現物だけでなく，信用・労務も認められ（会社576条1項6号），会社設立時に出資の履行を完了する必要がありません。

　合資会社は，直接無限連帯責任を負う無限責任社員と出資の価額を限度として責任を負うにすぎない有限責任社員（会社576条3項，580条2項）で構成される会社です。合資会社にも無限責任社員がいますから，社員は設立時に出資の履行を完了する必要はなく，会社が債務を完済できない場合，有限責任社員も会社債権者に対して出資未履行部分につき直接有限責任を負います。有限責任社員の出資は金銭・現物に限られます（会社576条1項6号括弧書）。合資会社には少なくとも2人の社員が必要であり，社員が1人になれば，解散するか（会社641条4号），合名会社または合同会社への組織変更が必要です（会社638条2項）。

　合同会社は，間接有限責任社員だけで構成される会社であり（会社576条4項），会社債権者にとって会社財産だけが担保となっていることから，株式会社に準じて「合同会社の計算等に関する特則」が設けられています（会社625条-636条）。出資は金銭・現物に限られ，原則として，全額払込み・全部給付主義がとられています（会社578条）。合同会社は，①設立時に公証人の定款認証が不要で，②登録免許税も株式会社の場合より少額で足り，③役員の任期の定めがないため，役員改選にかかる変更登記が省け，④大会社の場合でも会計監査人の設置義務がなく，⑤現物出資における検査役の調査が不要であり，⑥決算の公告も不要である，等の利点があります。

　株式会社は，出資者である株主で構成され，均一に細分化された株式が発行される会社であり，株主は間接有限責任しか負いません（会社104条）。出資の目的は金銭・現物（現物出資は発起人のみ）に限られ，出資の履行にも全額払込み・全部給付主義がとられ（会社34条1項・63条1項），出資の払戻しも原則として禁止され，剰余金の配当等についても財源規制を受けます（会社461条）。なお，株

120 Folder V 会社と法

式を金融商品取引所に上場すれば，市場からも資金調達ができ，株式会社は事業の成長とともにその規模を拡大していくのに最適です。

◢ ステップアップ

さらに学習を深めたい場合，楠元純一郎著『サマリー会社法』（中央経済社，2016年）を参照してください。

〔楠元 純一郎〕

File 2	株式会社の設立

スタート
ここでは，株式会社の設立手続，発起人の権限，定款の記載事項について学びましょう。

〈キーワード〉
□ 発起人　　□ 設立登記　　□ 定款　　□ 開業準備行為　　□ 絶対的記載事項
□ 相対的記載事項　　□ 変態設立事項　　□ 任意的記載事項

サポート

1 株式会社の設立手続

株式会社の設立は発起人が請け負います。株式会社の設立過程における「設立中の会社」（権利能力なき社団）において，発起人により，①定款の作成および公証人の認証，②株式発行事項の決定，③株式の引受けの確定，④株式引受人による出資の履行と会社財産の形成，⑤設立時役員等の機関の具備，⑥創立総会の開催（募集設立の場合）等の実体形成がなされた後に，設立登記（会社49条，911条）をすれば，法人格が取得されます。

2 発起人の権限

発起人の権限は，①株式会社の設立それ自体の行為（定款の作成，株式の引受け・払込み，募集設立における株主の募集・確定，設立時役員の選任，募集設立の場合

の創立総会の招集等）だけでなく，②株式会社の設立にとって必要な行為（設立事務所の賃借・購入，設立事務員の雇用，株主募集のための広告の委託等）にも及びますが，③開業準備行為（工場や営業所の土地・建物の賃借・購入，従業員の雇用，事業資金の借入れ，財産引受け等）については争いがあり，また，④事業行為には及ばないと解されています。

開業準備行為について，通説はそれを原則として発起人の権限外としながらも，財産引受けに限っては，法が厳格な要件のもとで例外的に許容したものと解しています。それに対して，発起人の権限に開業準備行為も含めたうえで，財産引受けについては，法が特に厳格な規制を課したにすぎないと解する有力説もあります。

3 定 款

定款は会社の根本規則であり，絶対的記載事項，相対的記載事項，任意的記載事項があります。

絶対的記載事項は，その記載を欠くと，定款それ自体の効力が認められないというもので，①目的（事業内容），②商号（会社の名称），③本店の所在地，④設立に際して出資される財産の価額またはその最低額，⑤発起人の氏名または名称および住所（会社27条各号），⑥発行可能株式総数（会社37条1項）があります。設立時はこの発行可能株式総数の4分の1以上は発行しなければなりません（会社37条3項）。

相対的記載事項は，定款に記載しなくても定款の効力自体には影響を与えませんが，その記載がなければ，その記載すべき事項の効力が認められないというものです（会社29条）。これには，①現物出資，②財産引受け，③発起人の報酬・特別利益，④株式会社の負担する設立費用といった**変態設立事項**（会社28条各号）もあり，発起人の権限濫用（目的財産の過大評価・お手盛り・浪費等の危険）により，会社の財産的基礎が害されるおそれがあるため，法の厳格な規制が課されています。すなわち，定款に記載されなければ，その記載すべき事項の効力が認められないことのほか，原則として，裁判所の選任する検査役の調査を受け，場合によっては，原始定款を変更しなければなりません（会社33条，96条）。

任意的記載事項は，取締役の員数，株主総会の議長など，記載がなくてもその効力が否定されるわけではないものの，いったん記載すれば，その変更には定款変更の手続（会社466条）が必要となるというものです。

122　Folder V　会社と法

▶ ステップアップ

　さらに学習を深めたい場合，楠元純一郎著『サマリー会社法』（中央経済社，2016年）を参照してください。

〔楠元　純一郎〕

File 3　株式会社の機関設計

スタート

　会社は誰が管理・監視・監督するのでしょうか。また，それを効率的かつ実効的に行なうにはどのようなシステムが必要でしょうか。

〈キーワード〉

☐ コンプライアンス　　☐ コーポレート・ガバナンス　　☐ 監査役会設置会社
☐ 指名委員会等設置会社　　☐ 指名委員会等　　☐ 監査等委員会設置会社

サポート

1　株式会社の機関

　株式会社の機関は，株式会社の意思決定（基本的事項の決定・職務上の決定・業務決定等）または対内的・対外的業務執行を行ないます。

　その機関には，株主総会（株式会社の基本的事項の意思決定機関），取締役会不設置会社の取締役（業務執行・代表機関），取締役会（取締役会設置会社の業務決定・取締役の職務執行の監督・代表取締役の選定・解職に関する決定機関），代表取締役（取締役会設置会社の代表・業務執行・日常業務に関する意思決定機関），業務執行取締役（取締役会決議で選定された業務執行機関），会計参与（取締役または執行役と共同で計算書類等を作成する機関），監査役（取締役および会計参与の職務執行の監査機関），監査役会（監査の方針・方法を決定し，監査報告を作成する機関），会計監査人（外部の会計監査機関），監査等委員会（監査等委員会設置会社の場合），指名委員会等（指名委員会・監査委員会・報酬委員会）および（代表）執行役（指名委員会等設置会社の場合），（総会）検査役（設立手続，募集新株発行にかかる現物出資，株式会社の業務・財産，株主総会の招集手続・決議の方法に関する臨時の調査機関）

があります。

株式会社には，株式の公開性および株式会社の規模等に応じて経営を効率的かつ実効的に監視・監督し，コンプライアンス（法令遵守）を徹底させる仕組みが重要であり，これをコーポレート・ガバナンスといいます。

2 株式会社の機関設計

株式会社の機関設計の方法には，①定款による任意設置，②法律による強制設置，③法律による設置禁止があります。株式会社の機関設計は，少なくとも取締役と株主総会が必要で（会社326条1項，295条），その他の機関との組み合わせにより多種多様ですが，講学上，公開会社（全部または一部の株式に譲渡制限のない会社）か非公開会社（全部株式譲渡制限会社）か，または，大会社（資本金の額が5億円以上または負債の額が200億円以上の会社）か非大会社かにより，四つに分かれます。

非公開非大会社では，取締役会は強制設置されず（会社327条1項1号），取締役会が任意設置されたとしても，会計参与が任意設置されるならば，監査役は強制設置されません（会社327条2項ただし書）。

非公開大会社では，取締役会は強制設置されませんが（会社327条1項1号），会計監査人が強制設置されます（会社328条2項）。また，監査等委員会設置会社および指名委員会等設置会社を除き，監査役が強制設置されますが（会社327条3項），会計参与が任意設置されるならば，監査役は強制設置されません（会社327条2項ただし書）。しかし，監査等委員会設置会社または指名委員会等設置会社が任意設置されれば，取締役会が強制設置され（会社327条1項3号・4号），監査役の設置が禁止されます（会社327条4項）。

公開非大会社では，取締役会（会社327条1項1号）および監査役（会社327条2項）が強制設置されますが，監査役会は強制設置されず（会社328条1項），また，監査等委員会設置会社または指名委員会等設置会社が任意設置されない限り，会計監査人は強制設置されません（会社327条5項，328条1項）。

公開大会社では，取締役会（会社327条1項1号），監査役および監査役会（監査等委員会設置会社および指名委員会等設置会社を除く。会社327条2項本文，328条1項），会計監査人（会社328条1）が強制設置されるため，結局，監査役会設置会社か，監査等委員会設置会社か，指名委員会等設置会社のいずれかの設計を選択しなければならず，これらは制度間競争に委ねられています。

124　Folder V　会社と法

　監査役会設置会社では，取締役会が業務決定と取締役の監督を，代表取締役が業務執行を行ない，監査役会（常勤監査役を含む監査役3名以上で構成され，その半数以上が社外監査役［会社335条3項・390条3項］）が監査の方針・方法を決定し（会社390条2項），監査役と会計監査人が監査を行ないます。監査役は，株式会社・子会社の取締役・支配人その他の使用人を，また，子会社の会計参与・執行役を兼任できません（会社335条2項）。なお，代表取締役社長が役員の候補者を指名でき，執行と監督が一致しているのが特徴です。

　監査等委員会設置会社では，取締役会が業務決定を，代表取締役が業務執行を行ない，取締役である監査等委員（その過半数は社外取締役［会社331条6項］）および監査等委員会と会計監査人が監査を行ない，役員の人事権と個別の報酬決定権については，代表取締役社長が事実上掌握できます。監査等委員である取締役は，代表取締役になることはできず（会社399条の13第3項），株式会社・子会社の業務執行取締役・支配人その他の使用人・当該子会社の会計参与・執行役を兼任できません（会社331条3項）。監査等委員である取締役は，株主総会の決議で，それ以外の取締役と区別し，「監査等委員である取締役」として選任されます（会社329条2項）。なお，監査等委員の過半数に加え，取締役の過半数も社外取締役である場合，取締役会の決議により，業務決定権限を代表取締役に大幅に委任できます（会社399条の13第5項）。

　指名委員会等設置会社では，代表取締役および監査役が置かれず，執行と監督の分離が図られ，取締役会が業務決定を，（代表）執行役が業務執行を，監査委員会と会計監査人が監査を行ないます。また，取締役の委員（3人以上で，その過半数は社外取締役［会社400条1項・3項］）で構成される指名委員会等（指名委員会・監査委員会・報酬委員会）が，役員の人事権，監査権，個別の報酬決定権を有しています（会社404条1項—3項）。なお，取締役会の決議により，業務決定権限を執行役に大幅に委任できます（会社416条4項）。

　◤ ステップアップ

　さらに学習を深めたい場合，楠元純一郎著『サマリー会社法』（中央経済社，2016年）を参照してください。

〔楠元　純一郎〕

File 4	企 業 会 計

```
スタート
```
　会社は営利を目的として事業を行っていますから，その事業活動の結果を客観的に数値で把握する必要があります。また，会社は株主や債権者から調達した資金を活用して事業を行っていますから，事業活動の結果を公表する必要もあります。ここでは，そのための制度基盤である企業会計を学びましょう。

〈キーワード〉
□ ディスクロージャー制度　□ 有価証券報告書　□ 財務諸表　□ 企業会計原則
□ 貸借対照表　□ 損益計算書　□ 複式簿記　□ 計算書類

```
サポート
```

1　企業会計とは

　企業をめぐる会計制度には，3つの制度があります。金融商品取引法が適用される上場会社等の会計を規制する企業会計，会社の計算を規制する会社法会計，そして法人税を適正に計算し納付するための税務会計です。これら3つの会計制度は密接に関係するものの，それぞれ目的が異なり，制度間に相違がありますから，トライアングル体制と呼ばれてきました。

　金融商品取引法は，投資者保護を目的とし（金商1条），投資者に対して投資判断情報を提供させるために，企業内容等の開示制度（ディスクロージャー制度）を設けています（金商2条の2以下）。上場会社は，決算期ごとに有価証券報告書を，四半期ごとに四半期報告書を内閣総理大臣（実際は金融庁長官。金商194条の7）に提出しなければなりません（金商24条・24条の4の7）。

　貸借対照表，損益計算書，同附属明細書をはじめとする**財務諸表**は，有価証券報告書の中でも，会計情報として中核的な情報です。企業会計は，財務諸表を適正に作成するための制度基盤です。そして，企業会計の基準となるのが，企業会計審議会が定めた「**企業会計原則**」などの会計基準です。なお，2001年以降，会計基準の開発は，企業会計基準委員会（ASBJ）が担っています。財務諸表の用語，

126　Folder Ⅴ　会社と法

様式，作成方法は「財務諸表等の用語，様式及び作成方法に関する規則」（財務諸表規則）によります（金商193条）。そして，財務諸表は，公認会計士または監査法人の監査証明を受けることによって，その適正さが担保されているのです（金商193条の２）。

　近年は，会計基準も国際的に統一される傾向にあります。企業会計審議会が2009年に IFRS（国際財務報告基準・国際会計基準）に対する意見表明をして以降，わが国の会計基準も影響を受けています。

2　貸借対照表・損益計算書と複式簿記の仕組み

　財務諸表の中でも貸借対照表と損益計算書の２つは，中心的な位置を占める重要な資料です。貸借対照表は，企業の財政状態を示す資料で，左側に資産を，右側に負債と純資産を表示します。純資産は，資産と負債の差額にあたり，資本金などの株主による拠出資本や留保利益などから構成されます。なお，資産の合計（左側）と，負債と純資産の合計（右側）は同額で，左右が均衡しています。損益計算書は，企業の経営成績を示すもので，収益から費用を順次差し引いていき，最終的に利益（損失）を表示しています。

　貸借対照表と損益計算書を作成するために，複式簿記が用いられます。複式簿記の仕組みは，貸借対照表を構成する資産，負債，純資産の増減と残高，損益計算書を構成する費用と収益の増減について，左右の欄に分けて，かつ取引ごとに

【図表１】　貸借対照表と損益計算書の構造

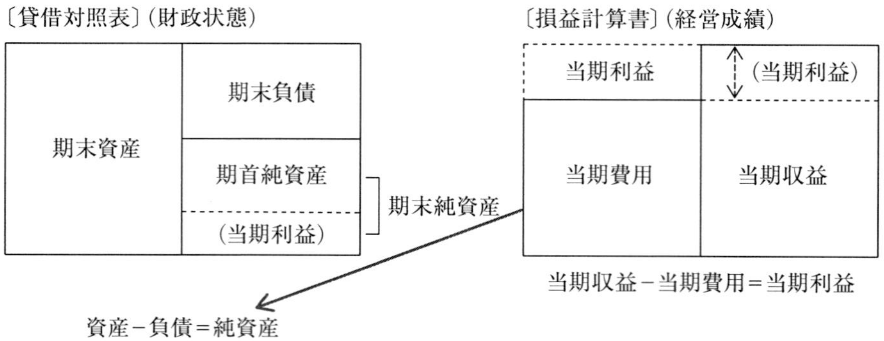

〔貸借対照表〕（財政状態）　　　　　　　　　〔損益計算書〕（経営成績）

当期収益－当期費用＝当期利益

資産－負債＝純資産

＊　（当期利益）の部分を接合して損益計算書を貸借対照表の下にもってくると，左右がバランスした（同金額 の）一つの表になる。

左右の欄の合計が必ず同額になるように記録するというものです。例えば，銀行から1,000を借り入れて口座に入金されると「預金　1,000／借入金　1,000」と記録します。預金（資産）の増加と，借入金（負債）の増加が同時に記録されます。取引ごとに記録を続け，期末に各勘定の残高を締め切って整理し，決算の作業を行って**貸借対照表**と**損益計算書**を作成します。

【図表2】　複式簿記の記帳の原則

	借方（左側）	貸方（右側）
資産	増加	減少
負債	減少	増加
純資産	減少	増加
収益	消滅	発生
費用	発生	消滅

3　会社法会計

　会社法会計についても，触れておきます。なお，会社法431条は，会社法会計の原則について，「株式会社の会計は，一般に公正妥当と認められる企業会計の慣行に従うものとする。」と定めて，企業会計との調整を図っています。

　会社法会計の目的は，①株主・会社債権者に対する情報提供，②剰余金の配当規制の2つです。情報提供については，株主有限責任制度の下で，会社債権者にとって会社の財政状態を把握する必要があることと，株主にとっても，役員の選・解任権や監督是正権を適正に行使するための判断材料を得る必要があります。配当規制を設けたのは，株式会社において当事者間の利害が最も対立するのは配当に関してだからです。

　会社法会計では，貸借対照表，損益計算書などを総称して**計算書類**と呼びます（会社435条2項）。計算書類は，定時株主総会の招集の通知に際して株主に提供され（会社437条），取締役によって定時株主総会に提供されるとともに説明され，承認を受けます（会社438条）。そして，公告される（会社440条）とともに，本店に備置されて株主・債権者の閲覧に供されます（会社442条）。

　剰余金の配当規制については，分配可能額を超えて配当することはできません（会社461条）が，事業年度中何度でも，株主総会の決議によって配当をすること

ができます（会社454条）。ただし，純資産額が３百万円を下回る場合，剰余金の配当はできません（会社458条）。

◢ ステップアップ

　企業会計のコンパクトな入門書として，斎藤静樹『企業会計入門』（有斐閣，2014年）があります。

〔神吉　正三〕

File 5　　　　　　　資　金　調　達

スタート

　会社が事業を行う際には，必ず資金を必要とします。商品の仕入れ代金や，製品を製造する際の材料の仕入れ代金は，製品・商品を販売して会社に現金が入ってくるよりも前に支払う必要があります。工場や店舗，営業所を新設したり，新製品を開発する，といった場合も同様に，資金を必要とします。そこで，ここでは，会社の資金調達の方法を学びましょう。

〈キーワード〉
- □ 利益の内部留保　　□ 減価償却費　　□ 新株の発行　　□ 社債の発行
- □ 企業間信用　　□ 株主割当て　　□ 公募　　□ 第三者割当て

サポート

1　資金調達の手段（方法）

　会社が資金を調達する手段（方法）には，内部資金（自己資金）と外部資金の２つがあります。これは，家計の場合と同じです。

⑴　内部資金

　内部資金は，会社内部の資金を用いる方法です。まず，会社が事業活動によって得た利益を社員に分配しないで会社に留保した利益の内部留保があります。また，会社が保有する各種の資産について，経年劣化する部分を毎期費用として計上することにより，資産の価値を減じるための評価上の費用である**減価償却費**が

あります。**減価償却費**は，現金が社外に流出することがありませんので，資金として活用することができるのです。

(2) **外部資金**

外部資金は，会社の外部から資金を調達する方法です。これには，①**新株の発行**，②**社債の発行**，③**借入れ**，④**企業間信用**の４つがあります。多くの会社では，このうち，銀行借入れによって資金を調達します。社員（株主）や取引先から借入れを行うこともあります。借入れは，民法587条以下が規定する消費貸借契約です。１年以内に完済される短期借入金（流動負債となる）と借入期間が１年以上となる長期借入金（固定負債となる）とがあります。つぎに，企業間信用は，支払の繰延べを意味します。「買掛け」が代表的で，仕入先に一定期間，支払を待ってもらう方法です。約束手形を振り出すことも同様です。

新株の発行と社債の発行は，上場会社が活発に利用する方法です。ともに市場（一般大衆）から多額の資金を調達することを可能とする方法で，調達した資金は，多くの場合，設備資金に充てられます。なお，上場会社でなくても，新たに株式を発行したり，社員から追加出資を募ることができます。

2　新株の発行

会社法では，新株の発行と自己株式の処分とを併せて「募集株式の発行等」として199条以下で規定しています。会社法199条以下の手続で行われる**新株の発行**には，①既存の株主に株式を割り当てる**株主割当て**，②広く一般大衆から出資を募る**公募**，③特定の第三者に株式を割り当てる**第三者割当て**の３つがあります。そのほかに，新株予約権の行使によっても新株が発行されます（会社280条以下）。払い込まれた額は，原則として全額が資本金に計上され，株主への配当等における分配可能額を算出する際の基礎となります（会社461条）。なお，払込みの額の２分の１を超えない額は，資本準備金に計上することもできます（会社445条２項・３項）。

新株の発行に際しては，①募集株式の数，②払込金額，③現物出資の場合は，その旨と当該財産の内容・価額，④金銭の払込期日または給付の期日，⑤増加する資本金または資本準備金に関する事項を募集事項として定めなければなりません（会社199条１項）。募集事項の決定は，株主総会の特別決議で行いますが，取締役会設置会社の場合は，取締役会の決議で行えます（会社200条１項）。これは，資金調達の機動性を確保するためです。なお，非公開会社の場合，通常は，議決

権保有比率に変動が生じない株主割当てによって行います。この場合，会社法202条1項各号の事項も，募集事項として定めます。また，会社が発行する予定の株式総数（発行可能株式総数）を定款で定めておき，設立時にその4分の1は株式を発行しなければならず，その授権の範囲で機動的に株式を発行できる仕組み（授権資本制度）がとられています（会社37条）。そして，公開会社が定款を変更して発行可能株式総数を増加する場合，発行済株式総数の4倍を超えることはできません（会社113条3項）。

公開会社の場合，募集事項と割当先の決定を取締役会の決議で行えますが，支配株主が変動するような募集株式の発行が行われることを規制するため，当該引受人が株主となった場合に有する議決権の数が総株主の議決権の2分の1を超えるときには，会社は払込期日の2週間前までに，一定の事項を株主に通知するか，公告しなければなりません（会社206条の2第1項・2項）。

3　社債の発行

社債は「この法律により会社が行う割当てにより発生する当該会社を債務者とする金銭債権であって，第676条各号に掲げる事項についての定めに従い償還されるものをいう。」と定義されています（会社2条23号）。その性質は，借入れです。ただし，大衆から小口の資金を大量に調達することが可能であることと，有価証券である社債券が発行される点に特徴があります。社債は，すべての種類の会社が発行することができます（会社676条参照）。

社債を発行するには，会社法676条各号が規定する事項を定めて行います。社債権者は多数にのぼるのが通常です。そこで，小口の社債権者を保護するため，社債権者のための弁済の受領，債権の保全など，社債の管理を行うために，通常，社債管理者が設置されます（会社702条）。また，社債権者としての統一的な意思決定を行うために，社債権者集会の制度が設けられています（会社715条以下）。

4　資金調達手段の比較検討

どの方法によって資金を調達するかは，それぞれのコストを比較検討することなどによって決定されます。市場から資金を調達すると会社の知名度が向上しますが，金融商品取引法の適用対象となる場合は，有価証券届出書・有価証券報告書などの作成コストもかかります。また，企業間信用は簡便な方法ですが，現金による支払に比べると，仕入れコストが割高になります。

File 6 組織再編 131

▸ **ステップアップ**

　新株の発行や社債の発行について会社法の理解を深めたい場合は，神田秀樹『会社法〔第20版〕』（弘文堂，2018年）があります。また，資金調達全般については，大垣尚司『金融と法　企業ファイナンス入門』（有斐閣，2010年）があります。

〔神吉　正三〕

File 6　組織再編

スタート

　会社は，他社に事業を売却したり，一部門を分離独立させることがあります。反対に，同業他社などと合併して規模を大きくすることもあります。また，持株会社をつくって，その傘下にいろいろな事業を営む子会社をつくる場合もあります。ここでは，このような組織再編について学びましょう。

〈キーワード〉
☐ M&A　　☐ 事業譲渡　　☐ 吸収合併　　☐ 新設合併　　☐ 吸収分割
☐ 新設分割　　☐ 持株会社　　☐ 株式交換　　☐ 株式移転

サポート

1　組織再編とは

　会社は収益向上に向けた努力を重ねています。その一つが経営資源の有効活用です。ある会社にとっては不採算事業であっても，他社にとっては魅力に富む事業分野であることもあります。事業部門ごとの採算を明確にしたいと思う会社や，市場シェアの拡大を狙って規模を拡大したいと思う会社もあります。また，グループ全体を統括・管理する持株会社の下で多数の事業分野を別個の会社に担当させ，グループ経営を指向する場合もあります。

　組織再編は会社法に定義規定のない概念ですが，ここでは，合併，会社分割，株式交換・株式移転の他に，事業譲渡も含めて説明します。なお，子会社株式（持分）の譲渡も事業譲渡の一つです（会社467条1項2号の2）。ただし，当事者すべてが株式会社である場合を前提として説明します。また，M&Aとは，「合併

と買収」を意味します。その方法は，組織再編を実現する方法と多くは共通しますが，株式の大量取得による方法が用いられる場合もあります。

2　事業譲渡

　事業譲渡は，会社の特定の事業を移転するための方法で，特定の事業部門を切り離したり，純粋に現金収入を得るなどの目的で行われます。会社の事業の全部または重要な一部を譲渡する場合は，会社法の規制を受ける事業譲渡となります。行為の性質は売買です。

　事業とは，単に個々の会社財産を指すのではなく，得意先関係やノウハウ等をも含んだ資産・負債・権利義務を一体としたものです。事業譲渡の手続は，会社法467条以下に定められており，事業譲渡には原則として株主総会の特別決議による承認を必要とします。取引行為として行われますから，権利・義務の移転手続は，個別に行う必要があります。また，移転の対象となる資産・負債，ノウハウなどの具体的内容は，もっぱら契約によって決まります。

3　合　併

　複数の会社が1つの会社になるための方法で，企業規模の拡大，衰退企業の救済などを目的として行われます。既存の会社の1つが他の会社を吸収する吸収合併と，既存の会社がすべて消滅して新しい会社を設立する新設合併の2つの方法がありますが，一般的には吸収合併が用いられます。

　消滅会社の株主には，存続会社または新設会社の株式などが交付されますが，吸収合併の場合には，現金を交付することも認められます（吸収分割，株式交換の場合も同様です）。現金の交付によって，少数株主の締出しが可能です。合併によって，存続会社または新設会社は，消滅会社の権利義務をすべて継承します。事業譲渡と異なり，個別の権利・義務の承継手続は不要です。合併のための手続は会社法748条以下の会社法第5編の中に定められており，合併契約を締結し，原則として株主総会の特別決議による承認を必要とします。反対株主や一定の新株予約権者には，公正な価格での買取請求権が認められます（新設分割・吸収分割，株式交換・株式移転の場合も同様です）。合併の効力は，吸収合併の場合には合併契約で定めた効力発生日に生じ，新設合併の場合には新設会社の成立の日に生じます。

4　会社分割

　1つの会社を2つ以上に分割するための方法で，多角経営の会社が各事業部門を独立させたり，他の会社と合弁会社をつくること，持株会社創設などを目的として行われます。会社分割には，会社（分割会社）がその事業に関して有する権利義務の全部または一部を既存の会社（承継会社）に承継させる吸収分割と，新たに設立する会社（新設会社）に承継させる新設分割とがあります。新設分割は一企業における事業再編のための方法ですが，吸収分割は複数の企業間での事業の譲渡あるいは合体のための方法として機能します。

　会社分割の手続は，会社法757条以下の会社法第5編の中に定められています。各当事会社では，吸収分割の場合は吸収分割契約を締結し，新設分割の場合は新設分割計画を作成し，原則として株主総会の特別決議による承認を必要とします。会社分割の効力は，吸収分割の場合は吸収分割契約で定めた効力発生日に生じ，新設分割の場合には新設会社の成立の日に生じます。

5　持株会社創設のための株式交換・株式移転

　持株会社は，他社の株式を保有することによって他社を支配することを目的とする会社です。持株会社は，「選択と集中」を目的とする企業間の事業統合を進めるための重要な方法の1つで，株式交換と株式移転は，主に持株会社を創設するための方法として機能します。

　株式交換は，完全子会社となる会社が既存の会社を完全親会社とするための方法で，完全子会社となる会社の株主には完全親会社の株式などの他，現金を交付することも認められます。手続は会社法767条以下の会社法第5編の中に定められており，当事会社では株式交換契約を締結し，原則として株主総会の特別決議による承認を必要とします。株式交換の効力は，株式交換契約で定めた日に生じます。

　株式移転は，完全子会社となる会社が新設会社を完全親会社とするための方法で，完全子会社の株主には新設会社の株式などが交付されます。手続は会社法772条以下の会社法第5編の中に定められており，完全子会社となる会社では，株式移転計画を作成し，原則として株主総会の特別決議による承認を必要とします。株式移転の効力は，新設会社の成立の日に生じます。

134 Folder V 会社と法

> **ステップアップ**

　組織再編は，独占禁止法上の規制を受ける場合がありますから，注意が必要です。また，税務・会計を含む会社法に関する詳細な体系書として，江頭憲治郎『株式会社法〔第7版〕』（有斐閣，2017年）があります。

〔神吉　正三〕

File 7 　解散・清算・倒産・事業再生

> **スタート**
>
> 　自然人とは異なり，法人に肉体的な寿命はありませんが，後継者不在や経営難等により，事業継続を断念せざるをえないことがあります。「会社の終わらせ方」に関する法的手続は，通常の清算手続と倒産処理手続（破産，特別清算）とに大別できます。さらに，経営難の場合，会社を「終わらせ」ずに「再建する」（再生させる）ための法的手続（会社更生，民事再生）も設けられています。

〈キーワード〉
☐ 解散　　☐ （通常）清算　　☐ 破産　　☐ 特別清算　　☐ 民事再生
☐ 会社更生

> **サポート**

1　通常の清算手続―解散・（通常）清算

　株式会社は，①定款で定めた存続期間の満了，②定款で定めた解散の事由の発生，③株主総会の特別決議，④合併（当該会社が消滅する場合），⑤破産手続開始の決定，⑥解散命令・解散判決によって，**解散**します（会社471条）。

　解散により，④⑤の場合を除いて，株式会社は清算手続に入ります（会社475条）。これを清算株式会社といい，清算の目的の範囲内において，清算が結了するまでは存続するものとみなされます（会社476条）。清算株式会社では，清算人が，現務の結了，債権の取立て・債務の弁済，および残余財産の分配を行います（会社481条）。清算（⑤の場合は破産）手続の終了によって，会社の法人格は消滅

File 7　解散・清算・倒産・事業再生　135

します（④の場合は，合併の効力発生日（新設合併の場合は新設会社成立日）に解散
しますが，清算手続を経ることなく，消滅します）。

2　倒産処理手続

(1)　倒産処理手続の種類

　倒産処理手続は，債務者の資産を処分・換価し，債権者に平等に分配すること
を目的とする「清算型」の手続と，債務者の事業を再建し，そこから生じる収益
を債権者への弁済の原資とする「再建型」の手続とに区分できます。また，手続
の態様に着目すると，手続開始によって，債務者が財産・事業の管理処分権・経
営権を喪失し，債務者に代わって管理等を行う第三者を選任する「管理型」の手
続と，手続開始後も，債務者が，原則として財産・事業の管理処分権・経営権を
保持する「DIP 型」の手続とに区分できます。

(2)　破　産

　破産手続は，清算型・管理型の手続で，法的倒産手続の中核をなしています。
破産手続は，原則として，申立てによって開始し（破18条等），裁判所は，破産
手続開始原因（債務者の支払不能（破15条），債務超過（破16条）など）があれば，
一定の破産障害事由がない限り，破産手続開始の決定をします（同30条）。手続
開始により，破産管財人が選任され（破31条・74条），管財人は，破産者のプラス
の財産（「破産財団」といいます）を管理・換価します（破78条以下）。また，それ
と同時に，借金や未払代金などのマイナスの財産（「破産債権」といいます）の届
出（破111条以下），調査・確定（破115条以下）も行われます。換価によって金銭
化された財産を確定された破産債権者に配当し（破193条以下），裁判所によって
破産手続終結の決定（破220条）がなされると，破産手続は終了します（なお，財
産不足で手続費用をまかなえない場合には，破産手続開始の決定と同時に破産手続は終
了します（破216条））。

(3)　特別清算

　特別清算は，清算株式会社を対象とする清算型・DIP 型の倒産処理手続です。
債権者・清算人等の申立て（債務超過の場合，申立ては清算人の義務）により（会
社511条），裁判所は，①清算の遂行に著しい支障を来すべき事情がある，②債務
超過の疑いがあると認める場合には，当該清算株式会社に対し特別清算の開始を
命じます（会社510条）。管財人が選任されることはありませんが，通常清算と異
なり，清算人の権限には制約があり，一定の行為をするには，裁判所の許可を得

なければなりません（会社535条など）。債権者に対する弁済は，破産手続の配当と異なり，債権者集会の決議・裁判所の認可を得た協定によって行われます（会社563条以下）。これが特別清算の最大の特徴と言われており，破産よりも柔軟な換価・分配を可能としています。他方，協定が成立する見込みがない場合等において，破産手続開始原因があるときは，裁判所は職権で破産開始手続の開始を決定します（会社574条）。

(4) 民事再生

民事再生は，再建型・DIP型の倒産処理手続であり，主として中小企業の再生のために利用されています。①債務者に破産手続開始原因事実の生ずるおそれがある場合，②債務者が事業の継続に著しい支障を来すことなく弁済期にある債務を弁済することができない場合，債務者・債権者は，裁判所に対し，再生手続開始の申立てができます（民再21条）。事業の再生が目的ですので，事業に必要な財産は換価せずに，継続使用します。また，破産手続とは異なり，手続開始後も，再生債務者は，業務遂行権・財産の管理処分権を失わず（民再38条），通常は監督委員による監督（民再54条）を受けるに留まります。再生債権者によって届け出られた再生債権は，調査・確定手続を経て（民再99条以下），再生計画案において権利変更（例：再生債権の6割を免除し，残額を10年間で弁済する）等が定められます（民再154条以下）。債権者集会において可決され，裁判所が認可すると，再生計画は効力を生じます（民再169条以下）。

(5) 会社更生

会社更生は，大規模株式会社のための厳格かつ強力な再建型・管理型の手続です。一定の要件を満たす債権者・株主（会更17条）の申立てにより，手続開始決定（会更41条）がなされると，更生管財人が選任され（会更42条），更生管財人は，財産の管理・処分のみならず，会社の経営権をも有します（会更72条）。民事再生と同じく，会社更生においても，更生債権の届出・調査・確定手続を経て（会更138条以下），更生計画の作成・決議・認可がなされます（会更167条以下）が，更生計画はその内容が詳細かつ強力（更生計画による組織再編等につき会社法は適用除外）であり，決議の方法も複雑であるほか，管財人自身が計画遂行の責任を負う（会更209条）という特徴があります。

ステップアップ

本文では，法的倒産処理手続の概要を述べましたが，実務では，裁判外の倒産処理手

続（私的整理，倒産 ADR）も重要な役割を果たしています。詳しくは，山本和彦『倒産処理法入門〔第 4 版〕』（有斐閣，2012年），田頭章一『倒産法入門〔第 2 版〕』（日本経済新聞社，2016年）などを参照して下さい。

〔梅村　悠〕

File 8	企業の社会的責任（CSR）

スタート

　近年，しばしば CSR（Corporate Social Responsibility：企業の社会的責任）という言葉を耳にします。実務上も，持続可能（sustainable）な経営に不可欠な経営課題として認識が高まり，CSR への取り組みが広がっています。

　CSR は自主的な取り組みですが，様々な場面で，法との関係が問題になります。ここでは，CSR と法（特に会社法）との接点について，見ていきましょう。

〈キーワード〉
- □ CSR（企業の社会的責任）　　□ 株主の利益最大化原則　　□ 善管注意義務
- □ 内部統制システム　　□ ソフトロー　　□ CSR（ESG）情報の開示制度

サポート

1　「株主の利益最大化」の原則と CSR

　株式会社では「株主の利益最大化」が会社を取り巻く関係者の利害調整の原則であり，取締役の善管注意義務（会社330条，民644条）は，株主の利益最大化を図る義務と解されています。

　CSR の定義は様々ですが，一般的に「株主に利益をもたらす経済的側面だけでなく，環境対策や法令遵守，人権擁護，労働環境，社会貢献，消費者保護といった社会的側面でも，バランス良く責任を果たそうという経営理念」と理解されることが多く，一見，これは株主の利益最大化に反するようにも思えます。

　会社による政治献金が問題とされた事案において，最大判昭和45年 6 月24日民

集24巻6号625頁は，会社の規模・経営実績等諸般の事情を考慮して，合理的な範囲内のものである限り，応分の寄附をしたとしても，取締役に責任が生じることはないと判示しました（八幡製鉄献金事件）。そうしますと，CSR目的での寄附についても，合理的な範囲内のものである限り，取締役はこれを行うことができると考えられます（江頭憲治郎『株式会社法〔第7版〕』23頁〔有斐閣，2017年〕）。

　さらに，政治献金との性質の違いに着目すると，CSRを目的とした企業活動であれば，取締役に政治献金よりも大きい裁量の幅が認められる（「合理的な範囲」がより広く認められる）と考えることもできましょう。もっとも，「CSR」が一定の企業政策を弁護する経営者の言い訳の飾りとして利用される危険があることにも注意する必要があります。例えば，リゾート開発に対してずさんな融資を行った銀行の取締役について「地域社会（地元の要望）への配慮」を理由として免責を認めてしまうと，経営者の行動に対する規律付けが適切になされなくなるというおそれが生じることにも留意すべきでしょう。

2　今日におけるCSRの意義と企業の責務

　そもそも，CSRの訳語である「企業の社会的責任」という言葉自体は，特段新しいものではありません。すなわち，1960〜70年代にかけて生じた公害問題を契機にさかんに登場するようになり，さらに，80年代において，企業による社会貢献活動（メセナ）などを通して一般化してきました。

　これに対して，近年使われるようになったCSRという言葉には，次の点で質的な違いがあると指摘されています（神作・後掲10頁）。すなわち，従来の企業の社会的責任論は「できるならできるに越したことはない」という受け止め方がなされていたのに対して，現代の会社経営において，CSRは避けがたいリスクであり，株式価値の最大化を長期的・持続的に実現するためには，CSRを果たし，社会の期待・要請に応えた責任ある行動をとらなければならなくなっているということです。

　例えば，近年，高まっている社会的要請の一つとして，法令遵守の問題があります。法令遵守は，社会的要請に応えて，CSRを果たすための前提であり，その意味でCSRの一部を構成するといえます。CSRに対する会社の取り組み方が，経営の基本方針にも含まれうると考えれば，企業は，内部統制システム（法令遵守体制・リスク管理体制）によって，組織的に対応する必要が出てくることになります。

2005年に成立した会社法では，大会社（資本金の額5億円以上または負債総額200億円以上の株式会社）に対して内部統制システム構築の基本方針の決定が義務づけられています（会社348条4項・362条5項・416条3項）。これは，従来の社会的責任論を超えて，CSRが会社法の中に取り込まれた一例とされています。

3 CSRを促進するための方策

　法令遵守は，CSRの一部とはいえ，最も基本的な責務であって，企業には，より広く社会の期待・要請に応えることが求められます。そのために，CSR活動を後押しする仕組みとして，ソフトローが重要な役割を果たすことになります。

　ソフトローとは，「原則として法的拘束力を持たないが，当事者の行動・実践に大きな影響を与えている規範」をいいます。例えば，2015年に策定されたコーポレートガバナンス・コード（CGコード）にも，法的拘束力がありませんが，上場規則によって，所定の上場企業はこれを遵守するか，遵守しない場合は理由の説明が求められています。CGコードでは，「持続的な成長と中長期的な企業価値の創出」を達成するための取り組みとして，ESG（環境，社会，コーポレートガバナンス）問題への対応が（例示的に）推奨され，これにより，CSRへのより積極的な取り組みが促進されることが期待されています。また，CGコードと共に「車の両輪」と位置づけられるスチュワードシップ・コード（2014年策定，2017年改訂）は，「投資先企業の持続的成長」を目的とした対話を機関投資家に促しています。同コードにおいても，ESGに関連するリスク・収益機会の考慮が例示されているから，投資基準にCSRを取り入れたESG投資が広まることへの期待も高まっています。

　もっとも，こうした取り組みを広げているためには，CSR（ESG）情報を利害関係者に適切に伝えるための制度的基盤を整備することが不可欠です。現在，多くの企業が自主的に，CSR（環境）報告書を作成・公表しています。そのような取り組みは大いに支持されるべきですが，単なる企業の自己PRではなく，情報を利用する利害関係者にとって有用な情報が含まれ，その開示内容も信頼に値するようなものにしていくことが今後の課題になります（吉川・後掲95頁）。また，諸外国では，CSR情報の開示を法的に義務づけている例もみられ，利害関係者にとっての重要性に鑑みれば，わが国においても法制化に向けたさらなる議論が必要でしょう。

140 Folder V 会社と法

▶ ステップアップ

　企業の社会的責任（CSR）に関してさらに学びたい方は，神作裕之ほか「いまなぜ
CSR なのか」法律時報76巻12号 4 頁以下（2004年），吉川栄一『企業環境法〔第 2 版〕』
（上智大学出版，2005年）などを参照して下さい。

〔梅村　悠〕

File 9	# 独占の禁止

スタート　私的独占の概念とこれを排除する手段について説明します。

〈キーワード〉
- □ 資源配分上の非効率性　□ 排除　□ 支配　□ 競争の実質的制限　□ 私的独占
- □ 公正取引委員会　□ 構造的措置　□ 独占的状態に対する規制

サポート

1　はじめに

　市場経済においては，競争が阻害されることにより**資源配分上の非効率性**と呼
ばれる不利益が消費者に押し付けられることになります。より厳密にいえば，完
全競争下におけるよりも同じ財を高い価格で購入しなければならない不利益とと
もに，競争水準では購入できた財の購入を断念しなければならないという二重の
不利益を課せられます。

　そこで，独占禁止法 2 条 5 項は，「事業者が，単独に，又は他の事業者と結合
し，若しくは通謀し，その他いかなる方法をもつてするかを問わず，他の事業者
の事業活動を排除し，又は支配することにより，公共の利益に反して，**一定の取
引分野における競争を実質的に制限すること**」を「**私的独占**」と名付け，排除措
置命令・課徴金等の方法で排除することとしています。独禁法は，このほか，優
越的地位の濫用（独禁 2 条 9 項 5 号），不当な取引制限（カルテル。独禁 2 条 6 項），
不公正な取引方法（公取告示昭和57年）を禁止し，企業結合（独禁 9 ないし18条）
に規制をかけることで，公正かつ自由な競争の促進をはかっています。

また，競争を阻害する事業活動の不当な拘束を排除するため（独禁1条），法執行の担い手として，公正取引委員会（独禁27条）が設置されています。委員会は，規則制定権（独禁76条）を持ち，違反事件につき，強制的な調査権があり（独禁47条），執行力のある行政処分として，排除措置命令（独禁7条）・課徴金納付命令（独禁7条の2）を発令できます（後者の命令は非裁量的＝「命じなければならない」。金井他編・499頁〔鈴木〕）。命令に不服な者の請求により「審判」（独禁52条）の手続が執られ，その結果下される「審決」（独禁66条）にも執行力があります。独禁89ないし91条の罪は公取委の専属告発制度（独禁96条，なお告発義務については独禁74条）に服します。

2　私的独占

事業者が，単独で市場支配力を有する（指針は，市場占拠率50％超の案件を優先的に審査するとしている）か，複数の事業者が結合または通謀して市場支配力を有する場合（この場合には不当な取引制限（カルテル）の規制との重畳的適用が考えられる）に，他の事業者の事業活動の「排除」または「支配」が行われ，「競争の実質的制限」が生じることが要件となります。

(1)　「排除」または「支配」

「排除」とは，供給拒絶，低価格販売，抱合わせ販売，排他的取引等の人為的な手段で（最判平成22・12・17民集64巻8号2067頁），他の事業者の事業活動や新規参入者の事業開始を困難にさせるものです（「指針」）。これらの手段行為は，同時に「不公正な取引方法」にも該当します（「不公正な取引方法」に対しては，差止請求の制度を用いることができる点に注目）が，一部の事例（勧告審決平成10・3・31審決集44巻362頁の自社仕様採用の働きかけや，同意審決平成12・2・28審決集46巻144頁の競争参入者の使用するであろう題字を登録商標出願する行為等）は，「不公正な取引方法」に該当しないものと考えられ（ステップアップの文献より金井他編・175頁〔山部俊文〕），この場合にはなお私的独占規制の存在意義があります。「支配」とは，株式保有等を通じ一般的な管理の下（勧告審決昭和47・9・18審決集19巻83頁）におく等して，「相手方の意思に反して」（勧告審決平成8・5・8審決集43巻209頁），「他の事業者についてその事業活動に関する意思決定を拘束し，自己の意思に従わせること」をいいます（東京高判昭和32・12・25高民集10巻12号743頁）。

⑵　一定の取引分野における競争の実質的制限

「競争の実質的制限」とは「市場支配力」（特定の事業者が，ある程度自由に価格・品質・数量その他各般の条件を左右することができる状態ー東京高判昭和28・12・7行集4巻12号3215頁，東京高判平成21・5・29審決集56巻262頁）の形成・維持・強化をいうものとされています（指針第3の2⑴）。適用基準として，行為者の地位・競争者の状況，潜在的競争力，需要者の対抗的な交渉力，効率性，消費者利益の確保に関する特段の事情があるとされ（指針第3の2⑵），具体的な事件ごとにこれらを総合的に判断するものとしています。

3　おわりに

私的独占に対する排除措置の具体的な内容として，どの範囲の措置を命じることができるかが議論されています。特に，支配力を行使している相手方の株式を処分することや，企業分割等，いわゆる「構造的措置」を命じることは可能かが問われています。確かに，独禁7条1項には「事業の一部の譲渡」が例示されており，独禁法は構造的措置を予定しているといえます。しかしながら，過去に構造的措置を命じた例はありません。これは，構造的措置を含む排除措置命令に審判請求された場合に，委員会の側が，市場支配力の維持との間に因果関係がある違反行為を特定しなければならず（金井他編・190頁〔山部〕），特定が事実上困難であるというのがその理由のようです。

なお，「私的独占の禁止」と一見類似していますが別の規制として区別を要するものに，「独占的状態に対する規制」（独禁8条の4）があります。①一定の事業分野について，「一定の商品」の供給が一千億円超，②1位事業者の市場占拠率がが50％または1位2位合計が75％を超え，③新規参入が困難，かつ，④相当な期間にわたり価格が下方硬直的で事業者が過大な利益率を得ている等の条件を満たす場合には，公取委は競争を回復させるために必要な措置を命じることができます。しかし，規模の経済性を損なう場合，あるいは，国際競争力を失わせる場合等においてはこれを命じることができません（独禁8条の4・1項但書）。1977年にこの規定が導入されて以来，発動されたことが一度もない規制です。

◢ ステップアップ

公正取引委員会「排除型私的独占指針」（2009年），金井貴嗣・川濱昇・泉水文雄編『独占禁止法〔第5版〕』（弘文堂，2015年），白石忠志『独占禁止法〔第2版〕』（有斐閣，

2009年），根岸哲・舟田正之『独占禁止法概説〔第4版〕』（有斐閣，2010年）がお薦めです。

〔柴崎　暁〕

Folder Ⅵ	家 族 と 法

File 1	家 族 法

スタート

　民法は，財産法と家族法に大きく分かれ，第2編の物権と第3編の債権とを合わせて古くから財産法と呼ばれていたのに対して，第4編の親族と第5編の相続とを合わせて第二次世界大戦後は家族法と呼ばれるようになりました。そこで，親族法と相続法は合わせて何と呼ばれていたのか，また，民法第4編親族・第5編相続に対する第1編総則の通則性の問題をここで学ぶことにしましょう。なお，親族法につきましては，Folder Ⅵで，四大身分行為である婚姻（File 2），離婚（File 4），養子縁組・離縁（File 6）の他にも親子関係（File 5）等が，また，相続法につきましては，同じく Folder Ⅵで，法定相続（無遺言相続）（File 8）と遺言相続（File 9）が用意されていますので，これらで学んで下さい。

〈キーワード〉

□　総則編の通則性　　□　財産法　　□　身分法　　□　家族法

サポート

1　明治民法と第4編親族編・第5編相続編との関係

　明治民法の起草者は，第2編から第5編に対する民法総則編の適用可能性を承認し，総則編の通則性を前提においていました。しかし，歴史的には，総則編は財産法の通則にすぎず，また，第4編と第5編とを家族法と総称しない時期もありました。すなわち，明治民法は，戸主権と長男単独相続の家督相続とに支えられた戸主を家長とする「家」制度を中心として構成されてきたのですが，それは，封建下の身分関係を反映したものでした。このような，明治民法の下で，大正末

頃に，総則編は財産法の通則に過ぎないのではないか，との問題提起が広浜嘉雄教授から出され，このことを体系的に説明した中川善之助博士によれば，親族法と相続法とは一括して「身分法」と呼ばれ，身分法は物権法と債権法を総称する財産法に対立するものと把握されました。そうして，中川博士は，「財産行為」における意思が合理的，打算的，選択的（目的意思）であるのに対して，「身分行為」における意思は非合理的，性情的，決定的（本質的意思）であるとし，このことから，「財産行為」が「表示主義」に親しむのに対して，「身分行為」は「意思主義」に親しみ，「身分行爲に關する意思主義は身分關係の本質上必然である」，との命題を導き出し，身分行為に対する総則編の適用可能性を否定するに至りました。そうして，この学説は，旧法下において圧倒的な影響を与えるようになりました。

鈴木禄弥教授は，上の中川博士のように考えることは比較法的に見て日本独自のものであることを指摘し，その理由として，以下のことを挙げています。すなわち，第一に，親族・相続法がその起草の段階においてヨーロッパ法を直接に継受しなかったこと，第二に，家制度を基調となす旧法下の親族法・相続法に近代性をもたせるために，身分法を財産法とは異なった解釈原理に基づかせる必要があったこと，第三に，旧法下の家督相続は少なくとも建前上では家長たる戸主の地位の承継として理解すべきであったから，相続法が身分法の一部をなしていたことにも十分な客観的な理由が存したこと，をその理由として挙げているのです。そうして更に，同教授は，民法総則編の通則性を否定する従来の学説に対して，この考えは，親族編に対しては今日でもなお妥当するところがあるが，相続編に対しては，「原則として，財産法の思考方法がそのまま用いられるのであり，むしろ，相続法における諸問題は，民法前三編の諸理論の応用問題であることが多い」，とし，その上で，遺贈はその要件・効果において財産法的である，と述べています。

2 現行民法

第二次世界大戦が終結し，日本国憲法が施行されたことに伴い，家・戸主・家督制度が廃止され，相続が純然たる財産相続に一本化され，共同相続の原則および配偶者相続制度が新たに導入されるようになると，相続法は，家・戸主・家督相続の諸制度の廃止に伴い旧法下におけるよりも財産法的色彩を一層色濃く呈するようになりました。その結果，今日では，民法第4編（親族）と第5編（相

続）は合わせて家族法と呼ばれ，そうして，親族編は，夫婦・親子等の家族関係の成立・解消とその効果を規定しており，また，相続編は，死者の財産の移転や帰属を定め，家督相続や生前相続も廃止されるに至りました。

　そうして，民法のこのような状況の下で，山中康雄博士は，親族・相続両編を「純粋に親族的身分共同生活にかんする部分」と「それに付随して規定せられていることがら，とくに財産法的部分」とに分け，前者に対する総則編の適用可能性を否定するが，後者についてはこれを総則編その他の財産法の論理に従って規律すべきだ，と主張しました。また，川島武宜博士は，「近代社會の家族・親族關係は純粋に私法的な市民的な關係であり，したがつて，その親族關係を構成するものは，『權利・義務』という特殊＝法的な範疇である」，として，市民法的な家族関係を個人対個人の権利義務関係として構成すべきであるから，新法下の「家族法はもはや身分法とよばれるべきではない」，と主張するに至りました。更に，沼正也教授は，親族法をその中核たる「私的保護法」と「親族的身分関係法」との複合法として財産法に対立したものとするが，相続法については，これを財産法原理と親族法原理とが交錯して支配するものとして位置付け，しかも，「人の死亡を契機として実現を期する法律行為と財産の帰属関係が，この法域における規律の対象となるのであるから，そこに生前相互間ないしは生者がイニシャティブをとって死者の側に働きかける関係を規律する場たる財産法及び親族法におけると異る色調に彩られることとなる」，と考えるに至るようになりました。

　その結果，今日では，総則編の通則性は形式的には承認されていますが，実質的には総則編の規定は家族法には適用されない，というのが通説です。

3　現行民法の問題点と課題

　しかし，例えば，公序良俗違反の規定（民90条）は，親族編相続編の両編に対しても適用されるべきでしょうから，一律的に捉えるのではなく，個別具体的に考えることも必要でしょう。

ステップアップ

　家族法の学習には，判例を知ることが重要ですから，ひととおりテクストで家族法を学んだら，水野紀子・大村敦志・窪田充見編『民法判例百選〔第7版〕』（有斐閣，2008年）などで学習をするようにしましょう。

〔黄　詩淳〕

File 2	結婚のルール

> **スタート**
>
> 仲のよい男女が一緒に暮らしていても，それだけでは結婚していることにはなりません。結婚するためには何が必要で，結婚したら何が変わるのでしょうか。男女の関係に法律が介入するのはなぜでしょうか。

〈キーワード〉
- □ 法律婚主義　　□ 婚姻適齢　　□ 再婚禁止期間　　□夫婦別姓論
- □ 夫婦別産制

サポート

1　法律が「婚姻」を規定する理由

　夫婦は，親子と並んで，家族の基礎を構成します。家族に対する政策を検討するときには，夫婦は重要な対象になります。またプライベートな面でも，男女関係が順調であれば問題ありませんが，トラブルが生じる可能性は否定できませんので，そのときに備えて，紛争の解決基準を法律に定めておく必要があります。

　男女の関係には様々な段階がありますが，法律は，当事者が結婚を選択した場合とそうでない場合とを区別するという政策を採っています。そして，法律上の結婚を婚姻と呼び，婚姻には，一定の要件を備えることを要求し，これを具備すれば特定の効果を与えています。このような政策を法律婚主義といいます。

2　婚姻の要件

　婚姻のためには，形式的要件と実質的要件の両方を具備する必要があります。

⑴　形式的要件

　婚姻には，その届出をして受理される必要があります（民739条。受理されるためには，後記⑵の婚姻障害がないことが要件になります。740条）。法律上の夫婦と他の男女関係を区別するための最も簡便な形式として，この届出の制度が採用されました。結婚式や披露宴をして夫婦として生活していても，届出がなければ内縁にとどまり，法律上の夫婦ではありません。

(2) 実質的要件

　婚姻の届出があっても，当事者に婚姻する意思がなければ無効です（民742条）。知らない間に他人が勝手に婚姻の届出をした場合には当然ですが，別の目的で法律上の夫婦を装う仮装の婚姻も無効です。つまり，届出の意思（形式的意思）があるだけでは足りず，夫婦として生活していく意思（実質的意思）が必要です（最判昭和44・10・31民集23巻10号1894頁）。

　当事者に婚姻障害がないことが必要です。①男は18歳に，女は16歳にならなければ婚姻することはできません（民731条：婚姻適齢）。明治民法の制定のときに，身体的な成長を基準に男は17歳で女は15歳という年齢が定められましたが，1947年改正の際に，婚姻による成年擬制（753条）の導入を考慮して現行法の年齢に変更されました。さらに現在では男女ともに18歳にする改正が予定されています（2018年３月13日閣議決定）。

　②配偶者のある者は重ねて婚姻をすることができません（民法732条）。一夫一婦制が採用されています。離婚後に再婚したが，離婚が無効であったり取り消された場合には，重婚になります。刑法（184条）では重婚は２年以下の懲役の対象になります。

　③女性が再婚するためには，前の婚姻の解消または取消の日から100日を経過していなければなりません（民733条）。前の婚姻と後の婚姻の嫡出推定（772条）が重複して，出生した子の父が定まらなくなる危険性を回避するためです。しかし，女性に対してだけ再婚を制限することに批判があり，離婚の場合に前婚の夫の子が生まれる可能性が低いことを踏まえて，後婚の夫の子と推定して例外的な場合には特則を置くことにより，**再婚禁止期間を廃止**すべきことが主張されています。

　④近親者間の婚姻は禁止されています（民734条〜736条）。実の親子や兄弟姉妹のような自然血族については遺伝的な理由により，養親子のような法定血族や姻族については倫理的な理由によります。倫理観は時代により変化することを踏まえて，婚姻を禁止する近親者の範囲を再検討することも求められています。

　⑤未成年の子が婚姻するためには，父母の同意が必要です。未熟な判断による誤った婚姻の防止を目的としています。父母の一方の同意で足り，父母がいない場合には他の者の同意は不要です。

　以上を婚姻障害といい，いずれかの障害がある婚姻は届出をしても受理されません（民740条）。誤って受理された場合や，前の婚姻の無効・取消等により再婚

後に婚姻障害が生じた場合には，未成年者の父母の同意要件（⑤）を除いては，取消原因になります（民743条〜746条）。

3　婚姻の効果

婚姻が成立すると，一般的な効果と夫婦財産制に関する効果が生じます。

(1)　一般的効果

夫婦は，同居し，協力し，扶助する義務を負います（民752条）。正当な理由なく同居を拒否する配偶者に対しては，家庭裁判所が同居を命じる審判をすることができます。同居の強制執行はできませんが，離婚原因である悪意の遺棄になる可能性があります（民770条2号）。協力は，家事や子育てといった，精神面を含めた事実上の援助であり，扶助は経済的援助を意味すると理解されています。

夫婦には貞操義務があります。いわゆる不倫や浮気は義務違反であり，不貞行為として離婚原因になる可能性がありますし（民770条1号），精神面を含めた損害が発生すれば，夫婦間でも，また相手に対しても損害賠償請求が可能になります（最判昭和54・3・30民集33巻2号303頁）。

夫婦は，婚姻の際に選択した夫または妻の氏を称します（民750条）。いずれかの氏を選択しない（夫婦別姓を主張する）婚姻の届出は受理されません。96％の夫婦が夫の氏を選択している現状に対して，男女の実質的平等に反しているという批判があり，夫婦別姓を選択できる立法提案が主張されています。

(2)　夫婦財産制

婚姻する前にあらかじめ，夫婦の財産の所有や管理，処分，債務の負担，婚姻解消時の清算方法等を自由に決める夫婦財産契約を締結することができます（民755条）。この契約がない場合には，以下の法定財産制によります。

法定財産制では，夫婦の一方が婚姻前から有する財産，および，婚姻中に自己の名で得た財産は，その特有財産になります。そして，夫婦のいずれに帰属するか不明な場合は夫婦の共有財産と推定されます（民762条）。特有財産とは，夫婦の一方が単独で有する財産を意味します。夫婦でも財産は別々に帰属することが原則であり，夫婦別産制と呼ばれます。

「自己の名で得た財産」とは，労働して得た財産や実質的に対価を支払うことで得た財産を意味し，所有名義には関わらないと解されています（最判昭和34・7・14民集13巻7号1023頁）。つまり，専業主婦は婚姻中は自己の財産を取得できないことになります。共働きでも，女性の平均賃金は男性より相当低いので，男

女の財産上の格差は大きくなります。女性が社会で働きにくい現実を前提として，財産上の実質的な夫婦平等を実現できる制度が求められています。夫婦関係が円満であるときは問題が顕在化しませんが，離婚等に際して，配偶者の一方に経済的に苛酷な状況が生じさせる可能性があります。

夫婦は，その資産，収入その他一切の事情を考慮して，婚姻から生ずる費用を負担します（民760条）。やはり夫婦別産制を前提として，お互いに費用を出し合うことになります。どちらが，どれだけ負担するかは，夫婦の協議によりますが，協議が成立しないときは，家庭裁判所の調停や審判で決めます。

夫婦の一方が，日常の家事に関して第三者と法律行為をしたときは，他の一方も連帯して責任を負います（民761条）。別産制の下で財産（信用）を取得できない配偶者でも，日常家事の範囲に関する契約を締結できるように配慮した規定です。

ステップアップ

同性カップルの地位を含めて，婚姻制度のあり方について家族法の教科書で勉強してみましょう。高橋朋子・床谷文雄・棚村政行『民法7 親族・相続〔第5版〕』（有斐閣，2017年），犬伏由子・石井美智子・常岡史子・松尾知子『親族・相続法〔第2版〕』（弘文堂，2016年），二宮周平『家族法〔第4版〕』（新世社，2013年）などがあります。

〔前田 泰〕

File 3　　離婚のルール

スタート
離婚は夫婦の生存中の婚姻の解消です。どのような方法によるのか，子やその財産関係にどのように影響するのか，学んでみましょう。

〈キーワード〉
☐ 協議離婚　　☐ 調停前置主義　　☐ 裁判離婚　　☐ 親権者　　☐ 監護者
☐ 財産分与　　☐ 慰謝料

サポート

1　婚姻関係の解消としての離婚

　婚姻は夫婦の一方の死亡によっても解消しますが，夫婦ともに生存中に婚姻を解消するのが離婚です。その方法は，合意による場合（協議離婚）と，合意が成立しない場合の裁判離婚があります。離婚は，相手方配偶者，子，さらに社会への影響もあり，その要件（方法）と効果は厳格に規律されます。

2　離婚の方法

(1)　協議離婚

　夫婦はその協議により離婚することができます（民763条）。合意による婚姻の成立との対比で，合意により自由に離婚できるのが原則です。約90％がこの協議離婚だといわれています。夫婦が離婚することに合意し，戸籍法の定める離婚届けをすることによって成立します（民764条，739条1項）。書面又は口頭で親権の所在等の事項を明確にし，当事者の本籍地または届出人の所在地を管掌する市区役所または町村役場で行います。

(2)　調停離婚

　「協議」といっても，すべてが「大人の冷静な協議による離婚」とはいきません。その合意にいたる過程では，両者の間で，離婚そのものや離婚条件（親権をどちらが持つか，財産分与や慰謝料など）に関する意見や感情が対立しトラブルになる場合も少なくありません。そこで当事者だけの協議で合意にいたらないとき，家庭裁判所の調停が必要となります。それでも合意ができないときは最終的には離婚の訴え提起による裁判離婚よることになります。裁判離婚は，裁判所の判決による離婚ですので，その前にできるだけ当事者による協議をつくさせるために，家事事件手続法257条1項は「調停を行うことができる事件について訴えを提起しようとする者は，まず家庭裁判所に家事調停の申立てをしなければならない」規定します（調停前置主義）。調停は，当事者の一方の申立てにより，離婚やその条件について，基本的には調停委員二人が，当事者（申立人と相手方）それぞれの主張を聴きながら，ルールや前例に基づいてその協議を調停する手続です。調停において当事者の合意が成立し調停調書にその合意内容（離婚及びその条件）を記載すれば確定判決と同じ効力を有し，その権利の強制執行等も可能になります（家事268条）。調停成立による離婚は，調停委員による調停・あっせん

があるとはいえ，協議離婚の一種といえます。

(3) 裁判離婚

調停が不成立の場合は，基本的には当事者の一方の訴え提起による裁判離婚となります（民770条。審判離婚（家事284条1項前段）もありますがほとんど使われていません）。**裁判離婚**は，相手方が離婚を望まない場合でも，裁判所が強制的に婚姻を解消させる制度といえます（判決にいたるまでに裁判上の和解（協議）による離婚も多い）。したがって社会的に離婚を正当化する離婚原因が存在しなければなりません。「離婚原因」は法定されており，以下の5つがあげられます（同770条1項）。

①相手方の不貞行為（同項1号），②相手方の悪意の遺棄（同項2号），③相手方の生死が3年以上明らかでないとき（同項3号），④相手方が強度の精神病にかかり，回復の見込みがないとき（同項4号），⑤その他婚姻を継続しがたい重大な事由があるとき（同項5号）。

ここで特に問題なのは，⑤の「重大な事由」とは何かです。相手方の虐待・暴行，酒乱，浪費癖など様々な事由によることが考えられますが，それによって婚姻が継続しがたい状況になっているか否か，夫婦双方の意思，別居状態の事実や期間など諸般の事情から信義則に従って総合的に判断されます。判例も，従来否定されていた有責配偶者（自分に責任がある配偶者）からの離婚請求についても，別居が相当期間に及び（当該事案では36年間），未成熟の子どもが存在しないなど相手方が過酷な状況に置かれ離婚請求を認めることが著しく社会正義に反するような特段の事情がある場合を除き，また相手方の経済的不利益は**財産分与**や慰謝料により解決されるとし，限定つきでこれを肯定するにいたりました（最大判昭和62・9・2民集41巻6号1423号）。

なお，裁判所は，上記1号から4号までに掲げる事由がある場合であっても，一切の事情を考慮して婚姻の継続を相当と認める時は，離婚の請求を棄却できるとも規定し，相手方の婚姻継続の利益を保護できる余地を認めています。

3 離婚の効果

①婚姻によって発生した配偶者の関係と，姻族の関係は当然終了します（民728条1項）。再婚が可能となります（ただし女性には再婚禁止期間がある（同733条））。②婚姻により氏を改めた夫または妻は婚姻前の氏に復します（同767条1項）。但し3か月以内の届出により復氏しないこともできます（同2項）。復氏に伴う祭

154 Folder Ⅵ 家族と法

祀承継者決定が必要な場合もあります（同769条）。③子がいるときは**親権者**および**監護者**を定める必要があります（同819条1項・766条1項）。養育費の分担合意も必要です。④夫婦が婚姻中に形成した**財産分与**を請求することができます（同768条）。婚姻破綻に責任がある配偶者に対しては**慰謝料請求権**（同709条，710条）も発生します。両者は補完関係にあり離婚後の経済的補償の機能を有します。以上の効果は協議離婚，裁判離婚と基本的に共通です（同771条が766〜769条を準用）。

◀ **ステップアップ**

大村敦志『新基本民法7 家族編』（有斐閣，2014年），『新基本民法8 相続編』（有斐閣，2017年），近江幸治『民法講義Ⅶ 親族法・相続法〔第2版〕』（成文堂，2015年）などを参照。

〔西島 良尚〕

File 4　親子間の法律問題

スタート

親子間の法律関係には，自然的血縁関係を基礎とする実親子関係と，法によって人為的に認められる養親子関係とがあります。ここでは特に，実親子関係における母子関係および父子関係のルールを学んでおきましょう。

〈キーワード〉
☐ 嫡出である子（嫡出子・婚内子）　　☐ 嫡出でない子（非嫡出子・婚外子）
☐ 母子関係　　☐ 父子関係　　☐ 嫡出推定　　☐ 認知　　☐ 準正

サポート

1　実親子関係

実親子関係とは，血縁という生物学的事実を重視した親子関係ですが，血縁上の親子に必ずしも実親子関係が認められるわけではありません。これは，懐胎・出産をした女性と，男性とで扱いを異にするためです。

(1) 母子関係

女性は,「懐胎・出産」という事実によって,生まれた子との間に実親子関係(母子関係)が認められるとされています(最判平成19・3・23民集61巻2号619頁)。このように母子関係を速やかに決定するのは,子の養育に責任を負う者を明らかにすることが子の福祉に合致すると考えられているからです。

(2) 父子関係

これに対して,男性は,法によって父子関係が認められることとなります。つまり,通常は子の母と男性が婚姻していることから,子と男性の間に父子関係が認められます(民772条)。

2 嫡出である子(嫡出子・婚内子)

婚姻していた男女間に生まれた子は,「嫡出である子(嫡出子・婚内子)」と呼ばれます。嫡出である子には,母子関係および父子関係が認められますが,婚姻していた男女間に生まれた子が常に嫡出である子となるのではありません。以下では,生まれながらにして嫡出である子(生来嫡出子)について説明します。

(1) 推定を受ける嫡出子

婚姻成立の日から200日後または婚姻解消もしくは取消しの日から300日以内に婚姻夫婦間から出生した子は,婚姻中に懐胎した子,すなわち,嫡出である子と推定されます(民772条)。この規定は,婚姻中の懐胎であること(嫡出推定)と,子の母の夫が父であること(父性推定),の2つを定めており,この期間内に生まれた子は「推定を受ける嫡出子」といわれます。しかし,推定は,反証によって覆すことができます。

(2) 推定の及ばない嫡出子

民法772条の期間内に出生した子であっても,妻の懐胎時に夫と外観上婚姻の実態がない場合,妻が分娩した子であっても民法772条の嫡出推定が及ばず,「推定の及ばない嫡出子」といわれます。この場合であっても,婚姻関係にある夫婦間の嫡出である子として扱われますが,血縁上の父は自身の子であると認知請求をすることができ,他方,嫡出である子であるという事実について確認する利益のあるものは誰でも,親子関係不存在の確認の訴えを提起することができます(人事2条2項)。

(3) 推定を受けない嫡出子

婚姻以前に内縁関係が先行し,婚姻届を提出した後200日以内に出生した子は

「推定を受けない嫡出子」といわれます。この場合であっても，嫡出である子として届け出ることができますが，父子関係を争うときには嫡出推定を受けないことから嫡出である子ではないとされます。

3　嫡出でない子（非嫡出子・婚外子）

婚姻していない男女間に生まれた子は「嫡出でない子（非嫡出子・婚外子）」と呼ばれます。嫡出でない子の実親子関係は「認知」によって生じることとなります（民779条）。以下では父子関係の認知について説明します。

⑴　認知の種類―任意認知と裁判認知（強制認知）

父が自らの意思で嫡出でない子を認知する「任意認知」があります（民779条）。任意認知は届出または遺言によってする要式行為であり（民781条），認知をする者が制限行為能力者であっても，意思能力のある限り法定代理人の同意は不要です（民780条）。また，成年に達した子の認知にはその子の承諾が必要であり（民782条），胎児の認知には母の承諾が必要です（民783条1項）。

つぎに，認知をしない父に対して嫡出でない子が認知を求める「裁判認知（強制認知）」があります（民787条）。なお，裁判において父子関係の存在を認定する決定的な証拠としてDNA鑑定が今日では広く行われるようになってきていますが，当事者にDNA鑑定を強制することはできません。また，父の死亡後においては検察官を相手方としますが（人事42条1項），父の死亡の日から3年を経過したときは訴えを提起できなくなります（民787条ただし書）。

⑵　認知の効果―法律上の父子関係の成立

認知によって法律上の父子関係が成立すると，親子関係において認められる親権，扶養，相続などの権利義務関係が子の出生時に遡って生じます（民784条本文）。父の戸籍には子を認知した旨が，子の戸籍には認知された旨の記載がされます。なお，嫡出でない子の親権者は母であり（民819条4項），この子は母の氏を称していますが（民790条2項），父が子を認知した後は，子の親権者や子の氏などを変更することができます（民819条4項・5項，民791条）。

4　準　正

嫡出でない子が嫡出である子としての身分を取得する方法を「準正」といいます。この準正には，血縁のある父が嫡出でない子を認知した後に母と婚姻する「婚姻準正」（民789条1項）と，嫡出でない子の出生後に父母が婚姻をし，その後

に父がその子を認知する「認知準正」（民789条2項）があります。

　準正は，嫡出でない子が嫡出である子となるのみならず，嫡出でない子の父母に婚姻を推奨する制度であり，子の福祉にも合致する制度といわれます。

■ ステップアップ

　実親子関係については，犬伏由紀子・石井美智子・常岡史子・松尾知子『親族・相続法』（弘文堂，2012年）122頁以下（執筆担当は石井），前田陽一・本山敦・浦野由紀子『民法Ⅵ親族・相続〔第3版〕』（有斐閣，2015年）120頁以下（執筆担当は本山），などが有益です。

〔蓮田　哲也〕

File 5　　養　子　縁　組

スタート

　　親子関係には，血縁に基づく実親子関係と，養子縁組みによって成立する養親子関係があります。養子には，普通養子と特別養子があります。さらに，未成年者，特に，乳幼児の養子（未成年養子）と，成年者の養子（成年養子）とでは，同じく養親子関係でも，その機能と意味は全く異なります。

〈キーワード〉
□ 普通養子　　□ 未成年養子　　□ 代諾　　□ 家庭裁判所　　□ 成年養子
□ 特別養子

サポート

1　養子制度

　かつては，家（家産）を継承させるための養子，あるいは，労働力を得るために養子が多かったのですが，現在では，未成年の子の福祉（子の扶養と監護）のための養子が養子制度の主な目的だと考えられています。ただし，例えば，子に対する相続税の税控除措置を目的とする成年養子がまったく不適切とは評価できませんから，わが国を含む幾つかの国では，（本来は，扶養と監護の必要のない）

成年養子が認められています。未成年養子が原則のヨーロッパ諸国でも，未成年養子が主流となったのは，第1次世界大戦で子を扶養・監護する両親のいない子が増加してからだという観察もあります。

2　普通養子縁組の要件と効果

⑴　要　件

　養子縁組をするには，養親と養子が養子縁組の合意をした上で，市町村町の戸籍係に届出を提出する必要があります（民799条，800条）。養子縁組の合意とは，社会的にみて実質的な親子関係（子の扶養と監護）を創出する意思を意味します。養親は，成年者である必要があります（民792条）。さらに，養子となる者が養親となる者より年長だったり，養親の尊属に当たる場合は，養子縁組は許されません（民法793条）。養子となる者の要件としては，成年被後見人が養子縁組をする場合は，本人（養子）に意思能力があることが必要です（民799条，738条）。他方で，未成年者でも15歳以上なら単独で養子となることが可能です。しかし，15歳未満では，その法定代理人の承諾（代諾）が必要です（民797条）。さらに，未成年者を養子とする場合は，養子縁組が子の福祉に合致するかを審査するために，家庭裁判所の許可が必要とされています（民798条）。ただし，自分の子を配偶者の養子とする，又は，配偶者の子（連れ子）を自分の養子とする場合には，子の福祉には反しないと考えられますから，家庭裁判所の許可は必要ありません（民708条ただし書）。さらに，配偶者がある者が未成年者を養子とするときは，夫婦で共同して縁組する必要があります（民795条）。以上の規律は，養親子関係も実親子関係になぞらえて制度設計されているからです。

⑵　効　果

　養子は縁組の日から，養親の嫡出子の身分を取得します（民809条）。もっとも，親権を除いて，実方（実親および，その血族）との親族関係がそのまま維持されますから，養子は実親の相続人でもあります。ただし，養子は養親の氏を称することになります（民法809条）。養子縁組は，当事者の協議で離縁して親子関係を解消することが認められており（民法811条），裁判上の離縁も可能です（民法814条）。

3 特別養子縁組の要件と効果

(1) 要 件

特別養子では，養子と実方の間の親族関係は終了します。つまり，実親子と同様の親子関係を創設するのが，特別養子の目的です。だから，養子となる者は，原則として6歳未満でなければなりません（民817条の5）。養親となる者は配偶者が必要で，夫婦の共同で縁組みをする必要がありますが，夫婦の一方が他方の嫡出子の養親となる場合は別です（民817条の4）。養親となる者は25歳に達している必要がありますが，他方が成人なら養子縁組は可能です（民817条の4）。

特別養子の縁組では，原則として，実親の同意が必要です（民817条の6）。加えて，養子となる者の父母による監護が著しく困難又は不適当であること，その他の特別の事情がある場合で，子の利益のために特に必要があると認めるときに，特別養子の縁組は認められます（民817条の7）。この要件の存在に関しては，家庭裁判所が審判で決定します。今ひとつ，家庭裁判所が特別養子縁組を認めるに当たっては，養親となる者が，養子となる者を6ヶ月以上の期間，監護した状況を考慮する必要があります（民187条の8）。

(2) 効 果

特別養子縁組が成立すると，養子と実方の父母およびその血族との親族関係は終了します。ただし，夫婦の一方が他方の嫡出子を特別養子とする場合は，例外です（民917条の9）。

▶ ステップアップ

例えば，高橋朋子・床谷文雄・棚村政行『民法7 親族・相続〔第4版〕』（有斐閣，2014年），二宮周平『家族法〔第3版〕』（新世社，2013年）などの養子に関する記述を参照。

〔藤原 正則〕

160　Folder Ⅵ　家族と法

| File 6 | 親　　族 |

スタート

　法律には親族に関する条文があります。法律において，どのような関係
にある者を親族というのか，親族であるということは法律上どのような効果
があるのかを，ここで学んでおきましょう。

〈キーワード〉
□　親族　　□　血族　　□　配偶者　　□　親等　　□　姻族

サポート

1　親族の範囲

　親族とは，6親等内の血族，配偶者，および3親等内の姻族にあたる者をいい
ます（民725条）。

(1)　血族と姻族

　血族とは，血縁を前提とした親子関係でつながっている者をいいます。この血
族には，出生による血縁関係にある「自然血族」と養子縁組によって血縁関係が
擬制される「法定血族」とが含まれます（民727条）。自然血族については Folder
Ⅵ・File5，法定血族については Folder Ⅵ・File6が参考になります。また，配偶
者によってつながる親族関係を「姻族」といいます。

(2)　配偶者

　配偶者とは，婚姻した当事者の一方からみた他方です。親族としての配偶者は
婚姻の成立によって認められますので，婚姻の解消等によって親族としての配偶
者は消滅します。詳しくは Folder Ⅵ・File2を参照して下さい。

(3)　親　等

　親等とは，親族関係の近さを表す単位をいいます。親等は世代を単位としますの
で，横の関係ではなく，縦の関係で定まることとなります（民726条1項）。ま
た，世代が上の親族を「尊属」，下の親族を「卑属」といい，世代を直上または
直下の形でつながる親族を「直系」，同一の祖先から分岐・直下した形でつなが
る親族を「傍系」といいます。例えば，自分の孫は「2親等の直系卑属」，自分

の叔父は「3親等の傍系尊属」，配偶者の甥は「3親等の傍系姻族」（姻族には尊属や卑属という言葉を用いません），といいます。

2 親族の効果

親族は，法律上の利害関係人であるとして民法731～736条に違反した婚姻の取消権（民744条）や民法793条に違反した養子縁組の取消権（民805条）を有していますが，親族の効果の多くは範囲を限定して個別的に定められています。

(1) 扶養義務

直系血族，兄弟姉妹（民877条1項）および**配偶者**は扶養義務を負っています（民752条）。さらに，特別の事情があるときは家庭裁判所が3親等内の親族に扶養義務を負わせることができます（民877条2項）。また，直系血族および同居親族の扶助義務（民730条）は，道徳的意義に過ぎない訓示規定であると解されています。

(2) 相続権

配偶者は常に相続人となり，子・直系尊属・兄弟姉妹は法律で定められた順位により相続人となることができます（民887条以下）。また，代襲相続によって，孫・曽孫や甥・姪もまた相続人となることがあります（民887条）。なお，詳しくは Folder Ⅵ・File8を参照して下さい。

(3) 近親婚の禁止

直系血族・直系姻族間の婚姻，3親等内の傍系血族間の婚姻および養子との婚姻は禁止されています（民734条・735条・736条）これに対し，傍系姻族との婚姻については制限がありません。

(4) 尊属養子の禁止

直系・傍系を問わず，尊属にあたる者を養子にはできません（民793条）。

▐ ステップアップ

親族については，犬伏由子・石井美智子・常岡史子・松尾知子『親族・相続 法』（弘文堂，2012年）6頁以下（犬伏執筆），前田陽一・本山敦・浦野由紀子『民法Ⅵ親族・相続〔第3版〕』（有斐閣，2015年）23頁以下（前田執筆）が有益です。

〔蓮田 哲也〕

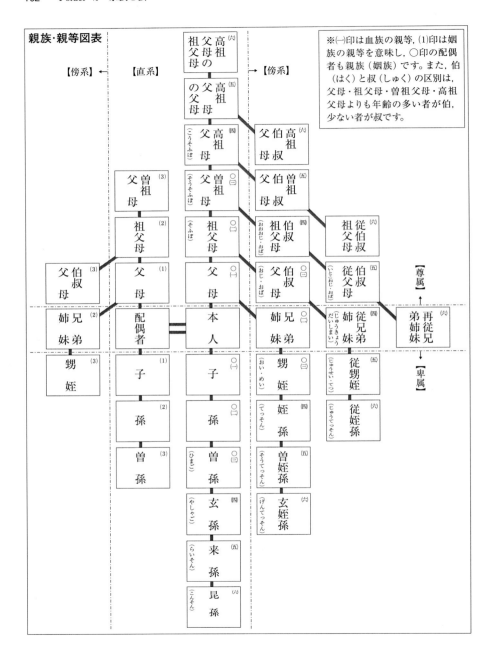

| | File 7 法定相続 163 |

| File 7 | # 法 定 相 続 |

スタート

　　人は自らの財産を自由に使用して処分することができます。死亡後の財産の帰属についても，原則的には（元）所有者の意思が尊重され，すなわち遺言があればそれに従って遺産の配分が決まりますが（遺言相続），遺言がないときには，遺産の帰属は法律の定めによって相続されます（無遺言相続）。ここでは無遺言相続である法定相続について学びましょう。

〈キーワード〉

□ 血族相続人　　□ 配偶者　　□ 法定相続分　　□ 代襲相続（人）

サポート

1　相続の開始と相続の対象となる財産

⑴　相続の開始

　相続は人の死亡により開始します（民882条）。生前相続は認められません。また，相続人が被相続人の死亡，自分が相続人であること，相続財産の内容等を知らなくても，つまり相続人の主観的な認識と関係なく，相続が開始し，遺産の権利主体は被相続人から相続人に変わります。

⑵　相続財産

　相続の対象となるものは，被相続人に属していた財産上の全ての権利義務です（896条）。これを包括承継といいます。被相続人の土地，家屋，車等の所有権，銀行貯金等の債権，ローン等の債務は当然相続されます。

　ただし，相続の対象にならないものもあります。第一に，被相続人の一身に専属したものは承継されません（民896条ただし書）。身分法上の多くの権利義務，例えば夫婦間の同居義務，親が未成年の子に対する監護・教育の義務等は，死亡によって消滅し，相続されません。また，財産法上の権利義務ないし法律関係でも，例えば代理権（民111条1項），使用貸借の借主の地位（民599条），雇用契約上の地位（民625条），組合員の地位（民679条）等は，被相続人の人的特徴と密接に結びついていますので，一身専属権と解され，承継されません。第二に，被相

続人が有していた仏壇，位牌，墓は，相続財産とならず，祖先の祭祀を主宰すべき者（祭祀主宰者）が承継します（民897条）。

2　相続人

相続が開始すると，被相続人の遺産は当然に相続人に帰属します（当然承継）。ここでは，相続人の範囲，相続の順位および相続分について説明します。まず，相続人の範囲について，民法は，被相続人と血縁関係のある者（血族相続人）と被相続人の**配偶者**を相続人にしています。

(1) 血族相続人

血族相続人は3種類定められ，順位があります。先順位の相続人が存在すれば，後順位の者は相続しません。

第一順位は被相続人の子です（民887条1項）。しかし，子が被相続人よりも先に死亡した場合には相続人になりません。仮に死亡した者に子（すなわち被相続人の孫）がいれば，その子が親に代わって被相続人を相続します。これは**代襲相続**といいます（民887条2項）。仮に被相続人の子，孫とも先に死亡していれば，ひ孫が代襲相続します（民887条3項）。

第一順位の子（ないしその代襲相続人）がいない場合に，第二順位の直系尊属が相続人になります。直系尊属とは，被相続人の父母や祖父母で，親等の近い者が優先されます（民889条1項1号）。

第一順位と第二順位の相続人がいない場合に，被相続人の兄弟姉妹が相続人となります（民889条1項2号）。仮に兄弟姉妹が被相続人より先に死亡した場合に，代襲相続のルールが適用されます。すなわち，兄弟姉妹の子（被相続人の姪・甥）がその親に代わって被相続人を相続します。ただし，第一順位の子の**代襲相続**と違い，兄弟姉妹の代襲相続が（は）一代に限ります（民889条2項）。

(2) 配偶者

配偶者は常に相続人となります。血族相続人がいれば，配偶者とともに共同相続します。ここに配偶者とは，法律上の**配偶者**であり，事実上の**配偶者**は相続人になりません（含まれません）。

3　法定相続分

相続人が一人である場合は，全遺産を承継しますが，二人以上の場合は共同して相続し，各人の遺産に対する割合は相続分と呼ばれます。また，被相続人は遺

言で各相続人が相続しうる割合を変更することができます（指定相続分）。しかし，ここでは，指定相続分ではなくて，民法の規定により定まる法定相続分について説明します（民900条，901条）。以下では，被相続人の遺産はすべて6,000万円とします。

(1) 同順位の血族相続人が数人いる場合

相続人間は平等で，各自の相続分は，相等しいものとされています（民900条4号本文）。例えば，被相続人 a が，独身で死亡し，その相続人が父Aと母Bである，とした場合，AとBの法定相続分が平等ですので，各1/2で，それぞれ6,000万円×1/2＝3,000万円を相続します。

3,000万円　A ─────── B　3,000万円
│
a

(2) 子と配偶者が共同相続人の場合

子の相続分および配偶者の相続分は，各2分の1とする（民900条1号）。子が数人のとき，(1)のルールが適用され，その2分の1をさらに均分します。例えば，被相続人 a に妻と子CとDがいた場合，妻は6,000万円×1/2＝3,000万円，CとDは，それぞれ6,000万円×1/2×1/2＝1,500万円を相続します。

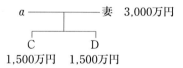

(3) 直系尊属と配偶者が共同相続人の場合

配偶者は2/3，直系尊属は1/3をそれぞれの相続分とします（民900条2号）。例えば，被相続人 a に妻，父Aおよび母Bがいた場合，妻は6,000万円×2/3＝4,000万円，AとBは，それぞれ6,000万円×1/3×1/2＝1,000万円を相続します。

1,000万円　A ─────── B　1,000万円
│
a ─────── 妻　4,000万円

(4) 兄弟姉妹と配偶者が共同相続人の場合

配偶者は3/4，兄弟姉妹は1/4をそれぞれの相続分とします（民900条3号）。例えば，被相続人 a に妻，姉妹EおよびFがいた場合，妻は6,000万円×3/4＝4,500万円，EとFは，それぞれ6,000万円×1/4×1/2＝750万円を相続します。

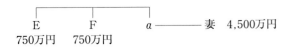

(5) 代襲相続

　代襲相続人の相続分は，被代襲者の受けるべきであったものと同様です。仮に代襲相続人が数人いる場合に，被代襲者の相続分は均分されます（民901条1項本文）。例えば，(2)の場合に，子Dが a の相続開始以前に，兄弟Cと2人の子G，Hを残して既に死亡していたとすると，妻は6,000万円×1/2＝3,000万円，子Cは6,000万円×1/2×1/2＝1,500万円を相続します。子Dは相続人になりませんが，Dの子GとHは，Dの相続分（1,500万円）を均分して相続しますので，それぞれ1,500万円×1/2＝750万円を相続します。なお，Dの配偶者Iは代襲相続の資格がありません。

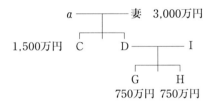

ステップアップ

　内縁配偶者の相続分の問題については，中川善之助・泉久雄『相続法〔第4版〕』（有斐閣，2000年），代襲相続については，松川正毅『民法　親族・相続〔第4版〕』（有斐閣，2014年）を参照して下さい。

〔黄　詩淳〕

File 8　遺言　167

| File 8 | 遺　　言 |

スタート

　　人は遺言によって自らの遺産を処分することができます。遺言をすれば，法定相続に優先しますが，遺言の自由に対しては遺留分の制限があります。ここでは，法律行為として有する遺言の特質，遺言の方式および遺留分について学びましょう。

〈キーワード〉

□　死因行為　　□　遺言の方式　　□　遺留分制度

サポート

1　法律行為として有する遺言の特質

　遺言は，原則として，遺言者の欲したとおりに効力を生じますから，法律行為の一種です。ただし，遺言には他の法律行為とは異なる特質があります。

(1)　任意に撤回可能であること

　遺言者は，死亡するまで，いつでも遺言の撤回が可能です（民1022条以下）。

(2)　死因行為であること

　遺言は，行為者（遺言者）の死亡時に効力を生じる（民985条），という意味で死因行為です。したがって，遺言においては，遺言者本人を保護すべきか否かはそもそも問題とならず，遺言を有効視することにより利益を受ける者（遺贈であれば受遺者）と遺言を無効視することにより利益を受ける者（通常は遺言者の相続人）とのいずれを保護すべきかの問題に帰着することになります。

(3)　遺言者の真意（最終意思）を尊重する制度

　遺言が死因行為として構成され，しかも，遺言者には死亡するまで任意の撤回が遺言に対して認められていますが，このことは，遺言が遺言者の真意（最終意思）を尊重する制度だからです。

(4)　要式行為であること

　遺言が死因行為であることから，本人の死亡後に遺言の真否と内容が確定されます。そこで，遺言者に遺言をするのに慎重ならしめ，また，遺言の偽造・変

168　Folder Ⅵ　家族と法

造・隠匿・破毀といったことを防ぐために，遺言者には一定の方式の履践が要求されます（民960条）。方式に違反した遺言は効力を生じません。

2　遺言の方式

　遺言の方式は，普通方式の遺言（民967条～970条）と特別方式の遺言（民976～979条）とがあります。普通方式の遺言は，自筆証書遺言（民967条），公正証書遺言（民969条），秘密証書遺言（民970条）の3種があります。これに対して，特別方式の遺言は，普通方式の遺言を利用することのできない特別の状況下にある場合にのみ許され，例えば，船舶遭難者の遺言は，船舶が遭難した場合にて，「当該船舶中に在って死亡の危急に迫った」（民979条）者が利用する遺言で，伝染病隔離者の遺言は，「伝染病のため行政処分によって交通を断たれた場所に在る者」（民977条）のみに許される遺言です。ここでは，最も一般に用いられている自筆証書遺言および公正証書遺言（民969条）の方式を見ることにしましょう。

(1)　自筆証書遺言

　自筆証書遺言は，遺言書の全文・日付・氏名を自書してこれに押印する，という方式の遺言です（民967条）。自書が要件となっていますので，他人の代筆・タイプライター・録音テープ等によって作成された場合には効力を生じません。日付のない自筆証書遺言も，効力を生じません。日付を要求するのは，遺言作成時に遺言者が遺言能力を有していたか否かを判定したり，内容の抵触する遺言の先後を決定するためです。したがって，「結婚30周年記念日」のように，自筆証書遺言の作成日を特定できれば良い，と解されています。押印は，実印，認印，花印，指印のいずれも有効だと解されています。

(2)　公正証書遺言

　公正証書遺言は，二人以上の証人の立会いの下に，遺言者が遺言の趣旨を公証人に口授し（言語機能障害者の場合には，「口授」に代えて「通訳人の通訳（手話通訳など）による申述」または「自筆」（筆談）により遺言の趣旨を公証人に伝えることができる—民969条の2第1項），公証人がこれを筆記して遺言者および証人に読み聞かせ（遺言者が聴覚障害者の場合には，読み聞かせに代えて通訳人の通訳でもよい—同条の2第2項）か閲覧させ，遺言者および証人が筆記の正確なことを承認した後，各自署名押印し（ただし，遺言者が署名することができない場合には，公証人がその事由を付記して署名に代えることができる），方式に従って作成された旨を公証人が付記して署名押印する，という方式の遺言です（民969条）。

3 遺留分

(1) 遺留分制度とは

民法は，一定範囲の相続人が被相続人の死亡後も生活を続けられるように遺言の自由を制限しています。この制度は遺留分制度（1028条以下）と呼ばれています。

(2) 誰がどの割合の遺産を遺留分として有するのか

遺留分とは，被相続人の自由な処分に対して制限が加えられている相続人の持分的利益のことです。遺留分権利者は，兄弟姉妹を除く相続人，すなわち，配偶者，子，直系尊属です（民1028条）。子の代襲相続人も被代襲者である子と同じ遺留分を持ちます。相続放棄をした者は，相続人でないので，遺留分権利者ではなくなります。また，遺留分の割合は，直系尊属のみが相続人である場合は被相続人の財産の3分の1，その他の場合は2分の1です（民1028条）。この割合は遺留分権利者全員の遺留分率であり，遺留分権利者の（個別の）遺留分は，各自の法定相続分率をかけて計算します。例えば，File6の3の(2)の設例では，妻の遺留分の割合は1/2×1/2=1/4で，遺留分額は6,000万円×1/4=1,500万円です。子Cと子Dはそれぞれ1/2×1/2×1/2=1/8で，遺留分額は6,000万円×1/8=750万円です。

(3) 遺留分減殺請求権

上記の設例で，被相続人 *a* が子Cに全財産を遺贈する遺言をしたとします。遺言の内容とおりに遺産を配分すれば，妻と子Dは何も得られません。そこで，民法は，妻とDがCに対して遺留分減殺請求権を行使することができる（民1031条），としました。ただし，遺留分減殺請求権は，遺留分権利者が，相続の開始および減殺すべき贈与または遺贈があったことを知った時から1年間行使しないときは，時効によって消滅し，相続開始の時から10年を経過したときも，消滅します（1042条）。10年につきましては，除斥期間だと解されています。

� ステップアップ

遺言と遺留分に関しては，久貴忠彦編『遺言と遺留分〔第2版〕』（日本評論社，2011年）を参照して下さい。

〔黄 詩淳〕

170　Folder Ⅵ　家族と法

| File 9 | 遺産分割協議 |

スタート
　遺産分割協議はどういう場合に必要なのでしょうか。相続人間で協議がまとまらないときはどうなるのでしょうか。

〈キーワード〉
- [ ] 相続　　[ ] 遺産分割協議　　[ ] 調停　　[ ] 審判　　[ ] 寄与分
- [ ] 特別受益　　[ ] 法定相続分　　[ ] 具体的相続分

サポート

1　相続とは

　相続が開始すると，被相続人に属していた一切の権利義務が一定の範囲の相続人に承継されることになります（民896条）。すなわち，被相続人の死亡によって，被相続人に属していた権利義務が，当然かつ包括的に相続人に承継されます。

　ただし，例外として，被相続人の一身に専属したもの（民896条ただし書）は，相続によって承継されません。例えば，扶養請求権及び扶養義務などについては，相続されません。もう一つの例外は，祭祀財産の承継です。民法897条1項は，系譜，祭具および墳墓の祭祀財産についての所有権は，祖先の祭祀を主宰すべきものが承継するとしています。

2　遺産分割協議

　相続開始後は，相続人が複数であれば，共同相続人全員の共有財産となりますが，具体的にどの財産を誰が取得するかは，相続人全員の遺産分割協議によって決めなければなりません。相続人は，他の相続人に対していつでも遺産分割協議を求めることができ，遺産分割請求権自体は消滅時効にかかることはありませんが，必ず共同相続人全員が参加していなければならず，一人でも不参加者がいればその協議は無効となります。血族相続人としては，子（第1順位），直系尊属（第2順位）兄弟姉妹（第3順位）の順に相続人となりますが，血族相続人とは別に，被相続人の配偶者は常に相続人となります（民890条）。

相続人の中に未成年者や被後見人のような行為無能力者がいる場合には，親権者，後見人等の法定代理人が協議に加わることになりますが，法定代理人も相続人の一人であるようなときは，無能力者との利益相反行為となるので，無能力者のための特別代理人を選任することが必要となります（民826条・860条）。

3　相続分

各相続人の相続分は，民法900条，901条により定められていますので，その相続分に応じて遺産分割協議をすることになりますが，被相続人は，法定相続分ではなく，遺言によって各共同相続人の相続分を定めることができます。相続分の指定は，遺言以外ではすることができず，遺言の効力発生と同時にその効果を生ずることになります。

4　特別受益・寄与分

相続人の中に，被相続人から贈与や遺贈のように特別な利益を受けた特別受益者がいたり，逆に被相続人の財産の維持又は増加に特別の寄与をした者がいる場合には，それらの特別受益や寄与分を評価して相続分を修正することになります。それらの修正を加えた各人の相続分を**具体的相続分**といいます。

特別受益を受けた者は，いわば相続財産の前渡しを受けたものとして，その特別受益者の相続分を減らすことになります。したがって，相続開始時の財産の価額にその贈与の価額を加えたものを相続財産とみなし，これに指定相続分又は法定相続分を乗じて各人の相続分を算出し，特別受益者については，この**特別受益**の価額を控除した残額をもって，具体的相続分となります（民903条1項）。ただし，被相続人が遺言で，以上のこととは異なる意思表示をしたときには，遺留分の規定に反しない範囲内でその効力を生ずるということになります（同条3項，持戻免除の意思表示）。

逆に被相続人の財産の維持又は増加に特別の寄与をした者がいるときは，その者の相続分は，その寄与分を控除したものを相続財産とみなした上，これに指定相続分又は法定相続分を乗じて各人の相続分を算出し，寄与者については，それに寄与分を加えた額をもって具体的相続分となります（民904条の2）。

5　遺産分割の方法

遺産分割の方法としては，現物分割，代償分割，換価分割，共有とする方法に

172 Folder Ⅵ 家族と法

よる分割などがありますが，現物分割が原則的な分割方法です（民258条2項）。そして，特別の事由があると認められるときは，共同相続人の一人又は数人に他の共同相続人に対して債務を負担させて現物分割に代えることができるとされています（家事195条）。この代償分割という方法を採る場合には，債務負担をする相続人に代償金の支払能力があるということが必要です。換価分割というのは，任意売却又は競売により換価をした上で分配をする方法です。共有とする方法による分割は，遺産の全部又は一部を相続人の全部又は一部による共有取得とする方法です。

　相続人間の協議によってまとまらない場合には，家庭裁判所の調停を利用することになりますが，調停も不成立となると，裁判官の審判によって強制的な解決をするしかありません。

6　遺産分割の対象

　遺産分割協議をする上で，そもそも遺産であるかどうかが問題となるもの，遺産ではあるが遺産分割の対象となるかどうかが問題となるもの，遺産ではないが，遺産分割に関連するため協議の対象としていいかどうかが問題となるもの，があります。

　預金等の可分債権については，判例（最判昭和29・4・8民集8巻4号819頁）は，「当然分割され，各共同相続人がその相続分に応じて権利を承継する」としており，一貫して当然分割説を採っています。そうすると，相続開始と同時に法定相続分によって各相続人に帰属してしまい，遺産分割の対象には原則としてならないということになりますが，実際に遺産分割協議をするときには，遺産全体を公平に分割するためには預金債権等をも対象に加えて細部の調整をした方が分割しやすくなるので，家庭裁判所の調停審判では，預金債権等について相続人全員の間で明示又は黙示の合意があれば遺産分割の対象にすることができるとされています。

　そのほか，生命保険金，死亡退職金，遺族厚生年金などの遺族給付については，そもそも遺産であるかどうかが問題となりますし，遺産から生じた果実及び収益は，遺産そのものではなく，遺産とは別個の共同相続人の共有財産ですから，その分割ないし清算をするためには，最終的には民事訴訟によらなければなりません。判例（最判平成17・9・8民集59巻7号1931頁）も明確に遺産性を否定しています。しかし，相続人全員がこれを遺産分割の対象とする旨の合意をした場合に

は，遺産分割の対象に含めることは可能だとされています。

最高裁平成28年12月19日大法廷決定（民集70巻8号2121頁）は，共同相続された普通預金債権，通常貯金債権及び定期貯金債権は遺産分割の対象になるとの判断を示しました。

本件で問題とされた普通預金債権等及び定期貯金債権が，その内容及び性質に照らして前記昭和29年判決にいう「可分債権」に当たらないとするものであり，昭和29年判決を変更するものではありません。しかし，貯金債権が相続開始と同時に当然に分割される旨を判示した平成16年4月20日（裁判集民事214号13頁）等と相反するものであるとして，判例を変更すべきであるとしたものです。

◢ ステップアップ

田中壮太ほか著『遺産分割事件の処理をめぐる諸問題』（法曹会，1994年），梶村太市・雨宮則夫編著『現代裁判法大系11〔遺産分割〕』（新日本法規出版，1998年）などを参照してください。

〔雨宮 則夫〕

| Folder Ⅶ | 福 祉 と 法 |

| File 1 | 成年後見制度 |

スタート

成年後見制度は，判断能力が低下した方々をサポートする仕組みのひとつであり，法定後見制度（成年後見，保佐，補助）と任意後見制度に分けられます。成年後見制度とは，どのような場合に，どのようなサポートを行うものなのか，また実際にどのように利用されているのか，その概要を理解しましょう。

〈キーワード〉
□法定後見制度（成年後見，保佐，補助）　□ 任意後見制度

サポート

1　成年後見制度とは

　成年後見制度は，判断能力が低下し，自分ひとりでは契約を締結することなどが困難になった場合に，その判断能力を補い，契約等の法律行為を行うことをサポートする制度です。サポートの仕方は大きく２つあります。ひとつは，①判断能力が低下した方が１人で行った不利な内容の契約等を取り消すことができるという形でサポートするものです（取消権によるサポート）。もうひとつは，②第三者が判断能力の低下した方に代わって，代理人として契約締結等を行う形でサポートするものです（代理によるサポート）。

2　任意後見制度と法定後見制度

　判断能力が低下し，自分ではもはや契約締結等の法律行為をすることができな

くなる場合が考えられます。その時に備えて，あらかじめ自分で，信頼できる人に代理権を与える契約をしておき，その人に自分に代わって契約等をしてもらうことが考えられます。任意後見契約に関する法律（任意後見契約法）に基づく任意後見制度はこのような場合に関する制度です（詳細は，本 Folder File 3 参照）。

　もっとも，任意後見制度だけでは不十分な場合も考えられます。この制度では，上述②の代理によるサポートしかなく，①の取消権によるサポートがないため，①のサポートが必要とされる場合には対応できなくなります。また，②のサポートも事前に与えた代理権の範囲に限定されるので，それを超えて代理をする必要が生じた場合には対処が難しくなります。さらに，そもそもこのような事前の契約を締結していない場合も当然考えられます。

　そこで，民法では，判断能力の程度に応じて3つの制度を用意して，このような場合に対応しています。成年後見，保佐，補助の制度がそれで，これらをまとめて法定後見制度といいます。成年後見は，判断能力を欠くのが通常の状況であるような場合を対象とし，①②のサポートを広い範囲で与えています。保佐は，判断能力が著しく不十分な場合を対象とし，一定の行為について①によるサポートを原則としながら，②によるサポートを付加できる仕組みになっています。補助は，判断能力が不十分な場合を対象とし，ⓐ特定の行為について①だけのサポート，ⓑ特定の行為について②だけのサポート，ⓒⓐ＋ⓑという形のサポート，というようにかなり柔軟なサポートの形が認められています（詳細は，本 Folder File2参照）。

　なお，これらの成年後見制度が発動されるためには，一定の申立人による申立てに基づく家庭裁判所の審判が必要です。

3　成年後見制度の理念

　このような成年後見制度は，できる限り本人の自己決定を尊重するとともに，本人に対して必要かつ十分な保護を与えることを可能にする制度の構築を目指したものです（「自己決定の尊重」という理念と「本人保護」の理念との調和）。もっとも，現行制度の調和のあり方が適切であるかについては様々な議論がなされています。

4　成年後見制度の利用状況

　平成29年12月末日現在，成年後見制度（成年後見・保佐・補助・任意後見）の利

用者数は，合計で21万290人です。そのうち，成年後見の利用者は16万5,211人，
保佐の利用者は３万2,970人，補助の利用者は9,593人，任意後見の利用者は2,516
人となっており，成年後見の利用者が全体の8割近くを占めています。

　少なくとも人口の１％はいるともいわれる潜在的な対象者を考慮すると，成年
後見制度は十分に利用されていないと評価することもできます。そのため，平成
28年に「成年後見制度の利用促進に関する法律」（成年後見利用促進法）が制定
され，成年後見制度利用の促進に関する施策を総合的かつ計画的に推進すること
になっています（現在の進捗状況については，内閣府ＨＰ「成年後見制度利用促進」
（http://www.cao.go.jp/seinenkouken/index.html），厚労省 HP「成年後見制度利用促
進」（http://www.mhiw.go.jp/stf/seisakunitsuite/bunya/0000202622.html）参照）。

　直近の2017年における成年後見制度利用のための申立件数は，３万5,737件で，
後見開始の審判が２万7,798件，保佐開始の審判が5,758件，補助開始の審判が
1,377件，任意後見監督人選任の審判が804件となっています。申立人は，本人の
子が最も多く，全体の約27.2％を占め，次いで市町村長（約19.8％），本人（約
14.2％）となっています。申立の動機としては，預貯金等の管理・解約が最も多
く，また認知症を契機とするものが全体の約63.3％を占めています。

◢ ステップアップ

　立案担当者によるものとして，小林昭彦ほか編著『新成年後見制度の解説（改訂版）』
（きんざい，2017年）等，そのほか，新井誠ほか編『成年後見制度（第２版）』（有斐閣，
2014年），赤沼康弘＝鬼丸かおる『成年後見の法律相談（第３次改正版）』（学陽書房，
2014年），赤沼康弘＝土肥尚子編『事例解説成年後見の実務』（青林書院，2016年）等参
照。成年後見制度の利用状況については，最高裁ＨＰ「成年後見関係事件の概況」
（http://www.courts.go.jp/about/siryo/kouken/index.html）参照。

〔熊谷　士郎〕

178　Folder Ⅶ　福祉と法

| File 2 | 法定後見制度 |

スタート

　　法定後見制度（成年後見，保佐，補助）は，どのような場合を対象に，
どのように開始され，どのようなサポートが行われることになるのでしょう
か。この File では，これらの点についてその概要を確認しましょう。

〈キーワード〉
□　成年後見人　　□　保佐人　　□　補助人　　□　本人意思尊重義務・身上配慮義務

サポート

1　法定後見が開始される場合

　　法定後見制度は，本人の判断能力の程度に応じて，成年後見・保佐・補助の3
類型に分けられています。成年後見は精神上の障害により判断能力（条文上は
「事理を弁識する能力」）を欠く常況にある場合（民7条），保佐は判断能力が著し
く不十分な場合（民11条），補助は判断能力が不十分な場合（民15条）です。

2　法定後見（後見・保佐・補助）開始の審判

　　法定後見制度が開始されるためには，申立権者の申立てに基づく家庭裁判所よ
る審判が必要です（民7条・11条・15条）。申立権者は，本人・配偶者・4親等内
の親族・検察官等（民7条参照）のほか，市（区）町村長（老人福祉法32条等），任
意後見受任者・任意後見人・任意後見監督人（任後10条2項）です。補助開始の
審判をするためには，自己決定の尊重という観点から，本人の申立て以外の場合
には本人の同意が必要とされます（民15条2項）。

　　後見・保佐開始の審判をするためには，原則として，本人の精神状況について
鑑定をする必要があり，「明らかにその必要がないと認めるとき」に限って不要
とされます（家事119条1項・133条。もっとも，鑑定の実施率は直近の平成29年では
成年後見制度全体で約8.0%であることに留意）。これに対して，補助開始の審判の
場合には，本人の精神の状況に関する医師その他の適当な者の意見を聴くことで
足ります（家事138条）。また，法定後見（後見・保佐・補助）開始の審判をする場

合には，自己決定尊重の観点から，原則として，本人の陳述を聴かなければならないとされています（家事120条1項1号・130条1項1号・139条1項1号）。

3　サポートの内容

(1)　成年後見人・保佐人・補助人

後見・保佐・補助開始の審判がなされる場合には，本人（成年被後見人・被保佐人・被補助人）のために，それぞれ，成年後見人（民8条・843条1項），保佐人（民12条・876条の2），補助人（民16条・876条の6）が選任されます。成年後見人等を選任する際には，様々な事情が考慮されますが，自己決定の尊重の観点から「本人の意思」が考慮事情として明記されています（民843条4項・876条の2第2項，876条の7第2項参照）。複数の成年後見人等が選任されることも（民859条の2・876条の5第2項・876条の10第1項参照），法人が成年後見人になることも可能です（民843条第3項・876条の5第2項・876条の10第1項参照）。平成29年のデータによれば，司法書士・弁護士・社会福祉士等の親族以外の第三者が選任されるケースが約73.8％にまで至っており，注目されます。

(2)　取消権によるサポート

成年被後見人が行った法律行為は原則として取り消すことができますが，自己決定の尊重・ノーマライゼーションの観点から，日用品の購入その他「日常生活に関する行為」は取り消すことができないとされています（民9条）。被保佐人は，民13条1項に列挙されている行為（審判によってそれ以外の行為に拡張可）について，被補助人は，特定の法律行為（民13条1項に掲げられた行為の一部）について補助人に同意権を付与する旨の審判がなされた場合にはその特定の行為について，保佐人・補助人の「同意」という形でのサポートを受けることができ，保佐人・補助人の同意を得ずに行った場合には取り消すことができます（民13条，17条参照）。補助の場合に，同意権付与の審判を行うには，本人の申立てまたは同意が必要です（民17条2項）。

本人（成年被後見人・被保佐人・被補助人）のほか，成年後見人・保佐人・補助人も本人のした行為を取り消すことができます（民120条参照）。

(3)　代理によるサポート

成年被後見人等は，成年後見人等の代理行為を通じてその便益を享受することができます。成年後見人は，成年被後見人の財産に関する法律行為について包括的な代理権を有しています（民859条1項）。保佐人・補助人は，特定の法律行為

について代理権を付与する旨の審判がなされた場合に限って，その範囲で代理権を有するに過ぎません。この審判をする場合には，本人の申立てまたは同意が必要とされます（民876条の4・876条の9）。

なお，成年後見人等が本人の居住用の不動産を処分する場合には，本人の身上面に与える影響の大きさを考慮して，家庭裁判所の許可が必要とされていることに留意すべきです（民859条の3・876条の5第2項・876条の10第1項）。

⑷ 成年後見人等の義務

成年後見人等は，それぞれの事務を行うにあたって，善管注意義務を負うほか（民869条・876条の5第2項・876条の10第1項），本人の「意思を尊重し，かつ，その心身の状態及び生活の状況に配慮しなければならない」（民858条・876条の5第1項・876条の10第1項）とされています（**本人意思尊重義務・身上配慮義務**）。この規定は，善管注意義務の内容を敷衍し明確にするとともに，本人の意思の尊重および身上への配慮が成年後見人等の事務処理の指導原理であることを明示するものとして，特に重要なものと思われます。

なお，成年後見人の職務には，成年被後見人の生活・療養看護（身上監護）に関する事務が含まれますが（民858条参照），ここには現実の介護等の事実行為は含まれず，また医的侵襲に対する医療同意等も含まれないと解されています。**成年後見人は，介護契約等の法律行為（およびこれに関連する行為）を行う権限があるに過ぎません。**

⑸ 成年後見人等の監督

家庭裁判所および成年後見監督人等は，成年後見人等に対して事務報告や財産目録の提出を求め，成年後見人等の事務や成年被後見人等の財産状況を調査することができ，家庭裁判所は，成年後見人等の事務について必要な処分を命じることができます（民863条・876条の5第2項・876条の10条第1項）。**成年後見監督人等は，必須の機関ではなく，家庭裁判所が必要と認める場合に選任される機関です**（民849条以下・876条の3・876条の8参照）。

◢ ステップアップ

本Folder File 1のステップアップに掲げたもの参照。

〔熊谷 士郎〕

File 3　任意後見制度　181

| File 3 | 任意後見制度 |

スタート　任意後見制度は，任意後見契約に関する法律（任意後見契約法）に基づく委任契約をベースにした制度です。なぜ，このような制度が必要なのでしょうか，また，具体的にどのような制度なのでしょうか。法定後見との関係はどうなっているのでしょうか。この File では，これらの点について確認しましょう。

〈キーワード〉
□ 任意後見契約　　□ 任意後見人・任意後見受任者　　□ 任意後見監督人
□ 本人意思尊重義務・身上配慮義務　　□ 任意後見優先の原則

サポート

1　なぜ任意後見制度が必要なのか

　ある者（A）が，判断能力が低下した場合に備えて，予め自分の信頼できる者（B）に，自分が望むような形で，身上監護や財産管理に関する法律行為について代理権を与えることができる制度は，自己決定の尊重という観点からは，望ましい制度（a）だといえます。しかし，諸外国では，Aの判断能力が低下した場合にはBの代理権が消滅すると考えるところがあります。このようなところでは，制度aのために，Aの判断能力が低下した場合でも代理権は消滅しないという立法が必要になります。これに対して，日本では，Aの判断能力が低下してもBの代理権は消滅しないと解されています（民112条・653条参照）。したがって，制度aのために，特別な立法を必要としません。では，なぜ任意後見契約法が必要とされたのでしょうか。Aの判断能力が低下すると，A自身がBの代理権の行使についてコントロールすることができなくなってしまいます。そこで，このような場合に，Aの保護のため，公的機関によってBを監督する制度が必要であると考えられたのです。つまり，監督機関付きの制度aが任意後見制度ということができます。

2 任意後見制度の概要

⑴ 任意後見契約の締結

　任意後見契約とは，委任者（本人（任意後見2条2号参照））が受任者（任意後見契約の効力発生後は「任意後見人」・発生前は「任意後見受任者」（同3号・4号））に，①精神上の障害により判断能力（条文上は「事理を弁識する能力」）が不十分な状況における自己の生活・療養看護（身上監護）および財産の管理に関する事務の全部または一部を委託し，その委託に係る事務について代理権を付与する委任契約であり，②任意後見監督人が選任された時からその効力を生ずる旨の定めのあるものです（同1号）。①は，少なくとも補助に該当する程度以上に判断能力が不十分な状況であること，委任の対象が後見事務の対象である法律行為の全部または一部であることを示しています。したがって，ここでいう「生活・療養看護」に関する事務には，法定後見と同様，現実の介護等の事実行為や医療同意は含まれません。②は，任意後見人の活動が任意後見監督人の監督のもとでのみ可能となることを担保するものです。

　任意後見契約は，公正証書によって行う必要があります（同3条）。公正証書によることにしたのは，本人の真意による適法かつ有効な契約が締結されることを制度的に担保する等のためです。

⑵ 任意後見制度の開始

　任意後見契約は，家庭裁判所の審判によって任意後見監督人が選任されたときからその効力を生じることになります。この審判がなされるためには，①任意後見契約が登記されていること，②精神上の障害により判断能力が不十分な状況になること，③申立権者（本人・配偶者・4親等内の親族・任意後見受任者）による申立て，④本人以外の申立ての場合には，（本人が意思を表示することができないときを除き）本人の同意，が必要です（同4条）。任意後見監督人選任の際の考慮事情については，成年後見人に関する民843条が準用されています（任意後見7条4項。本 Folder File2・3⑴参照）。なお，家庭裁判所は，任意後見監督人選任の審判をするためには，本人の精神の状況に関する医師その他適当な者の意見を聴かなければなりません（家事219条）。また，原則として，本人の陳述を聴かなければなりません（家事220条1項1号）。

⑶ 任意後見人の義務

　任意後見契約のベースは委任契約ですので，任意後見人は善管注意義務を負う

ことになりますが（民644条），任意後見契約法6条は，善管注意義務を敷衍し，法定後見の場合と同様の**本人意思尊重義務**および**身上配慮義務**を負うことを明らかにしています（本Folder File2・3(4)参照）。

(4) 任意後見人の監督

任意後見監督人は，任意後見人の事務を監督し，その事務について家庭裁判所に定期的に報告することを主たる職務とし（任意後見7条1項1号・2号），任意後見人に対しいつでもその事務の報告を求め，**任意後見人の事務や本人の財産状況を調査する**ことができます（任意後見7条2項）。家庭裁判所は，**任意後見監督人の職務について必要な処分を命ずることができ**（同3項），任意後見人に職務に適しない事由がある場合には，**任意後見監督人等の申立てにより解任すること**ができます（同8条参照。法定後見の場合は，家庭裁判所の職権でも成年後見人等を解任可能（民846条・876条の2第2項・876条の7第3項参照））。つまり，任意後見の場合には，法定後見の場合と異なり（本章File2 3(5)参照），家庭裁判所は，**任意後見監督人の監督を通じて，間接的に任意後見人を監督する仕組みになっている**わけです。

3 法定後見との関係

任意後見と法定後見との関係については，どちらが先行するかを問わず，必ず家庭裁判所の判断を介在させたうえで，任意後見制度による保護を選択した本人の自己決定を尊重するという観点から，原則として任意後見が優先し（**任意後見優先の原則**），「本人のため特に必要で（が）あると認めるとき」に限って法定後見が優先することとされています（任意後見4条1項2号・10条1項参照）。そして，権限の抵触を回避する等の観点から，任意後見と法定後見は併存させない仕組みになっています（同4条1項・2項，同10条3項参照）。ここでいう「本人のため特に必要で（が）あると認めるとき」とは，①本人が任意後見人に与えた代理権の範囲を超える法律行為について代理によるサポートが必要とされるが，本人がそれについて代理権を与えることが困難な状況にある場合や②本人について取消権によるサポートが必要な場合等が考えられます。

◤ **ステップアップ**

本Folder File1のステップアップに掲げたもの参照。

〔熊谷 士郎〕

184　Folder Ⅶ　福祉と法

File 4	医 療 契 約

> **スタート**
>
> 医師の医療行為は患者との契約に基づいているとみることができますが，医療契約はいつ成立し，医療契約からどのような法律関係が生じるのでしょうか。

〈キーワード〉
□ 医師＝患者関係　　□ 診療債務　　□ インフォームド・コンセント

サポート

1　医療契約の成立

　契約は，要式等の他の要件が特に定められていなければ，当事者の意思の合致によって成立します。医療契約の当事者は，原則として，医師と患者であると考えられますので，医療行為の実施について医師と患者の意思が合致すれば医療契約が成立しています。具体的には，受診することが患者の意思表示（申込）であり，診察開始が医師の意思表示（承諾）になりますので，診察の開始時点で医療契約は成立することになります。なお，医師は，診療請求に対して，正当事由がない限り，拒否できない公法上の義務があります（医師19条）。

2　医療契約の内容

　医療契約の成立によって生じる主な法律関係は，医師側からみれば，患者に対する診療債務と診療報酬債権です。診療報酬は診療の内容によって決まるので，最も重要な法律関係は患者に対する医師の**診療債務**です。ところが，契約成立の時点では診療債務の内容は白紙です。問診や検査を実施して，債権者（患者）の同意や協力を得ながら，債務者（医師）自身が自己の債務の内容（治療の方針）を決めていきます。ここには医師に対する患者の信頼を基礎とした**医師＝患者関係**があり，これが医療契約の最大の特徴です。患者の信頼に応える医療水準を充たした治療が医師の債務の内容になります。外科手術等の身体的侵襲を伴う行為には，医師は，患者に理解可能な内容での説明をしたうえで患者の承諾を得なけ

ればなりません（インフォームド・コンセントの法理：判例・通説）。

3　医療契約の当事者

　医師が複数いる病院で受診する場合には，医療契約の当事者は，担当医ではなく病院（医療法人またはその開設者）になります。患者に対する診療報酬債権が医師個人にではなく病院に帰属することや，大病院での総合的な診療体制による医療では病院全体で患者に対する責任を負うべきだからです。担当医は，看護師や検査技師と並んで，診療に関する債務者（病院）の履行補助者だとみられています。履行補助者の側に過失があれば，債務者（病院）が契約責任を負います。

　保険診療では，医師（または病院）は，患者の自己負担分を除いて，患者が加入している健康保険の保険者（市町村，共済組合等）に対して診療報酬を請求し，その支払を受けます。また，この保険者は被保険者（健康保険に加入している患者）に現物給付として診療を提供する義務があります。これらを重視して，保険診療では契約当事者の一方は保険者であるという主張もありますが，しかし，医師＝患者関係が基礎であることに変わりがないため，保険診療の場合でも契約当事者はやはり医師（病院）と患者であると考えられています。

4　患者が意思無能力の場合

　医療契約は，他の契約と異なり，制限行為能力者でも意思能力があれば単独で契約を成立させることができます。契約の目的が健康の維持・改善にあり，契約の成立は制限行為能力者の利益になるからです。意思無能力者が法定代理人（親権者，後見人等）に伴われて受診する場合には，法定代理による契約締結と解されています。代理権のない第三者に伴われた場合には，第三者が事務管理者として医師と契約を締結すると解されています。誰にも伴われていない場合には，医療契約は成立しませんが，医師が事務管理（民697条〜702条）として医療行為を実施することになります。ただし，以上のことは，医療契約の成立に関してであって，医的侵襲に必要な患者本人の承諾とは別の問題です。

◢ ステップアップ

　まず，民法の債権各論の教科書を読み，それを終えたら，米村滋人「医療契約」法学セミナー694号99頁（2012年）や河上正二「診療契約と医療事故」法学教室167号63頁（1994年），さらに，村山淳子『医療契約論』（日本評論社，2015年）等に挑戦しましょ

う。

〔前田　泰〕

File 5	介 護 保 険

> **スタート**
> 　介護保険は介護を家族のみの負担とせず，社会全体で負担していこうとする制度です。現在高齢者の介護保障は「契約」ベースになされていますが，どのように選択され，実行されるのでしょうか。

〈キーワード〉
□ 介護保険　　□ 社会保険　　□ 要介護　　□ 要支援

サポート

1　介護保険制度とは

　介護保険制度とは，介護を必要とする状態となってもできる限り自立した日常生活を営み，人生の最後まで人間としての尊厳を全うできるよう，介護を必要とする人を社会全体で支える仕組みです。2000年4月に施行されました。介護に関する福祉サービスと保健医療サービスが総合的・一体的に提供され，公的機関のほか，社会福祉法人，株式会社，NPOなど多様な事業者の参入促進が図られ，効率的にサービスが提供されるようになりました。行政による措置ではなく，個人が契約によって，選択するので平等に介護サービスを受けることができるようになりました。

2　社会保険としての介護保険

　介護保険制度は，社会保険の技術を用いて介護サービスの費用をまかなう仕組みです。介護保険の被保険者となる人は，65歳以上の第1号被保険者と40歳以上65歳未満の医療保険加入者である第2号被保険者です。ただし，第2号被保険者の給付要件は，加齢にともなう疾病で要介護状態となった場合に限定されるなど，第1号被保険者と第2号被保険者とでは保険給付の要件，保険料の設定や徴収方

法などが異なっています。つまり，40歳以上の人は全員加入して介護保険料を納め，介護が必要になった時に所定の介護サービスが受けられるわけです。保険料は市町村によって差があります。**介護保険の保険者は市町村および特別区**（東京都23区）です。保険者は，被保険者から保険料を集めて，介護が必要な人に給付を行うなど保険財政を管理する仕事を行います。介護保険制度では，保険給付に必要な費用の50％は保険料（事業主負担および国庫負担を含む）で，残りの50％は公費（制度上は国25％，都道府県12.5％，市町村12.5％）でまかなっています。

3　介護保険給付

介護保険の被保険者が**要介護状態または要支援状態**（要介護状態になるおそれがある状態）になった場合に，保険給付が行われます。被保険者が，保険者に対して給付申請を行った場合，保険者は，要介護状態または要支援状態に該当するかについて調査，判定する要介護認定を行います。この要介護認定の手続では，被保険者の日常動作などをもとに介護の必要性を計測することになっており，その際には，介護を行う家族の有無などは考慮されません。**要介護および要支援状態**は，要介護状態ではないが社会的支援が必要な要支援状態1，2と，部分的介護を要する要介護1から最重度の要介護5までの全部で7つに区分されており，段階的に支給限度額が高くなるように設定されています。

要介護状態また**要支援状態**と認定された被保険者は，自宅で訪問介護，訪問看護，訪問入浴などの在宅サービスの提供を受けるか，または特別養護老人ホームなどの施設に入所してサービスを受けることになります。原則として介護サービス計画（ケアプラン）を作成し，これにもとづいてサービスの提供を受けることになっています。ケアプランは，被保険者の心身の状況や家族の状態，住居などの環境，被保険者のニーズおよび専門家の意見をふまえて，介護支援専門員（ケアマネジャー）が作成します。

介護サービスの利用にあたっては，給付の対象となる費用の9割が保険給付となり，残りの費用はサービスの提供を受けた被保険者が負担することになります。2014年には，介護給付の激増に伴い，高所得の被保険者の費用負担見直しや，特別養護老人ホームの入所条件を**要介護3**以上にするなどを中心とした介護保険法の改正が行われました。

188　Folder Ⅶ　福祉と法

▶ステップアップ

　意外とネット情報が有益です。下記のホームページなどをご覧下さい。
http://www.mhlw.go.jp/stf/seisakunitsuite/bunya/hukushi_kaigo/kaigo_
koureisha/gaiyo/index.html を参照して下さい。

〔中村　昌美〕

| File 6 | 医　療　保　険 |

スタート

　　わたしたちが病気になったときに利用する医療保険のしくみはどのよう
になっているのでしょうか。また，医療費の増加に対応するために医療制度
改革が必要だといわれていますが，それはなぜでしょうか。これらを概観し
ましょう。

〈キーワード〉
□ 医療保険　　□ 保険者　　□ 被保険者　　□ 医療制度改革

サポート

1　医療保険制度

　病気やけがをしたとき，わたしたちは病院や診療所で治療を受けます。その際，
被保険者証を医療機関の窓口で示すことにより，実際にかかった医療費の３割
（75歳以上は１割〔現役並み所得者は３割〕，70歳から74歳は２割〔現役並み所得者は３
割〕，義務教育就学前は２割）のお金を支払うことで必要な医療を受けることがで
きます。このとき，残りの費用は**医療保険**の**保険者**（医療保険を管理運営する組
織）から支払われています。このように，わが国では，国民のほとんどすべてが
何らかの公的医療保険に加入することになっており，安価な費用で医療機関に受
診することができるようになっています。

　現在，大小あわせて約3,000の保険者が存在しています。たとえば，サラリー
マンが加入する健康保険の場合，企業が設立した健康保険組合が保険者となる組
合管掌健康保険と中小企業を対象に全国健康保険協会が保険者になる全国健康保

険協会管掌健康保険（協会けんぽ）があります。また，国民健康保険の場合には，都道府県と市町村が**保険者**となり，その地域に住む自営業者や退職者が加入します。なお，後期高齢者医療制度においては，都道府県ごとに後期高齢者医療広域連合（その都道府県の区域内の全市町村が加入する広域連合）が置かれ，それらが保険者となり，75歳以上の者と65〜74歳の者のうち一定の障害を持つ者がその対象となります。

2　医療保険の仕組み

それでは，わたしたちが医療機関で医療を受ける場合，**医療保険**の観点からは，どのような法律関係が生じるのでしょうか。健康保険を例に見てみましょう。

病気やケガをした場合，病院や診療所で必要な治療を受けることになります。このとき，提供される医療サービスは，健康保険法上は「療養の給付」と位置付けられており，保険医の登録を受けた医師が，指定基準を満たした病院や診療所（指定医療機関）で提供しなければなりません。もっとも国民皆保険体制をとるわが国では，全国のほとんどの医療機関が指定医療機関となっています。

また，保険診療の方針や範囲は，療養担当規則や診療報酬点数表に定められたものでなければなりません。保険医が行った診療行為が療養担当規則などの基準に適合しているかについては，都道府県に設置された社会保険診療報酬支払基金などの審査機関が審査を行います。

なお，健康保険の場合，**被保険者の扶養家族は家族療養費の支給によって医療**を受けます。しかし，実際の受診の際には，被保険者本人とほとんど違いがないようになっています。国民健康保険の場合，世帯員全員が被保険者となります。

3　保険給付の種類

被保険者については，療養の給付（または治療費の支給），各種療養費（入院時生活・保険外併用・高額・訪問看護），疾病手当金，出産育児一時金，出産手当金，移送費，埋葬料の支給があり，また，被扶養者も一部を除いて同様です。

4　高齢社会と医療制度改革

以前，原則として75歳以上の医療保険加入者は，老人保健法による老人医療の対象者となっていました。この老人医療の費用は，医療保険の各保険者からの医療費拠出金と公費（税金），老人の一部負担によってまかなわれており，高齢者

の医療費を国民が共同で支える仕組みとなっていました。ところが，高齢化の進展により，保険者の支払う拠出金の額が膨大になり，赤字に陥る保険者もでてきました。そのため，この制度を廃止して，2008年より新たな高齢者医療制度を創設することになりました。この制度により，75歳以上の後期高齢者と65歳以上75歳未満の前期高齢者に関して異なった財政調整の仕組みを採用することとなりました。

次に，中長期的な視点から医療保険制度がかかえる課題を見ておきましょう。

第1は，保険集団のあり方です。医療保険のひとつである国民健康保険は，もともと自営業者を主な対象者としていました。しかし，就業構造の変化などにより，現在では，退職者が多数を占める保険制度に変質しています。何らかの病気を有している退職者や低所得者を多くかかえる国民健康保険と，健康な現役世代で構成された健康保険では，保険財政にかなりの差が生じることは必然的です。このような保険集団のあり方をいかに見直すべきかは，今後の重要な検討課題です。

第2に，公的な医療保険でカバーする診療の範囲です。現在の保険診療では，自己負担分以外に医療機関が患者から治療費や薬代などの費用を個別に徴収することは，一部の例外（保険外併用療養費）を除いて認められていません（混合診療の禁止）。これをむやみに認めてしまうと，所得にかかわりなく医療へのアクセスを保障する医療保険の意義が失われてしまうためです。しかしながら，現在の画一的な保険診療に対しては，新しい治療法や薬剤の使用を求める患者のニーズの多様化に応えることができない，医師の技術が適切に評価されていないなどの問題点が指摘されています。そこで，差額ベッドや歯科治療の選択材料にみられるように，自己負担分に加えて患者からの差額徴収を認める保険外併用療養費の範囲をどの程度まで拡大すべきかが議論の対象となっています。

わが国の医療保険制度は，少ない負担で国民の医療へのアクセスを確保し，健康の増進に寄与してきたため，先進諸国の中でもすぐれた制度と評価されてきました。しかし，今後は，高齢化の進展にあわせた制度の見直しが避けられません。また，予防医療の充実，医療事故に対する有効な防止策の確立，患者への情報公開など，国民の要望にあわせた制度の改善も求められています。

> **ステップアップ**
>
> 　医療保険制度の現状と今後の課題については，厚生労働省のホームページ（http://www.mhlw.go.jp）を参照して下さい。

〔平　誠一〕

File 7	障害をもつ人のための法

> **スタート**
>
> 　身体・精神に障害をもつ人たちも，社会の適切なサポートがあれば，十分に社会に参加して，自己の人格を発展させることが可能です。そのために，社会ないしは法は幾つかのサポート措置を講じています。

〈キーワード〉
- [ ] 障害者　　□ 自立支援　　□ 生活保護　　□ 介護保険
- [ ] 障害者自立支援法　　□ 国連障害者人権条約

サポート

1　支援の必要な人間

　現代社会では，個人（市民・私人）は，自分の財産又は労働力で生活し，かつ，自分自身の判断で生活のあり方を決定することになっています。しかし，①十分な財産を有しないが，身体あるいは精神の障害，又は，高齢による労働力の喪失で，単独では経済的に自活できない人間も存在します（財産の不足）。さらに，②十分な財産を有しても，取引能力の欠如で，自分では合理的な取引のできない者も存在します（取引能力の不足）。もっとも，誰でも幼児の間は，①②ともに不十分なのが通例です。ただし，その場合には，通常は親権者たる両親が，子を扶養・監護することが予定されていますから，原則として社会の支援は必要ではありません。

　しかし，①では，高齢による労働不能のときは，若年から稼働し，加入強制されている社会保険の保険料を納付していれば，年金保険によって年金（生活費など）を取得し，身体的な意味で日常生活に支障がある場合も**介護保険**によって介

護サービスを受けられるよう制度設計されています。それ以外の場合も，生活保護法による生活費の支給がされます。②では，判断能力の不十分な者に対しては，成年後見制度による成年後見人，保佐人などのサポーターが選任され，被後見人，被保佐人に代わって，法律行為を代理したり，不適切な行為を取り消したりするという制度が用意されています。ただし，特に，先天的に精神・身体の障害をもつか，若年でそのような状態となったときには，以上のような一般的な措置だけでは不十分なケースが多いと考えられます。

2　障害者自立支援法

　このような障害者の支援のために，従来は障害者（身体・知的・精神の障害者）に関しては，障害の種類毎に各種の法律がそのサポートを定めていました。しかし，障害者基本法の理念に基づいて，障害者一般に自立支援の観点から一元的なサービス提供を規定した法律が，2006年から施行されています。具体的な支援としては，ホームヘルプ，ショートステイ，入所施設等の介護給付費用，リハビリ，就労移行支援などの訓練等給付費，自立支援医療などの給付が行われています。ただし，特に，障害者の費用負担に関しては様々な問題があり，法改正がされたり，さらに，現在でも課題が多いと考えられています。加えて，障害者が生活保護の対象となるケースも多々あります。その意味で，わが国の障害者に対する支援は，十分なものとは評価できないと考えられています。

　ちなみに，強制収容所などでユダヤ人などの大量虐殺を行ったナチス政権は，ユダヤ人以前にも，優性保護的考え方に基づいて，障害者を隔離・処分する措置を行っていました。優生学的思想は，一見すると一定の合理性を持っているようにも見えますが，少数者の人権を抑圧する社会は，必ず多数者の中に不断に少数者を見つけ出して，これを排除する政策を繰り返すことになります。だから，障害者の権利を十分に擁護する社会は，通常の市民にとっても寛容で自由な社会であり，障害者の権利保護は，自由な市民社会の前提であり，障害者の社会での処遇は，平均的市民にとっても極めて重要な意味を持っています。

3　国連障害者権利条約

　障害者に関する最近の重要な動向として，2006年に国連で議決された国連障害者権利条約があります。障害者権利条約は，障害者の社会への統合から社会への受け入れへ，福祉と配慮から障害者自身の自己決定へ，つまり，障害者は社会の

配慮の対象から自分の生活様式について自ら決定する主体となるという考え方で，国連で議決されました。

4 成年被後見人の選挙権制限違憲判決

　以上のような障害者の社会参加に関する最近の重要な判決を紹介したいと考えます。原告（X）は，出生時からダウン症候群と認定され，中度知的障害でもあり，療育手帳Bの認定を受けていましたが，20歳になった後は，ほとんど棄権することなく選挙権を行使していました。ところが，2007年に成年被後見人となった後，公職選挙法11条１項１号により，選挙権及び被選挙権を有しないこととされました。そこで，Xは，Xが次回の衆参議員の選挙で投票をすることが可能な地位にあることの確認を求めて行政訴訟を提起し，同規定が憲法15条３項（成年者による公務員の普通選挙権），14条１項（法の下の平等）に違反して無効であると主張しました。東京高裁は，平成25年３月14日の判決で，「成年後見制度は，国際潮流となっている高齢者，知的障害者及び精神障害者等の自己決定の尊重，残存能力の活用及びノーマライゼイションという新しい理念に基づいて制度化されたものであるから，成年被後見人の制限についても同制度の趣旨に則って考えられるべきところ，選挙権を行使するに足る判断能力を有する成年被後見人から選挙権を奪うことは，成年後見制度が設けられた条規の趣旨に反するものであり，また上記の新しい理念に基づいて各種改正を進めている内外の動向にも反するものである。」と判示して，「成年被後見人は選挙権を有しないと定めた公職選挙法11条１項１号は，選挙権に対する『やむを得ない』制限であるということはできず，憲法15条１項及び３項，43条１項並びに44条ただし書に違反すると言うべきである」と違憲性を認めました（公選14条１項１号は，その後改正されています）。

ステップアップ

　障害者福祉の全体像に関しては，佐藤久夫・小林温『障害者福祉の世界〔第５版〕』（有斐閣，2016年）などを参照。

〔藤原 正則〕

194 Folder Ⅶ 福祉と法

| File 8 | 高齢者に対する支援 |

スタート

　人は誰でも加齢とともに心身に衰えが生じ，安心・安全な生活を送るために，周囲のさまざまな支援が必要となってきます。内閣府によれば，2016年10月1日現在，我が国の総人口は1億2,693万人で，このうち，65歳以上の高齢者人口は3,459万人とされていますので，総人口に占める65歳以上人口の割合（高齢化率）は27.3%を占めています。高齢者を社会的に支援するための法制度が必要になっています。

〈キーワード〉

- □ 脆弱性 　□ 過量契約 　□ 福祉型信託 　□ サービス付き高齢者向け住宅
- □ 後期高齢者医療制度 　□ 介護保険制度 　□ 高齢者虐待防止法

サポート

1　高齢者の財産管理

(1)　消費者被害

　他の年齢層と比較して，高齢者は消費者被害に遭いやすい傾向にあります。例えば，2015年度に全国の消費生活センター等が受け付けて，PIO-NET に登録された消費生活相談情報のうち，契約当事者が70歳以上の割合は年代別で最多の19.6%を占めています。認知症の発症までではなくても，一般に記憶力等の知的能力は加齢に伴って徐々に衰えますし，定年退職等で社会的活動が減退し，交渉力の脆弱性という消費者の特性はより顕著に表れてきます。加えて，高齢者は一般に比較的高額な資産を有しているので，悪質商法の標的にされやすいことが挙げられます。もっとも，契約当事者の高齢性のみを要件として無条件に保護を与える仕組みは，消費者保護法制の領域を含めても存在しません。高齢という要素は，基本的には何らかの法的救済を実現するための一要素として考慮されるにすぎないのです。具体的には，①意思無能力を理由とする無効主張，②公序良俗違反を理由とする無効主張（民90条），③錯誤を理由とする無効主張（民95条），④詐欺・強迫を理由とする取消権（民96条），⑤消費者契約法上の取消権（消費者契約4条），

⑥特定商取引法上の取消権・解除権（特定商取引9条の3等），⑦特定商取引法上のクーリング・オフ（特定商取引9条等），⑧不法行為や債務不履行に基づく損害賠償請求（民709条・415条）等の解釈に当たって，高齢に起因する脆弱性をどのように評価すべきかが問題となりえるでしょう。なお，2017年の消費者契約法改正で新設された過量契約に関する取消権（4条4項）は，認知症高齢者等の判断能力不十分者に対する付け込み型勧誘の事案を想定して立法された経緯があり，今後の解釈論上の運用が特に注目されるところです。

(2)　認知症高齢者らの財産管理

認知症のために事理弁識能力がある程度以上に低下した場合は，成年後見制度による支援を受けることができます（詳細は Folder Ⅶ・File 1 ～ 3 参照）。

判断能力不十分者の財産管理を支援する仕組みとしては，ほかに日常生活自立支援事業があります。これは，契約に基づく支援という点で任意後見と共通していますが，より簡単な手続きで利用できることが特徴です。支援者となる事業の実施主体は都道府県・指定都市社会福祉協議会（または，これから委託を受けた市区町村社協等）です。他方，利用対象者は，「日常生活を営むのに必要なサービスを利用するための情報の入手，理解，判断，意思表示を本人のみでは適切に行うことが困難な認知症高齢者等」ですが，「本事業の契約の内容について判断し得る能力を有していると認められる者」に限られます。また，支援の内容も，①福祉サービスの利用援助，②日常的金銭管理サービス，③書類等の預かりサービスに限定されています。したがって，認知症が進行して，本人が契約能力を失ってしまった場合や，不動産の処分，遺産分割協議への参加といった対象外の法律行為に関する支援の必要性が生じた場合には，原則として成年後見制度による支援へと移行させる必要があります。

さらに，2016年の信託法改正をきっかけに，高齢者や障害者等を受益者として，その財産管理や生活支援を目的とした福祉型信託の活用が注目されています。成年後見と組み合わせて利用することで，それぞれの長所のシナジー効果を狙う運用スキームも模索されており，今後の発展が期待されます。

2　住宅問題

自宅であれ，借家であれ，特に単身の高齢者にとって，「終の棲家」を確保することには多くの困難が付きまとい，新しい社会問題となっています。そこで，高齢者の特性に配慮した住居として，民間の有料老人ホームやグループホーム，

地方自治体等が運営する特別養護老人ホーム，介護老人保健施設，介護療養型医療施設（いわゆる介護保険3施設）等が登場していますが，近年特に注目されているのがサービス付き高齢者向け住宅です。これは，高齢者の居住の安定確保に関する法律（高齢者住まい法）に基づいて登録された賃貸住宅等を指します。登録には，①バリアフリーなどのハード面の基準，②安否確認・生活相談サービスの保障などのソフト面の基準，③前払家賃の返還に関する規制などの契約面の基準をクリアする必要があり，全体として，高齢者の居住の安定を確保することが求められています。

3　医療・介護と虐待防止

　高齢者の身上監護面への支援として重要になるのが，医療と介護の適正な保障です。前者については，75歳以上を対象として自己負担限度額を現役世代よりも低く設定する後期高齢者医療制度が2008年から実施されています。しかし，国民皆保険制度を維持するための財源との関係で，制度の改善をめぐり，現在も多くの議論が交わされています。後者については，介護の社会化とサービス提供手段の契約化（利用者の自己決定尊重）の視点から導入された介護保険制度が重要な役割を果たしています（詳細は Folder Ⅶ・File 5 参照）。

　また，高齢者の安心・安全な生活を確保するためには，家族や施設職員といった養護者からの虐待を防ぐことも不可欠です。そこで，高齢者虐待の防止，高齢者の養護者に対する支援等に関する法律（高齢者虐待防止法）は，①身体的虐待，②介護・世話の放棄・放任（ネグレクト），③心理的虐待，④性的虐待，⑤経済的虐待を発見した者に市町村への通報義務を課すなどしたうえで，通報を受けた市町村に本人の一時保護や立入調査，法定後見の市町村申立て等の適切な対応を取らせるという虐待防止のための法的スキームを定めています。

ステップアップ

　高齢者をめぐる法律問題の現状を理解するためには，岩村正彦編『高齢化社会と法』（有斐閣，2008年），東京弁護士会弁護士研修センター運営委員会編『高齢者をめぐる法律問題』（ぎょうせい，2015年）が有益です。

〔上山　泰〕

File 9　労災保険　197

File 9	労 災 保 険

スタート
　仕事中に倒れた機材で怪我をした，長時間労働のストレスによって病気になった，通勤途中に事故に巻き込まれて怪我をした場合，労働者は労災保険を受けることができます。労災保険とはどのような制度かを学びましょう。

〈キーワード〉

□ 労災保険　　□ 労働者災害補償保険法　　□ 業務災害　　□ 通勤災害

サポート

1　労災保険

(1)　労災保険とは

　仕事を原因とする業務上の事由または通勤により，負傷，疾病，障害および死亡した民間労働者に，自己負担のない医療の給付，社会復帰の促進，労働者の遺族の援護を行なう制度が，労働者災害補償保険です。これを**労災保険**と呼び，**労働者災害補償保険法**（労災保険法）の下に制度化されています。

(2)　労災保険関係

　労災保険は，政府が保険者となって運営し（労災2条），労働者を使用するすべての事業（農林漁業の一部を除く）との間で成立します（同3条，労災徴3条）。労災保険料は，政府が徴収し（同10条），事業の事業主が全額を納付します。労働者本人に労災保険料を負担する義務はありません。

(3)　労災保険料率

　労災保険料の額を決める労災保険料率は，事業の種類ごとに労働災害発生の危険度に応じて異なります。また，事業主の保険料負担の公平性と，労働災害防止努力の促進を目的に，労働災害が発生すると保険料があがるというメリット制が設けられています。そこで，事業者は定期的な健康診断やストレスチェック等を行なっています。ただし，労働災害が発生したのに**労災保険**でなく健康保険の使用を事業者側が指示することのないように注意する必要があります。

2 労災保険給付

労災保険制度では，**業務災害と通勤災害に労災保険給付が支給されます**。支給対象となる労働災害にあたるかどうかは，労働基準監督署長が認定します。

(1) 業務災害

業務災害とは，業務上の負傷，疾病，障害または死亡（傷病等）をいいます（労災7条1項1号）。労災保険の給付は，労働基準監督署長が労働者の傷病等に業務起因性があると認定した場合にのみ支給されます。労働基準監督署長の認定を統一的なものにするために，業務上の疾病（労基則35条別表1の2）や精神障害のための認定基準があります。

(2) 通勤災害

通勤災害とは，労働者の通勤による負傷，疾病，障害または死亡をいいます（労災7条1項2号）。たとえば通勤の歩行中にビルの落下物で負傷したとか，通勤電車が脱線し死亡した場合には，労災保険の給付が支給されます。

通勤とは，合理的な経路・方法によって（同条2項），住居と就業場所間の往復（同項1号），複数会社に勤務する場合の就業場所移動（同項2号），単身赴任者の住居と赴任先の住居間の移動をいいます（同項3号）。

(3) 保険給付の種類

保険給付としては，「療養補償給付」，「休業補償給付」，「障害補償給付」，「遺族補償給付」，「葬祭料」，「傷病補償年金」，「介護補償給付」の7種類が規定されています（同法12条の8・21条）。労災保険制度の目的が労働者側の保護・援護にありますから，支給先は，労働者本人もしくはその一定範囲にある遺族または葬祭を行なう者です（同条2項）。

◢ ステップアップ

岩村正彦編『社会保障判例百選〔第5版〕』（有斐閣，2016年），岩村正彦他編著『目で見る社会保障法〔第5版〕』（有斐閣，2013年）等が参考になります。

〔花立 文子〕

File 10　年金制度　　199

File 10	年 金 制 度

スタート
「年金生活」という言葉はよく耳にしますが，年金とは，いったいどんなもので，その仕組みはどうなっているのでしょうか。また，我々の社会生活において，年金という制度がなぜ必要となるのでしょうか。

〈キーワード〉
□ 公的年金　　□ 国民年金　　□ 厚生年金　　□ 免除・納付猶予

サポート

1　年金制度の趣旨

わたしたちは，若いときや健康なときにはしっかりと収入を得られますが，老齢や病気等により働けなくなると，生活が困窮に陥るおそれがあります。そのときにも，何らかの形でわたしたち自身のまたは家族の生活維持に必要な収入を保障することが必要となります。このような収入保障を実現するための中心的な役割を担うものは年金制度です。

2　年金の種類

年金は，公的年金と私的年金に分けられます。公的年金としては，基礎年金たる国民年金と被用者を対象とする報酬比例年金（民間企業の被用者を対象とする厚生年金と公務員等を対象とする共済年金に分けられます。）があります。私的年金としては，民間保険会社との私的契約による個人年金のほか，各民間企業が任意に採用される企業年金等があります。私的年金は，公的年金を補完するような役割を果たしています。

3　公的年金

公的年金とは，国が保険者となり，適格者が強制加入される終身的な社会保険のことをいいます。また，日本の公的年金制度では，国庫が年金給付財源の一部を負担しているという特徴があります。

(1) 公的年金の仕組み

　日本における公的年金制度は，二階建て構造となっています。日本国内に住所を有する20歳以上のすべての者が強制加入される**国民年金**（国民年金法に基づきます。）は一階部分に相当し，国民年金に加えて支給される民間企業の被用者を対象とする**厚生年金**（厚生年金保険法に基づきます。）と公務員等を対象とする**共済年金**（国家公務員共済組合法に基づきます。）は二階部分に相当します。自営業者，農業者，学生等の国民年金にのみ加入している者は第1号被保険者で，保険料は自己負担になります。サラリーマンや公務員等，二階部分年金にも加入している者は第2号被保険者で，被保険者と事業主が，保険料を折半して負担します。さらに，専業主婦（夫）等のように，主として第2号被保険者の収入によって生計を維持している20歳以上60歳未満の者は，第3号被保険者で，保険料を納付する必要がありません。年金は，老齢（被保険者が65歳に達し，加入期間等の一定の条件を満たしている場合）・障害（労働能力が喪失し，また制限されるような障害の状態にある場合）・死亡（被保険者が死亡する場合）との3つの場合において，支給されます。なお，障害の場合では，障害の程度に応じて年金の支給額が変わり，死亡の場合では，亡くなった被保険者に扶養されていた遺族に対して，年金が支給されます。

(2) 年金保険料の免除・納付猶予

　年金の被保険者（第3号被保険者を除きます。）は，保険料を納めなければなりません。しかし，経済状況等の原因により，保険料の納付が大変負担となる者もいます。そのような者のためには，年金保険料の免除制度（全額免除・一部免除）があります。免除制度の適用者に関しては，年金の支給額も相応に減額されますが，経済状況改善後，免除分を追納すること（10年間に限ります。）が認められます。また，一定の取得要件を満たしている30歳未満の若年者を対象とする若年者納付猶予制度と，学生を対象とする学生納付特例制度もあります。年金保険料の納付で悩んでいる学生は，学生納付特例制度を利用し，在学中の保険料の納付の猶予を求めることができます。

◤ ステップアップ

　年金制度の詳細について興味のある人は，河野正輝・江口隆裕編『レクチャー社会保障法〔第2版〕』（法律文化社，2015年）109頁以下，日本年金機構のホームページ（http://www.nenkin.go.jp/index.html）等を参照してください。

〔王　偉杰〕

File 11　ドメスティック・バイオレンス　201

| File 11 | ドメスティック・バイオレンス |

スタート　夫やパートナーからの暴力に対処するために DV 防止法（配偶者からの暴力の防止及び被害者の保護等に関する法律）が2001年に制定され，数次の改正を経ています。ここでは，DV（ドメスティック・バイオレンス）について考えてみましょう。

〈キーワード〉
□ DV　　□ 家庭内暴力　　□ ジェンダー　　□ 差別

サポート

1　ドメスティック・バイオレンスとは

Domestic violence の直訳は家庭内暴力ですが，現在一般に使用されている意味は，親密な関係にある男性から女性に対する暴力のことです。

DV 防止法（配偶者からの暴力の防止及び被害者の保護等に関する法律）は「配偶者」からの暴力の他にも，内縁の夫や離婚後または内縁解消後の前夫による暴力（配偶者暴力1条），更に，同棲（生活の本拠を同じくする交際）相手からの暴力も入ります（配偶者暴力28条の2）。DV 防止法が規制する暴力には，身体への危害だけではなく，「これに準ずる心身に有害な影響を及ぼす言動」を含みます（配偶者暴力1条）。

2　DV を見つける

DV 防止法は，被害者を発見した者が配偶者暴力相談支援センターか警察官に通報するように呼びかけています（配偶者暴力6条1項）。被害者が接触を持ちやすい医療機関が通報しても医師の守秘義務違反にはなりません（同条2項前段）。ただし，本人の意思を尊重することが求められています（同条2項後段）。

3　警察官による被害の防止

通報等により配偶者からの暴力が行われていると警察官が認めたときは，暴力

の制止，被害者の保護等の必要な措置を講ずるように努めなければなりません（配偶者暴力8条）。つまり，家庭内のプライバシーの問題ではなく，犯罪として対応することが警察官に求められています。

4　配偶者暴力相談支援センターでの相談・保護

配偶者暴力相談支援センターは，①被害者の相談に応じ，②医学的または心理学的な指導等を行い，③夫から離れて別の施設で安全を確保し一時保護をし，④被害者が自立して生活できるための情報の提供その他の援助をし，⑤保護命令の利用や居住施設の情報提供等を援助します（配偶者暴力3条）。

5　裁判所の保護命令

被害者（生命等に対する脅迫を受けた被害者を含む）が，更なる暴力によりその生命または身体に重大な危害を受けるおそれが大きいときは，裁判所は，①加害者が，被害者につきまとったり，住居，勤務先など被害者が通常いる場所の近くを徘徊することを6ヶ月間禁止するか（接近禁止命令—〔配偶者暴力10条1項1号〕），または，②加害者と被害者が一緒に生活している場合には，2ヶ月間の退去および付近の徘徊禁止を命令することができます（同項2号）。この命令に違反した者は，1年以下の懲役または100万円以下の罰金に処せられます（配偶者暴力29条）。

6　国・地方公共団体の責任

DV防止法は，暴力の防止・被害者の自立の支援を含めた保護を図る責任を国・地方公共団体に課しています（配偶者暴力2条）。保護の実効性は，保護機関の中心である配偶者暴力相談支援センターを設置・運営する都道府県・市町村の姿勢にかかっていますが，積極的な姿勢を維持させる責任は国にあります（配偶者暴力2条の2）。

◢ ステップアップ

DVに関する実態調査については，内閣府男女共同参画室のホームページを参照して下さい（http://www.gender.go.jp/policy/no_violence/e-vaw/data/index.html）。法執行研究会編『法はDV被害者を救えるか』（商事法務研究会，2013年）は，公法，私法，刑事法の領域を総合し，比較法の観点からも問題点を検討しています。女性差別の種々の問題について，ジェンダーに関する本で勉強しましょう。

〔前田　泰〕

File 12　児童虐待防止法　203

File 12　児童虐待防止法

スタート
　親がわが子を虐待する事件が少なくありません。相次ぐ虐待事件を契機に制定された児童虐待防止法とは，どのような法律なのでしょうか。

〈キーワード〉
□　児童虐待　　□　児童福祉法　　□　親権

サポート

1　児童虐待の防止等に関する法律（児童虐待防止法）の目的

　この法律は，児童虐待が著しい人権侵害であることを明記して，児童虐待を禁止し（児童虐待3条），虐待防止のための国・自治体の責務を定め（児童虐待4条），さらに，虐待を受けた児童を発見・保護し自立を支援するための措置を規定することにより（児童虐待5条以下），児童虐待の防止に関する施策を促進し，児童の権利利益の擁護に資することを目的としています（児童虐待1条）。

2　児童虐待とは

　児童虐待とは，①身体的虐待だけではなく，②性的虐待，③心身の正常な発達を妨げるような著しい減食や長時間の放置（ネグレクト），④心理的虐待を含みます（児童虐待2条）。心理的虐待には，配偶者に対する暴力等によって児童に心理的外傷を与えることも含まれます。保護者以外の同居人による児童虐待を放置することも，保護者の児童虐待になります。

3　虐待を見つける

　虐待されたと思われる児童を見つけた者は，誰でもすぐに，福祉事務所や児童相談所へ通告しなければなりません（児童虐待6条）。特に，学校の教員や児童福祉の関係者は，早期発見に努め，虐待を受けた児童の保護・自立の支援に協力し，虐待防止のための教育・啓発に努める義務があります（児童虐待5条）。職務上の守秘義務を理由に通告を怠ることはできません（児童虐待6条3項）。

4 どのようにして児童を虐待から保護するのか

保護は児童福祉法によります。虐待が著しい場合には，知事に報告をして，児童を里親・保護受託者への委託等の措置をとります（児福26条・27条）。保護者が反対しても，家庭裁判所の承認を得て措置することができます（児福28条）。さらに，児童福祉法33条の7により，虐待した親の親権喪失（民834条），親権停止（民834条の2）または管理権喪失（民835条）に関する民法上の宣告を児童相談所長が裁判所に請求します。児童福祉司による指導や訓戒・誓約書の提出等の措置もあります（児福27条）。

児童虐待防止法は，虐待に対する児童福祉法による措置の発動を促したり，措置する際に必要な事項に関する規定を置いています。例えば，虐待のおそれがあるときには立入調査（児童虐待9条）や臨検・捜索をし（児童虐待9条の3），必要であれば警察署長の援助を求め（場合によっては援助を求めなければならず），援助を求められた警察署長は，児童の安全の確認・確保に必要な措置を警察官に講じさせなければなりません（児童虐待10条）。児童を虐待した保護者は児童福祉司等の指導（カウンセリング）を受けなければならず（児童虐待11条），保護措置をしているときには保護者の面会や通信を制限できます（児童虐待12条）。

さらに，親権者が「しつけ」と称して児童虐待を正当化しようとしても，傷害罪や暴行罪（刑204条，208条）を免責されないことが明規されています（児童虐待14条）。そして，親権喪失の制度（民834条）を児童保護の観点から適切に運用することが要望されています（児童虐待15条）。

ステップアップ

まず，町野朔・岩瀬徹編『児童虐待の防止』（有斐閣，2012年）を読んで，問題意識を持てたら，次に，吉田恒雄編『日本の児童虐待防止・法的対応資料集成』（明石書店，2015年）を読み，関連する領域の研究状況と今後の方向性を探ってみましょう。親権のあり方に興味が向いたら，許末恵ほか「小特集　児童虐待防止を目的とする親権法の一部改正について」法律時報83巻7号65頁以下（2011年）も読んでみましょう。さらに，DV（ドメスティック・バイオレンス）の問題（Folder Ⅶ File 11）も併せて考えてみましょう。

〔前田　泰〕

File 13 少年法 205

| File 13 | 少 年 法 |

スタート 同じ犯罪を行なっても，犯人が20歳未満の少年か，それとも20歳以上の成人かによって，犯人に対する司法手続や処遇はまったく異なります。これは，犯人が20歳未満の場合には少年法という特別の法律が適用されるからです。

〈キーワード〉

□ 少年法　　□ 健全育成　　□ 保護処分　　□ 少年審判　　□ 非行少年

サポート

1 少年法の意義と理念

　少年法とは，少年の健全育成を期し，非行のある少年に対して性格の矯正および環境の調整を目的とする保護処分を行うこと，そしてその要否および種類を決定するための少年審判（少年保護事件）の手続について定め，併せて，少年に刑罰を科す場合（少年の刑事事件）について特別の措置を講じた法律です。

　少年法上の少年は20歳未満の者を指します。少年は人格が発達途上にあって可塑性に富み，環境の影響を受けやすく教育可能性も大きいので，基本的には処罰よりも保護・教育的な処遇によって立ち直らせるべき存在であると少年法は想定し，そのため刑事手続とは異なる保護・教育的な手続，刑罰とは異なる教育的な処分，そして専門的な対応機関を設けているのです。

2 非行少年の意義

　非行少年とは，家庭裁判所（家裁）の審判に付すべき少年を，具体的には①罪を犯した少年（犯罪行為時14歳以上であった少年。犯罪少年），②14歳未満で刑罰法令に触れる行為をした少年（触法少年），および③保護者の正当な監督に服しない性癖がある等の事由があり，少年の性格または環境に照らして，将来，犯罪または触法行為をするおそれのある少年（ぐ犯少年）をいいます。

3　少年審判

　犯罪少年の事件は，捜査を行った検察官あるいは警察等により，すべて家庭裁判所に送致されます（全件送致主義）。14歳未満の少年については，児童相談所等の児童福祉機関による児童福祉法に基づく取扱いが先行しますが，触法少年の事件については警察官が調査をすることができ，その少年の行為が一定の重大な罪に係る刑罰法令に触れる場合は，原則として都道府県知事または児童相談所長を経由して家裁に送致されることになっています。

　家裁は，送致された事件については審判に先立って非行事実の存否等の調査をするとともに，家庭裁判所調査官に命じて，少年の現在の性格や環境に照らして将来再び非行に陥る危険性があるか，など少年の要保護性を判断するための調査を行わせます（調査前置主義）。その過程で，少年の身柄の確保や心身の鑑別の必要があれば，観護措置の決定により少年を少年鑑別所に収容することもできます。そして調査の結果，審判は不要と判断されれば，審判不開始の決定をするほか，児童福祉法上の措置のために知事または児童相談所送致決定，あるいは刑事処分のために検察官送致決定を行うこともあります。

　これに対して調査の結果，審判の開始が相当と認められれば，家裁は審判開始決定を行います。少年審判の手続は職権主義を採用しています。少年および保護者は，弁護士などを付添人に選任できますが，一定の重大な罪の事件である場合を除いて検察官は審判に出席しません。審判は，被害者の傍聴が許される場合が例外的にあるほか非公開です。審判の結果なされる家裁の終局決定としては不処分決定と保護処分決定があり，さらに知事または児童相談所送致，検察官送致の各決定もすることができます。保護処分には保護観察，児童自立支援施設・児童養護施設送致，そして少年院送致の3種類があります。

4　少年の刑事事件

　犯罪少年が刑罰を科されるのは，家裁が刑事処分相当として少年の事件を検察官に送致（逆送）する決定をした場合に限られます。犯罪時18歳未満であった少年は死刑を言い渡される可能性はない，少年に対して有期の懲役・禁錮をもつて処断すべきときは，処断刑の範囲内で長期と短期とを定めるなど相対的不定期刑を言い渡す，というように科される刑罰も成人とは異なります。

ステップアップ

少年法についての比較的新しい解説書としては，川出敏裕『少年法』（有斐閣，2015年），澤登俊雄『少年法〔第6版〕』（有斐閣，2015年）などがあります。

〔信太 秀一〕

209

| Folder Ⅷ | 高度技術と法 |

| File 1 | 公 害 と 法 |

スタート

わが国の環境法は，公害対策法として生まれ，その後，自然環境保全法の要素を加味しながら発展し，1993年の環境基本法により法体系として確立されました。ここでは，公害対策のための法制度について概観しましょう。

〈キーワード〉
　□ 調和条項　　□ 公害対策基本法　　□ 水質汚濁防止法　　□ 大気汚染防止法

サポート

1　公害対策法制の発展

　わが国の公害問題としては，古くは明治時代中期に発生した足尾銅山鉱毒事件から，最近では原子力発電所の爆発事故に伴う放射性物質による環境汚染に至るまで様々なものがあげられます。もっとも，この問題が特に深刻化したのは1950年代から1970年代の高度経済成長期であり，この時期には水俣病などのいわゆる四大公害病（熊本水俣病，新潟水俣病，四日市ぜん息およびイタイイタイ病）が社会問題となりました。このような公害問題に対応するために制定された最初の法律は1958年の「水質保全法」および「工場排水規制法」（水質二法）であり，この法律によって，行政には水質保全のための一定の権限が認められました。ところが，これらの権限は水俣病等の防止のために十分に活用されることはありませんでした。その理由は，これらの法律に基づいて公害の原因となる企業活動に規制を加えるためには，一定の水域を対策水域に指定しなければならなかったのですが，これらの法律には，環境保護は経済発展と調和したものでなければならない

と定めるいわゆる「調和条項」が設けられていたため，運用が必然的に企業寄りのものとなってしまい，対策水域の指定がなされなかったからであるといわれています。このことから，水質二法は法が公害の発生を止められなかった典型であるといわれています。その後，公害問題のさらなる深刻化を背景に1967年には公害対策基本法（後に環境基本法へと発展していくことになる法律です。）が制定されました。これは環境政策分野における最初の基本法であり，国や事業者などの責務を概括的に規定するものでしたが，ここにも調和条項が規定されていたという点で，公害対策としては不十分なものでした。

　このような状況が改善されたのは1970年の臨時国会（いわゆる公害国会）においてでした。ここでは，先の公害対策基本法を実施するための個別法が制定されましたが，その際に，既存法に規定されていた調和条項はすべて削除されるに至りました（水質二法は廃止され，水質汚濁防止法が制定されました）。

　日本の環境政策の基本的な発想は，調和条項の削除により，「経済発展と調和する範囲内での生活環境の保全」というものから「環境保全と調和する範囲内での経済発展」というものに転換されました。このような考え方に基づいて様々な法律が制定されるに至っていますが，ここでは，水質汚濁防止法と大気汚染防止法を対象として，公害の防止のためにどのような対策がとられているのか概観することにしましょう。

2　水質汚濁防止法

　水質汚濁防止法は，公共用水域の水質の汚濁による国民の健康被害及び生活環境の悪化を防ぐために工場及び事業場（特定施設）からの排水を規制しています。具体的には，特定施設から海，河川，湖沼などの公共用水域に排水をする際には都道府県知事に届出を行った上で（水質汚濁5条），一定の排水基準を守って排水を行わなければならないとの規定がおかれています（水質汚濁12条1項）。なお，かつての水質二法では，規制違反に対する制裁として改善命令の規定が置かれていたもののその違反に対する罰則は定められていなかったために規制の実効性が不十分であったのに対して，水質汚濁防止法では，規制違反に対して刑罰を科すことも認められるようになっています（水質汚濁30条以下）。

　もっとも，このような規制が課されることになるのは，公共用水域に排水を行う工場等の中でも，特に水質の汚染を引き起こすことが懸念される一定の規模以上のものに限定されています（同法施行令1条）。このような小規模事業者を規制

の対象から除外する手法は裾切りとよばれるものであり、公害対策のための法令ではよく見られるものなのですが、これにより、事業者の状況に応じた規制が可能になる反面、汚染の防止が限定的なものとなってしまうという問題も生じています。

　ところで、特定施設から排水を行う際に守らなければならない排水基準の内容は「排水基準を定める環境省令」によって具体化されているのですが、この基準は、全国一律に適用される最低限度の基準（ナショナル・ミニマム）であるとされています。すなわち、各自治体は、その実情に応じて条例によりこの基準をより厳格なものへと修正することもできるとされているのです（水質汚濁3条3項）。このような環境省令により定められた基準をより強化するような条例のことを上乗せ条例と呼んでいます。また、各自治体は、水質汚濁防止法が規制していない物質や汚染状態の項目あるいは特定施設について、独自の規制を行う条例を制定することもあります。このような条例は、水質汚濁防止法との関係では規制の範囲を拡大するものになることから、横出し条例と呼ばれています。

3　大気汚染防止法

　大気汚染防止法は、大気汚染による国民の健康被害及び生活環境の悪化を防ぐために、ばい煙等の排出を規制しています。ばい煙とは、燃焼により科学的に合成される物質のことを指しますが、この法律によれば、これを発生させることになる施設（ボイラーなど）の設置は届出が必要であり（大気汚染6条）、また、ばい煙の排出に当たっては排出基準を順守しなければならないとされているなど（大気汚染13条）、水質汚濁防止法と同様の規制が行われています。

4　公害問題と法学の発展

　前述した四大公害病をめぐっては、被害者が加害企業を相手取って損害賠償を求める訴訟を提起しており、いずれも被害者が勝訴しています。そして、これらの裁判を通じて、疫学的手法を用いた因果関係論や複数の企業に連帯責任を課す共同不法行為論などの新たな法理論が確立されることになりました。また、さきにみた水質汚濁防止法や大気汚染防止法をはじめとする公害対策立法の中では、公害被害者の救済を実現するために、汚染者に対して無過失責任（過失不問責任）を認める制度が導入されるなど、私法の基本原則の一つである過失責任の原則に修正が図られています（水質汚濁19条、大気汚染25条など）。

このように，皮肉なことですが，公害問題はわが国の法学が大きく展開するきっかけともなったのです。

▶ ステップアップ

公害病をめぐる問題についてより詳しく知ることのできる参考図書として，政野淳子『四大公害病―水俣病，新潟水俣病，イタイイタイ病，四日市公害』（中央公論新社，2013年）があります。

〔大塚 哲也〕

File 2　環境問題と法

スタート
公害対策法として誕生したわが国の環境法は，現在では公害問題に限らず様々な環境問題を対象とする幅広い法分野として発展しています。ここでは，環境法がどのような法律であって，どのような環境問題に対してどうアプローチしているのかを概観しましょう。

〈キーワード〉
- □ 持続可能な発展　　□ 予防原則　　□ 生活環境　　□ 自然環境
- □ 地球環境　　□ 景観保全

サポート

1　環境法とは何か

(1)　環境法の意義

環境の質を維持・回復する法のことを環境法といいます。もっとも，これによって保護される環境にはいくつかの次元のものが考えられます。一番規模が大きいものとしては地球環境が挙げられるでしょう。例えば，1980年代の半ば以降，オゾン層の破壊や地球温暖化，森林の減少・砂漠化，希少動植物の絶滅，海洋汚染などの地球環境問題への関心が高まり，世界規模で対策が取られるようになってきています。これに対して，私たちにより身近な生活環境や自然環境の保護が

必要とされる場合もあります。例えば，都市における廃棄物処理の問題や景観保護の問題はよく知られていますし，森林の保護が問題とされる場合もあります。これらの様々なレベルの環境を保護するための法のことを広く環境法とよんでいます。

(2) 環境法の目的

従来のわが国の環境法では，File 1 で扱った「調和条項」からも分かるように，環境保護よりも経済発展を優先させる考え方が支配的でした。もっとも，このような考え方は深刻化する環境問題への対策の必要性を背景として「環境保全と調和する範囲内での経済発展の実現」へと転換され，さらに1980年代以降は，経済発展と環境保護の関係を地理的にも時間的にもより大きな枠組みで捉えようとする考え方が支配的になっていきます。これが「持続可能な発展」という考え方であり，そこでは，将来の世代の欲求を満たしつつ，現在の世代の欲求も満足させるような開発の実現が重視されています。現在では，この**持続可能な発展の実現**が環境法の究極の目的であると考えられるようになっています。

(3) 環境法の特色

現代の環境問題の特徴として，多くの関係者が複雑に入り組んでいるということが挙げられます。例えば，廃棄物処理などの問題には，排出者・産廃業者・住民・自治体などが利害関係を持つことになりますが，その関係は極めて多様です。そのため，環境法ではこれらの関係者の間でいかなる環境を実現すべきかについて合意を形成するための制度が重要な意義を持つことになります。

また，環境問題の特徴としては，それに関する科学的知識が不確実な場合が多いということも挙げられます。そのため，不可逆的な環境破壊を生じさせる活動に対して，十分な対応を取ることができないという事態が生じかねません。そこで，環境法では，そのような活動に対しては，科学的に因果関係が十分証明されない状況でも，規制措置を可能にしようという考え方が採用されることがあり，予防原則と呼ばれています。この考え方に基づく制度としては，環境アセスメント制度がよく知られています。これは，環境に影響を与えることが予想される一定の事業を行う事業者に対して当該事業が環境に与える影響の調査を義務付け，調査の結果を事業計画に反映させるというものです。

2　生活環境と法

私たちに身近な生活環境の問題としては**景観保全**の問題が挙げられます。従来，

年の景観を破壊するような建築物に対する規制は都市計画法及び建築基準法に基づいて行われてきましたが，これらの法律は必ずしも景観保全を正面から目的とするものではなかったこともあり，適切な規制が実施されず，全国でマンション紛争などが多発しました。このような事態を受けて，2004年に景観保全を正面から目的とした景観法という法律が制定されました。この法律においては，市町村が，住民とともに景観計画を策定し，現にあって保全したい良好な景観や将来に創出したい良好な景観に関して決定を行うこととされおり，これに適合しない建築物に対しては規制がなされることになっています。

3　自然環境と法

自然環境を保護するための制度としては国立公園の制度がよく知られていますが，これは自然公園法という法律に基づく制度になります。この制度により国立公園の区域が指定され，その中で定められたいくつかの区域ごとに立入りや植栽などといった一定の行為の規制が行われるとともに，登山道の整備などといった利用者のための公園事業が公園計画に基づいて実施されることになります。

4　地球環境と法

環境問題の中には，越境汚染の問題や地球温暖化防止の問題などのように多国間での国際協力によってしか解決できないもの少なくありません。もっとも，このような地球環境問題においては，環境保全を求める先進国と経済発展を優先させようとする途上国との対立や，規制強化に熱心なＥＵ諸国と市場メカニズムを重視するアメリカとの対立などが立ちふさがり，その解決が困難になるという状況がしばしば発生します。このような場合によく採用される手法として，まず枠組み条約と呼ばれる条約により総論的な部分を決定した上で，さらに交渉を継続し，後から議定書を締結することで対策の内容を具体化させるというものがあります。有名なものとして，地球温暖化防止のための気候変動枠組条約と京都議定書や，オゾン層破壊対策のためのウィーン条約とモントリオール議定書の例が挙げられます。このように，地球環境をめぐる問題においては（国際的な協力関係が不可欠ですから），国際的な協力関係をどのように（実現するのかが問われることになります）して構築していくのかは，今後の重要な課題になるでしょう。

File 3　安楽死・尊厳死　215

◢ ステップアップ

　環境法の全体像を把握したい人のための入門書として，北村喜宣『環境法』（有斐閣，2015年），より詳しく学びたい人のための教科書として，阿部泰隆・淡路剛久編『環境法〔第4版〕』（有斐閣，2011年）があります。

〔大塚　哲也〕

File 3	安楽死・尊厳死

スタート

　　安楽死が法的に許されるかは，森鴎外の小説「高瀬船」でもテーマとして取り上げられるなど古くから論争の的でしたが，近年は，医療における延命技術の進歩を背景として尊厳死という新しい問題も論じられるようになりました。

〈キーワード〉

☐ 安楽死　　☐ 尊厳死　　☐ 生命維持治療の中止・差控え　　☐ 嘱託殺人
☐ 自殺幇助　　☐ リビング・ウィル

サポート

1　安楽死・尊厳死の概念

(1)　安楽死（ドイツ語でオイタナジー）とは，死期が迫っている者の耐え難い肉体的苦痛（死苦）を除去ないし緩和して安らかに死を迎えさせるため自然の死期を早める措置をとることをいい，①死苦を長引かせないため延命措置を中止して死期を早める消極的安楽死（不作為による安楽死），②モルヒネなど鎮痛薬の投与といった死苦を除去・緩和する措置が同時に死期を早める結果をも招いてしまう間接的安楽死，そして③死苦を除去するため意図的に死を招く措置をとる積極的安楽死に分類されるのが一般的です。

　なお，ナチス・ドイツで行われたような，精神障害者や老人など社会にとって無価値とみなされた者に「慈悲による死」を与えて社会から排除する強制的安楽死が違法な殺人であるのは言うまでもないことで，今日では論外です。

⑵　**尊厳死**とは，狭義では，回復の見込みのない末期状態の患者に対して，人工呼吸器を取り外すなど生命維持治療を中止し，自然な死，人間らしい厳かな死を迎えさせることをいいますが，広義では，不可逆的な意識喪失状態に陥った，いわゆる植物状態患者を含めて，未だ死期が切迫しているとはいえない患者に対する特別な治療措置を停止することを含みます。尊厳死が論議される契機になったのは，後者の可否をめぐってアメリカ・ニュージャージー州の裁判所で争われ，人工呼吸器の取り外しが認容されたいわゆるカレン事件（1976年）でしたが，今日，医療の現場で現実に問題となっているのは前者で，最近は，むしろ終末期医療における人工延命措置の中止・差控え（生命維持（延命）治療の中止・差控え）として論じられることの方が多くなっています。

2　安楽死・尊厳死をめぐる法的状況

　わが国には安楽死や尊厳死について定めた法律はありません。他方において，自殺は処罰されないものの，他人の死期を故意に早める行為は殺人（刑199条）ですし，死を望む他人から依頼を受けてその人を故意に死亡させる行為は嘱託殺人，そればかりか他人の自殺に手を貸す行為も自殺幇助として刑法202条に規定される犯罪構成要件に該当します。安楽死・尊厳死に当たる行為であっても例外ではありません。

　したがって，安楽死・尊厳死が法的に許容されるためには，刑法理論上これら行為の違法性あるいは有責性が阻却される何らかの事由が存在するものと認められる必要がありますが，間接的安楽死は，苦痛の除去・緩和を目的として医学的適正が認められる限り，治療行為として行為の違法性が阻却され，犯罪とはならないということについては異論がないようです。

　海外では，欧米を中心にかなりの数の国や地域で，延命治療の中止に関する法整備が行われているほか，オランダに端を発し，ベルギー，ルクセンブルクでも，一定の手続を踏んだ医師による積極的安楽死を合法化する立法がなされ，さらにアメリカのオレゴン州やワシントン州やカナダでは，医師による自殺幇助に限定して，これを合法化する法律が制定されています。

3　積極的安楽死をめぐる学説および判例

　積極的安楽死についても，理論的には犯罪の成立が否定される余地があるという点では見解に一致が見られます。もっとも，その理論的根拠は様々で，違法性

阻却を認める見解や，生命の絶対性を理由に違法性は否定しがたいとしながらも，見るに見かねての行為でこれに代わる選択は極めて困難であったという事態も想定しうるとして責任阻却を留保する立場などがあります。

わが国の裁判所は，一般論としては違法性が阻却される可能性を認めていると理解されていますが，実際に違法阻却を認めた例はありません。

積極的安楽死が許容される要件を判示した裁判例としては，名古屋高判昭和37年12月22日高刑集15巻9号674頁が長く引用されてきました。この判決は，①病者が不治の病に冒され，死が目前に迫っている，②苦痛が甚だしく，何人も真に見るに忍びない程度である，③もっぱら死苦の緩和の目的でなされる，④意識がなお明瞭で意思を表明できる場合は，本人の真摯な嘱託または承諾がある，⑤医師の手によることを本則とし，これによりえない場合は医師によりえないと首肯するに足る特別な事情がある，⑥その方法が倫理的にも妥当なものとして認容しうる，という6要件を提示しています。

これに対して，最近，医師による末期患者の積極的安楽死が問題となった東海大学病院事件判決（横浜地判平成7・3・28判時1530号28頁）は，ある利益（死苦の除去・緩和）を保全するため他に手段がなければ別のより優越的でない利益（生命の維持・存続）を犠牲にする選択も許されるという緊急避難の法理と，この選択をするかどうかも含めて病気への対応は患者に委ねるべきであるという患者の自己決定権の理論に基づき，①患者が耐えがたい肉体的苦痛に苦しんでいる，②患者は死が避けられず死期が迫っている，③患者の肉体的苦痛を除去・緩和するため方法を尽くし他に代替手段がない，④生命の短縮を承諾する患者の明示の意思表示がある，という4要件を提示しました。

4　治療行為の中止をめぐる法的問題

延命治療の中止を患者の自己決定権を根拠として許容する場合，その要件として，中止を決定する時点において患者による中止を求める意思表示が存在することが必要です。しかし，安楽死の場合と異なり，治療中止の可否が問題となる実際の現場では，患者は意識すら明瞭でなく，あるいは意識はあっても治療中止について意思表示を行うのは困難な状態にある場合の方がむしろ一般的といえます。そのため，治療の中止を制度的に認めようとすれば，患者の意思を推定して中止を決定することも容認せざるを得ませんが，この推定の有力な手掛かりとなるものとされるのが，リビング・ウィルと呼ばれる事前の文書による意思表示です。

218　Folder Ⅷ　高度技術と法

アメリカでは，1976年のカリフォルニア州に始まり90年代半ばには全州がリビング・ウィルに法的効力を与える立法を有するに至り，ドイツでも近年，患者の事前指示に基づく治療中止が法律で認められました。

◤ ステップアップ

　この問題について国内外の立法・判例などを総合的に論じた文献として，甲斐克則編『終末期医療と医事法』（医事法講座第4巻，信山社，2013年）があります。

〔信太　秀一〕

File 4	人 工 生 殖

スタート

　　医療技術が進歩したことによって，子を持ちたいと思いながらも妊娠が成立しない不妊症に悩む人々が子を持つことが可能になりました。このような人々に子が誕生した場合，どのような法律問題が考えられるでしょうか。

〈キーワード〉
□　人工授精　　□　体外受精・胚移植　　□　代理懐胎　　□　出自を知る権利

サポート

1　人工生殖

　人工生殖とは，医療が人為的に生殖に介入して，子をもつことを実現する不妊治療のことです。具体的な人工生殖技術には以下のようなものがあります。

(1)　人工授精

　人工授精とは子宮に精子を注入して行なわれる生殖技術のことで，子を希望する男性の精子を用いて行なわれる配偶者間人工授精（Artificial Insemination by Husband＝AIH）と，第三者の精子を用いて行なわれる非配偶者間人工授精（Artificial Insemination by Doctor＝AID）とがあります。

(2)　体外受精・胚移植

　体外受精・胚移植とは，人為的に精子と卵子を採取してこれらを培養液の中で

結合させ受精卵（胚）を作成し，これを子宮に戻す生殖技術のことです。

(3) 代理懐胎

代理懐胎とは子を希望する女性に代わって，別の女性が妊娠・出産することをいいます。代理懐胎には，子を希望する男性の精子と妊娠・出産する女性の卵子を人工授精させて子を得る場合（代理母）と，子を希望する夫婦の受精卵を用いて子を得る場合（代理出産）とがあります。

2 出生した子との親子関係

(1) AID で生まれた子と子を希望する男性との父子関係

子が AID によって出生した場合，法律上の父子関係を確定するためには，子を希望する男性と血縁上の男性とが一致しないため，法的問題が発生します。裁判所は，夫の同意を得て，第三者の精子を用いて妊娠・出産に至った場合には嫡出推定（民772条）が及ぶ嫡出子と認め，AID 子との関係において，夫を法律上の父としました（東京高決平成10・9・16家月51巻3号165頁）。他方，夫の同意なく AID が行なわれた場合には，夫は嫡出否認の訴えを提起して父子関係を否定することができます（大阪地判平成10・12・18家月51巻9号71頁）。

(2) 代理懐胎で生まれた子と子を希望する女性との母子関係

また，最高裁は，アメリカにおいて代理出産で生まれた子を嫡出子とする出生届が日本で受理されなかった例について，民法上，母は出産によって定まることを確認し，卵子提供者であっても，子を望む依頼人の女性と代理懐胎子との間の母子関係を認めませんでした（最決平成19・3・23民集61巻2号619頁）。

3 その他の問題

民法上の議論以外にも，憲法13条の「幸福追求権」やこどもの権利条約7条1項の「父母を知る権利」を根拠にして，生まれてきた子に，自分の父又は母は誰なのかという自己の出自を知る権利が認められるかが盛んに議論されています。また，刑法上は特に，体外受精によって母体外で存在しうる受精卵（胚）の損壊行為を処罰できるかが議論されています。この行為を無罪とはせずに，器物損壊罪（刑261条）で処罰するとする有力な見解もありますが，「生命の萌芽」たる胚を「財物」と同じ取扱いにしてよいでしょうか。現在，わが国には，ヒトに関するクローン技術を規制する法律以外に人工生殖に関する法規制がないため，医学会のガイドラインなどをもとに，医師側が自主規制して人工生殖を実施していま

す。提供される精子，卵子，胚，母体の「商業化」も懸念されており，生まれてきた子の福祉を実現するためにも，この問題にふさわしい規制（刑罰の有無，法制化の有無）を考える必要があるでしょう。

ステップアップ

人工生殖について，より理解を深めたい場合には，甲斐克則編『生殖医療と医事法』（医事法講座第5巻，信山社，2014年）等を参照してみてください。

〔島田 美小妃〕

File 5　脳死と臓器移植

スタート

臓器移植法が制定され，脳死状態にある身体から臓器摘出が認められたことによって，心停止する前に臓器を移植することが可能になりました。脳死と臓器移植にはどのような法律問題が含まれているのでしょうか。

〈キーワード〉
☐ 脳死　☐ 正当行為　☐ 15歳未満の者からの臓器提供　☐ 生体移植
☐ 臓器売買　☐ 再生医療

サポート

医療技術が発達し，医療の現場に人工呼吸器などが登場したことで，脳機能は停止していても，心臓は動いているという状態（脳死）が見られるようになりました。欧米では，脳死を人の死と認めることの是非については，脳死した患者の人工呼吸器はいつ取り外すべきなのか，という人工呼吸器の打切りの問題として論じられ，臓器移植とは独立して議論が展開されてきました。日本では，例えば，心臓移植の場合には，心停止する前の脳死者からの臓器提供が前提となるために，1968年の札幌医科大学で起きた「和田心臓移植事件」を契機として，人の死の判定基準と臓器移植の問題とが相関関係をもって議論されてきたことに特徴があります。

1 治療行為の法的性質

まず，脳死患者からの臓器摘出行為は法的にどのように評価できるでしょうか。この場合，脳死を人の死と考えないのであれば，医師は生きている患者から臓器を摘出したことになり，このような行為は少なくとも，傷害罪（刑204条），心臓移植の場合であれば殺人罪（刑199条）に当たります。もっとも，医師が実施する治療行為は，通常，正当行為（刑35条）として違法性が阻却されます。しかしながら，臓器提供者（ドナー）からの臓器摘出行為は，通常の治療行為と異なって，摘出をうける者（ドナー）にとっては不利益しかなく行なう必要性がないので，この場合には，ドナーの承諾のみで正当化しうるかが問題となります。通常の治療行為の場合には，医師から十分な説明を受けたうえで同意する必要がありますが，脳死状態のドナーから臓器提供が行なわれる場合，仮にこのドナーが意識のある間に，ドナーカードなどによって事前に臓器提供意思を表明したことで十分としても，臓器摘出行為自体が生命に危険のある行為であり，刑法上，この承諾のみではこの摘出行為を正当化しうるとはいえません。まして，そのような事前の臓器提供の意思がなければ，違法性を阻却するのは困難です。では，脳死を人の死と認めてよいでしょうか。

2 死の判定基準

人の死亡時期については，法律上の死の定義がないため，心臓停止，自発呼吸停止，瞳孔散大・対光反射喪失の３つの特徴をもとにして，総合的に死を判断する見解が伝統的に通説的な立場を占めてきました（三徴候説，心臓死説）。その一方で，脳死説が有力に主張されています。ここで，「脳死」とは，日本では脳幹を含む全脳の機能が不可逆的に停止するに至ったときをいうものとされ（全脳死説），これは脳全体の機能が失われ，もう二度と元通りにはならない状態のことを意味しています。脳死説によれば，脳死体から臓器を摘出する行為は死体損壊罪（刑190条）の成否が問題となるにすぎません。

3 臓器移植

(1) 「臓器の移植に関する法律」（以下「臓器移植法」という。）

前述のような人の死期の議論に大きな影響を与えてきたのが，臓器移植です。平成９年に臓器移植法が制定されると，全脳死説を採用する脳死の定義がなされ，

脳死は臓器移植を行なう場合にのみ人の死になると解されることとなりました。そして，脳死体から臓器を摘出するためには，ドナーが生存中に書面により臓器提供意思を表明していることとあわせて，その遺族が拒まないことが許容要件とされました。もっとも，この臓器提供意思を表明できる年齢が15歳以上とされたため，15歳未満の者からの臓器提供は不可能でした。さらに本法では，死の概念が脳死者の意思に左右されることから，このような「死の相対化」に対しては，法的安定性を害すると批判されていました。

(2) 「臓器の移植に関する法律の一部を改正する法律」（以下「改正法」という。）

許容要件の緩和が要請され，また，当時，「臓器移植は国内で実施されるべきである」とする国際的動向にも影響されて，国内の提供数拡大のため，臓器移植法は平成21年に改正されました。改正法では，本人の臓器提供の意思が不明な場合，家族の承諾があれば臓器移植が可能となり，この意思不明な者には15歳未満の者が含まれると解され，15歳未満の者からの臓器提供も可能となり，さらに，臓器を提供する意思表示にあわせて，書面により親族に対し臓器を優先的に提供することができるようになりました。この改正法により，本人の同意なく家族の同意によって臓器移植することができるようになったことから，改正法では，より「脳死」が人の死と規定されたとみることができます。しかしながら，それでも，国民の意識を考慮するときには，改正法だけをみて，臓器移植以外の刑法や民法の場面でも脳死は広く人の死と認められたと判断することはまだ困難であるように思われます（臓器移植法11条）。

4 その他の問題

また，臓器移植法成立前から，2つ存在している腎臓や，再生能力のある肝臓などについては，生きている人の臓器が移植される生体移植が親族内で行なわれており，現在でも，これらの生体移植は全体の9割以上を占めていますが，法規制されていないという問題があります。その他，臓器移植のために臓器が金銭的に取引される臓器売買は世界的に問題視されていますが，日本では臓器移植法により禁止されています。

5 臓器移植の将来

改正後は脳死下での臓器提供が増加し，心臓死下での臓器提供が減少したため，全体の臓器移植数はあまり増加していません。将来的には，再生医療（ヒトに本

来備わっている再生能力を利用して，様々な細胞へと分化することのできる ES 細胞，iPS 細胞などにより，失われた臓器の再生を図る医療），人工臓器の利用，動物からの臓器の転用等に期待が寄せられています。

◢ **ステップアップ**

臓器移植に関する法的問題やこの問題に関する最近の情報を詳しく知りたい方は，甲斐克則編『臓器移植と医事法』（医事法講座第 6 巻，信山社，2015年）や日本臓器移植ネットワークの HP（http://www.jotnw.or.jp）等を参照してみてください。

〔島田　美小妃〕

File 6	# インターネットと法

スタート

現在の私たちの生活は，インターネットなしでは考えられないものになっています。インターネットの世界はとても自由に見えますが，秩序のない無法地帯なのでしょうか？ここではインターネットの世界における法秩序について学んでおきましょう。

〈キーワード〉
- ☐ インターネット　　☐ ＳＮＳ　　☐ 表現の自由　　☐ 名誉侵害
- ☐ 著作権侵害　　☐ 海賊版　　☐ プロバイダ責任制限法　　☐ 特定商取引
- ☐ 不正アクセス

サポート

1　現実社会の法秩序とインターネット

インターネットは，世界中のコンピューターやスマートフォンなどの情報機器を相互に接続するネットワークです。一般の人々に使われるようになったのは1990年代に入ってからですが，利用環境がととのうにつれてあっという間に広がり，今では，私たちにとって必要不可欠な社会基盤となっています。

インターネット社会が新しいからといっても，これまでの法秩序が当てはまら

ないわけではありません。インターネット社会において問題が生じた場合には，まずは現行の法律の適用を個別に検討し，その際に，インターネットの特性を考慮することになります。

　一方で，技術の発展により様々な利用方法が生み出され，これまでの法秩序では十分に対応しきれない問題も生じてきています。そこで，インターネットの自由さを大切にしながらも，どのように秩序立てていくかも重要な問題となってきています。

　以下，これまでの法秩序との関係，そして新しい法秩序について学んでいきましょう。

2　インターネットにおける表現の自由

　インターネットでは誰もが自由に自分の考えを世界中に発表することが可能です。最近では，インターネットでの表現を利用した人気者も多く登場してきています。インターネットでの表現も，表現の自由（憲21条）で保障されるものです。

　しかし，簡単で自由な表現方法であることから，あまり深く考えないまま発信すると，他人の権利を侵害することにもなりかねません。自分の日記に書いたような気分でブログやＳＮＳに他人の社会的名誉を侵害する書き込みをした場合には，刑法230条の名誉毀損罪や同231条の侮辱罪として罰せられ，民法709条の不法行為として損害賠償責任を負うことになります。

　また，インターネット上に載せた内容がわいせつな物である場合，インターネットに接続している不特定多数の人が閲覧できるような状態にしたと言えるので，刑法175条のわいせつ物陳列罪に当たります。

　さらに，他人の著作物を勝手にインターネット上に載せた場合には，**著作権侵害**に当たる場合があります。アーティストに無断で複製，配信された音楽や映像（いわゆる「海賊版」）については，2012（平成24）年の法改正により，配信する行為だけでなく，違法配信であることを知りながらダウンロードすることも**著作権侵害**として刑罰の対象となっています。

　一方，インターネット上で権利を侵害された場合には，雑誌などとは違って書いた人を特定することは簡単ではありません。そこで，2001年に制定されたいわゆるプロバイダ責任制限法によって，被害者がプロバイダに対して削除を求めたり，書き込んだ人の情報を開示請求することが認められるようになりました。

3　インターネットと取引

　インターネットの利用により，自宅にいながら，あるいは出先で思い立ったときに，簡単に様々な物を購入したり，申込をしたりできるようになりました。その際，法律的なトラブルが発生した場合どのように解決されるのでしょうか。

　インターネットでの取引も民法が規定する契約に当たり，例えば，買った物が契約の内容に適合していなかった場合は契約解除や損害賠償などの売主の契約責任が問題となります（Folder Ⅲ File 4参照）。一方で，インターネット取引では，入力ミスやクリックミスなどで誤った意思表示が行われる可能性が高いため，2001年電子消費者契約特例法が制定され，一定の場合には，表意者に重過失があっても，民法第95条の錯誤無効（新しい民法では「取消し」になりました）を主張することが出来るようになりました。承諾の意思表示に関する民法の原則（「発信主義」）も同法によって「到達主義」に修正されましたが，2017年の民法改正で，承諾の意思表示も到達主義となりました。

　インターネットを利用した取引も手紙やテレビなどと同様に通信手段を用いた取引であることから，特定商取引法の「通信販売」となり，同法によって消費者の保護が図られています（Folder Ⅲ File7参照）が，インターネットオークションや誇大広告などインターネット特有の問題に関しては同法の中に特別な規定が置かれています。

4　未成年者の保護

　インターネットを利用するのは大人だけではありません。未成年者であっても簡単に，場合によっては大人以上に積極的に活用することもあるでしょう。一方で，インターネット上には未成年者にとって有害な情報もあり，未成年者が被害に遭うことも少なくありません。そこで，18歳未満の青少年の有害情報閲覧防止やネットトラブルの未然防止の観点から，2009年に青少年インターネット環境整備法が施行されており，未成年者が携帯電話のネットサービスを利用する場合には原則フィルタリングの設定が求められています。

　また，出会い系サイトを通じて未成年者が犯罪に巻き込まれることも問題となってきたことから，インターネット異性紹介事業の利用に起因する児童買春などの犯罪から18歳未満の児童を保護し，児童の健全な育成に資することを目的として，2003年に出会い系サイト規制法が制定され，2008年には，出会い系サイト

226　Folder Ⅷ　高度技術と法

事業者に対する規制の強化等を図るために改正されています。

5　インターネット特有の問題

　インターネットを通じたウィルスソフトの被害も多数発生しています。そこで，2011年に刑法が改正され，正当な理由がないのにウィルスソフトを作成したり提供したりする行為に刑事罰が科されるようになりました。

　また，他人のIDやパスワードを不正利用のために取得したり，他人に教える行為，さらにはそれらを利用してプロバイダなどのインターネットに侵入する行為は，不正アクセス禁止法によって罰せられます。

◤ステップアップ

　インターネットと法をさらに深く学ぶには，米丸恒治編著『18歳からはじめる情報法』（法律文化社，2017年），松井茂記・鈴木秀美・山口いつ子『インターネット法』（有斐閣，2015年）が有益です。

〔芦野　訓和〕

File 7	情報公開と法

スタート

　2001年4月，国の情報公開制度がスタートしました。この制度によって，国の行政機関が保有する文書は，法律に定められた例を除いて，開示されることになりました。ここでは，この制度の概要を見ていきましょう。

〈キーワード〉
□ 情報公開法　　□ 説明責任　　□ 知る権利　　□ 情報開示請求権

サポート

1　情報公開の歴史

　情報公開制度は，民主主義を支える制度として，スウェーデンやアメリカで早くから発展し，多くの国に普及しました。日本でも，1970年代の終わりごろから，

情報公開の必要性が唱えられてきました。しかし，国の情報公開には慎重論も多く，具体的な制度づくりはなかなか進みませんでした。これに対し，1980年頃から，一部の地方自治体で情報公開のための条例が制定され始めました。

　1993年になると，政府は情報公開のための法律を制定する方針を明らかにしました。行政改革委員会の部会として設けられた行政情報公開部会での調査・審議を経て，1998年3月に国会に提出されたこの法案は，翌年5月に「行政機関情報公開法」（行政機関の保有する情報の公開に関する法律）として成立し，2001年4月から施行されています。

2　制度の概要

(1)　理念と目的

　情報公開法（以下，法とします）の目的は，「国民主権の理念にのっとり，行政文書の開示を請求する権利につき定めること等により，行政機関の保有する情報の一層の公開を図り，もって政府の有するその諸活動を国民に説明する責務が全うされるようにするとともに，国民の的確な理解と批判の下にある公正で民主的な行政の推進に資すること」（法1条）にあります。政府がその活動について国民に説明する責務は，説明責任（アカウンタビリティー）と呼ばれます。

　ところで，法1条の目的には「知る権利」という言葉は用いられていません。この「知る権利」は情報公開制度を支える重要な理念なので，法律の制定過程において，これを法律に明記すべきであるという主張がありました。しかし，この権利には，知ることを妨げられない権利（消極的自由権的側面）と，政府などに対して情報の開示を請求する権利（積極的請求権的側面）という2つの側面があり，これまでの最高裁判所の判例は，前者については憲法21条に基づく権利であることを認めていますが（最大決昭和44・11・26），後者については憲法上の権利であることを明確に認めたものはありません。このようなことなどから，情報公開法に「知る権利」を明記することは見送られました。

(2)　法律の対象

　この法律によって情報を開示しなければならないのは，国の行政機関です（法2条1項）。行政機関の職員が職務上作成または取得した文書等で，組織で共用するものは行政文書といい，すべて開示請求の対象になります（法2条2項）。独立行政法人等にはこの法律は適用されませんが，別の法律が用意されています（独行情報公開法）。

228　Folder Ⅷ　高度技術と法

(3)　請求と開示

　開示請求は，国籍，自然人，法人を問わず，誰でもすることができます（法3条）。開示請求を受けた行政機関の長は，法に定められた不開示情報でない限り，情報を開示しなくてはなりません（法5条）。文書の一部に不開示情報が含まれている場合でも，可能であれば，当該部分を除いて開示しなくてはなりません（法6条）。また，不開示情報についても，公益上特に必要がある場合には，開示することができます（法7条）。他方，文書の存否を答えるだけで不開示情報を開示することになるときは，存否を明らかにしないで請求を拒否することができます（法8条）。

(4)　救済措置

　請求に対する行政機関の長の決定に不服がある場合には，行政不服申立てや行政訴訟で争うことができます（法3章）。不服申立てを受けた行政機関の長は，法に定められた場合を除いて，情報公開・個人情報保護審査会に諮問しなければなりません（法18条）。行政訴訟は，行政庁の所在地の裁判所，または原告の所在地によって決定される裁判所（特定管轄裁判所）に提起することができます（法21条）。

3　不開示情報

　必要以上に不開示情報の範囲が広がりすぎないように，また，不開示にされるべきものが開示されないように，可能な限り明確に不開示情報の範囲を定められなければならないことは，いうまでもありません。法5条に定められた不開示情報は，①個人情報（1号），②法人等情報（2号），③防衛・外交情報（3号），④犯罪捜査・秩序維持等情報（4号），⑤審議・検討・協議情報（5号），⑥行政運営情報（6号）です。①と②は第三者情報ともいい，プライバシーや営業上の利益など，第三者である個人や法人の権利や利益を保護するために不開示とされます。ただし，慣行として公にされている場合や公務員の情報のように公益上の必要がある場合などは例外的に開示されます。

　③ないし⑥は行政上の秘密に関わる情報といわれ，その情報の開示が公益を害し，それらによって失われる利益が開示によって得られる利益よりも大きいと考えられるものが，不開示とされます。

　いずれにせよ，ここで特に問題となると思われるのは，これら不開示情報の解釈です。法律の制定過程でも，例外事由が広く恣意的な運用の危険性があると指

摘されました。

　政府は，情報公開法の目的である説明責任を果たすためにも，開示請求された情報に対して，不開示情報の規定を限定的に運用し，積極的に情報を開示する姿勢を取り続けていかなければなりません。

▶ ステップアップ

　情報公開制度の課題や運用についてさらに興味がある人は，安藤高行『情報公開・地方オンブズマンの研究』（法律文化社，1994年），松井茂記『情報公開法〔第2版〕』（有斐閣，2003年），宇賀克也『新・情報公開法の逐条解説〔第7版〕』（有斐閣，2016年）等を参照して，学習を深めてください。

〔平　誠一〕

File 8	知的財産権

スタート

　社会経済および科学技術の発展によって私たちの身の回りにあふれ，日常生活をより豊かなものにしてくれる知的財産。これを保護し，また活用するため，知的財産とはどのようなものか見ていきましょう。

〈キーワード〉
□ 知的財産　　□ 特許権　　□ 実用新案権　　□ 意匠権　　□ 商標権
□ 著作権　　□ 工業所有権

サポート

1　財の多様化・無体化

　近代市民社会の創成期から現代に至るまで，私たちの生活における主要な「財」は，不動産（土地や建物）を中心とする有体物でした。こうした背景から，わが国の民法は権利の客体としての「物」を有体物に限定し（民85条），その物の所有者はこれらを自由に使用・収益・処分することができます（民206条）。さらには契約法の領域においても，そこで想定されている客体の多くは有体物を念

頭に置いた規定ぶりとなっていることが読み取れます。

しかし，社会経済および科学技術の発展により，現代市民社会における「財」は多様な展開を遂げています。その中でも近年，情報の持つ意義が飛躍的に増大しており，財産的価値を有する情報の集合体である「知的財産」の重要性が高まってきています。知的財産は観念的なものであるため，有体物とは異なりかたちのない無体物であり，人間の精神的な創作活動から生み出されます。

2　知的財産とは

わが国では2002年に，知的財産基本法という法律が成立しました。この法律によれば「知的財産」とは，①発明，考案，植物の新品種，意匠，著作物その他の人間の創造的活動により生み出されるもの，②商標，商号その他事業活動に用いられる商品又は役務を表示するもの，③営業秘密その他の事業活動に有用な技術上又は営業上の情報と定義されています（知的財産基本法2条1項）。このように定義された知的財産の権利者は，自身の知的財産を侵害した者に対して，侵害によって発生した損害の賠償を求めたりその行為をやめさせる差止請求をすることができます。また，権利の侵害行為に対しては，刑罰が科されることもあります。

3　知的財産の種類

わが国には知的財産権という具体的な権利は存在しません。そのため，知的財産を法的に保護するものとして大きく工業所有権（産業財産権ともいう）と著作権という権利の分類がなされており，これらの権利の総称が知的財産権と呼ばれているのです。

⑴　工業所有権

工業所有権には，特許権，実用新案権，意匠権，商標権などが含まれます。

特許権とは，一定の要件を備える「発明」を排他的に独占することができる権利をいいます。これに対して実用新案権とは，特許法では保護されない技術的思想の創作を「考案」として保護される権利です。どちらも自然法則を利用した創作となりますが，そのうち高度なものを「発明」といい，「考案」は創作の高度性が要件とされていないことから小発明といわれることもあります。つぎに意匠権とは，工業的な意匠（デザイン）を独占的に実施することができる排他的権利のことをいいます。最後に商標権とは，商品や役務（サービス）に使用される商標（ブランド）を独占的に使用し得る権利をいいます。ここでいう商品とは大量

生産後に市場で取引され代替性・流通性のある有体財産であり（たとえば「iPad」），役務とは反復継続して他人のために行う労務または便益の提供であり商取引の目的となるもの（たとえば「宅急便」）をいいます。このように工業所有権は，狭義には特許庁の登録によって発生する特許権，実用新案権，意匠権，商標権の４つの権利を意味しますが，広義には未登録の商品等表示や営業秘密など不正競争防止法によって保護されるものも存在します。

(2) 著作権

これら工業所有権に対して**著作権**とは，人の思想または感情を創作的に表現し，文芸，学術，美術または音楽の範囲に属するもの（著作物）を保護の対象としている権利のことをいいます。デジタル技術が発達した現代社会において，著作物は私たちの生活のいたるところに存在しています。こうした著作物が侵害されないように，著作権法は著作物の創作者である著作者に対して，著作者人格権（同一性保持権，氏名表示権，公表権）および著作権を付与することによって著作者の利益を保護しています。**著作権**はその利用形態に応じて，複製権，上演権・演奏権，貸与権，翻訳権・翻案権などと呼ばれます。さらに著作権法は，実演家，レコード制作者，放送事業者，有線放送事業者を保護するために著作隣接権を定めています。

4 工業所有権と著作権の違い

(1) 法の目的

工業所有権について規定する特許法，実用新案法，意匠法は，産業的創作を保護する法律です。それに対して**著作権法**は，文化的創作を保護する法律であるといえます。すなわち，特許法などの法律の目的が，「発明（考案，意匠の創作）を奨励し，もつて産業の発達に寄与する」（特許１条，新案１条，意匠１条）ことにあるのに対して，著作権法の目的は，「著作者等の権利の保護を図り，もつて文化の発展に寄与する」（著作１条）ことにあります。他方で商標法は，「商標の使用をする者の業務上の信用の維持を図り，もつて産業の発達に寄与し，あわせて需要者の利益を保護する」ことを目的としています（商標１条）。このように，同じ知的財産の領域においても，法の目的はそれぞれ異なるものとなっています。

(2) 権利の実現

特許権に代表される**工業所有権**は，原則として特許庁に登録されることによって，権利者に一定期間独占的に利用できる権利を与えます。これに対して著作権

は，役所への出願や登録の必要がなく，創作した時点で権利が発生します。

◤ステップアップ

　知的財産権について詳しく学びたい人は，小泉直樹『知的財産法入門』（岩波書店，2010年），金井高志『民法でみる知的財産法〔第２版〕』（日本評論社，2012年），角田政芳・辰巳直彦『知的財産法〔第８版〕』（有斐閣，2017年）を読んでみましょう。

〔晴山　秀逸〕

File 9	大深度地下

スタート

　大都市圏での土地の高度利用のために大深度地下の開発が注目されています。しかし，土地所有権の範囲は原則的に土地の上下に及ぶため，大深度地下の利用にも土地所有権者の許可が問題となり，自由な開発は難しい状況でした。そこで，これを打開するために「大深度地下法」（大深度地下の公共的使用に関する特別措置法〔平成12年法律第87号〕）が制定されました。この法律は，どのような法律でしょうか。

〈キーワード〉
□　大深度地下　□　土地所有権　□　区分地上権　□　公共の福祉

サポート

1　大深度地下法の意義

　現在，東京・大阪等の大都市部では土地利用の高度化・複雑化が非常に進展しており，地上はもちろん，浅い地下においてすら，既に利用可能な空間が少なくなっています。そこで注目を集めたのが，一般の土地所有者が通常は利用しない，また，利用するすべもないような**大深度地下**の活用です。社会資本の整備（地下鉄の建設や上下水道，電気，ガス，通信インフラの敷設等）のための公共事業を大深度地下の活用によって促進しようというわけです。

　ところが，民法は土地所有権の射程が原則的にその土地の上下に及ぶことを認

めています（民207条）。このため，たとえ通常では利用価値のない**大深度地下**といえども，土地所有権者の同意なしに専断的に開発をおこなうことには法律上疑念があったわけです。しかし，開発のたびごとに，関係する土地の所有者と交渉をおこなって，所有権や利用権（ちなみに，地下や空中といった土地の一部空間のみを利用するための手段として区分地上権制度〔民269条の2〕があります）を取得するという手法では，権利調整のための時間的・経済的コストが膨大となってしまいます。また，**大深度地下**は，もともと土地所有者が通常は使用しない（あるいは自力では使用できない）空間ですから，自分の所有地の**大深度地下**が公共事業に利用されたとしても，所有者には補償請求の根拠となるような実質的な経済的損失が，普通は存在していないといえます。さらに，土地はその特殊な性質上，たとえ国民の私有財産（私有地）であっても，利用するにあたって「公共の福祉」という視点との調整を図る必要があります（土地基2条・8条，憲29条2項参照）。このことは，民法上の**土地所有権**の効力が「法令の制限内において，その土地の上下に及ぶ」（民207条）と規定されていることからも確認できます。こうした理由から，公益目的の大深度地下利用に関して，所有権者等との個別的な交渉や補償を待たずに合理的な開発をスムーズに実現していくために，その根拠となる法律を整備することが目指されたわけです。これが大深度地下法の立法理由です。

2　大深度地下法の概要

(1)　大深度地下法の基本的枠組み

　大深度地下法の基本的機能は，公益性の高い公共事業の**大深度地下**空間での実施をおこなうために，対象となる土地に対して，公法上の特別な使用権（物権類似の権利）を設定することにあります。この権利が設定されると，たとえ権利者といえども，事業の遂行を妨げるような権利行使はできなくなります（大深度地下法25条）。たとえば，事業区域に達するまで井戸を深く掘り下げるようなことは認められなくなるのです。

　通常の民法上の土地使用権であれば，その設定に際して，契約を通じて土地所有者等の同意を取り付ける必要がありますが，大深度地下法上の使用権設定の場合は不要です。ただし，使用権設定の適性さ（裏返せば，土地所有者等の権利制限の適正さ）を担保する必要上，事業者が使用権を取得するためには，一定の要件（事業の公共性，事業が大深度地下で実施されること，事業者の事業遂行能力の存在

等）を備えたうえで，使用認可の申請をおこない，国土交通大臣（事業が複数都道府県にわたる場合）か都道府県知事による認可を受けなければならないことになっています（大深度地下法16条）。また，この使用権の設定に際して，所有者等への補償はあくまで例外とされ，原則は補償不要であることも大きな特徴です（大深度地下法32条，37条）。

(2) 大深度地下の定義

大深度地下とは，土地所有者等が通常は使用しない地下深くの空間です。より正確に定義すれば，①地下室建設のための利用が通常おこなわれない深さ（地下40m以深，大深度地下法2条，同施行令1条）か，②建築物の基礎の設置のための利用が通常おこなわれない深さ（建築物の基礎ぐいを設置する地盤である支持層上面から10m以深，大深度地下法2条，施行令2条）のうち，いずれか深い方から下の地下空間のことを指すものとされています。

(3) 対象地域と対象事業

大深度地下法は土地の所有者等の権利を制約するという性格を持っているため，その運用を必要最小限の範囲内に留める必要があります。そこで，大深度地下法は，「対象地域」と「対象事業」という2つの視点から，その適用範囲を限定しています。

対象地域は，大深度地下の利用必要性の高い地域，すなわち，地上及び浅い地下の利用が既に飽和状態となっている大都市圏が想定されています。具体的な地域は政令によって指定されることとなっていますが，現在のところは，首都圏（茨城県，埼玉県，千葉県，東京都，神奈川県），近畿圏（京都府，大阪府，兵庫県，奈良県），中部圏（愛知県，三重県）の3地域が対象とされています（大深度地下法3条，施行令3条）。また，対象事業は，公益性の高い公共事業です。具体的には，道路，河川，鉄道，通信，電気，ガス，上下水道が想定されています（大深度地下法4条）。これまでに，神戸市大容量送水管整備事業（2017年6月6認可），東京外かく環状道路（関越道〜東名高速）（2014年3月認可）の2事業が認可を受けています。また，中央新幹線（東京都・名古屋市間），淀川左岸線延伸部（大阪市北区豊崎〜門真市薭島），一級河川淀川水系寝屋川北部地下河川事業についても，事業者間調整（認可を受けようとする事業者が事前に事業概要書を作成し，事業所管大臣等に送付するとともに広告・縦覧することで，事業の共同化などの他の事業者と必要な調整を行う手続〔大深度地下法12条〕）が開始されています。

File 10　専門家の責任　235

> ◤ **ステップアップ**

　大深度地下法についてより深く学びたい人は，国土交通省内の大深度地下利用に関するホームページ（http://www.mlit.go.jp/toshi/daisindo/）を参照してみてください。

〔上山　泰〕

File 10	# 専門家の責任

> **スタート**
>
> 　専門的な知識や技術力を有する医師や弁護士等は，一般的に専門家と呼ばれています。専門家が契約上どのような責任を負うか，みてみましょう。

〈キーワード〉

□ 専門家の義務　　□ 債務不履行　　□ 不法行為

> **サポート**

1　専門家が当事者となる契約の特徴

⑴　専門家が当事者となる契約

　たとえば熱が出て不調なとき，医学的知見を持たない者は医師に診療を依頼して体調の回復をはかります。このように専門的知見を必要とする人が，専門的な行為を依頼し，専門家がこれを受けると契約が成立します。

⑵　専門家が当事者となる契約の特徴

　専門家が契約当事者の一方となる場合の特徴は，契約相手方との間に専門的な知識や情報の面で大きな格差があることです。

2　専門家の義務

　専門家の知見を必要とする者は，専門家でないから契約内容を知らなくてもよいということにはなりません。前述した医療を例にとりますと，医師は患者の協力なしに治療することが困難ですし，両者の意思が一致するとは限りません。両者は，治療目的や内容等を確認して合意する必要があります。

　専門家の行為により損害が発生した場合には，契約相手方は**債務不履行**または

不法行為（Folder Ⅲ の File2 または File8参照）に基づく損害賠償責任を追及することができます。そのどちらの場合でも，専門家としてすべきことをしなかったという義務違反があったことを要します。**専門家の義務**は，それぞれの専門と契約内容に応じて異なります。ここでは医師の義務をとりあげます。

3 医師の医療上の義務

⑴ 義務違反の判断

未熟児網膜症事件における光凝固法を例にみてみましょう。医師は，未熟児の場合，呼吸機能が十分でないことからくる全身への影響を回避するために高濃度酸素を用います。その際，その影響による網膜症を発症しないように，適切な濃度を維持し定期的に眼底検査を行い，必要な場合には光凝固法という治療を実施します。

未熟児網膜症事件では，まず，光凝固法という先進的な治療法が，専門的研究者の間でその有効性と安全性が是認されたものであったかどうかが争われました。つぎに，当該医療機関が，光凝固法について知見を有する医療水準に達していたかどうかが問題になりました。その判断は，医療機関の性格，所在，地域の医療環境の特性等の諸般の事情を考慮すべきであると解されています（最判平成7・6・9民集49巻6号1499頁）。さらに，当時未熟児医療の中心的役割を果たし，光凝固法の知見を有すると期待されていた医療機関には，必要な場合にその治療の実施可能な医療機関への転院・転医の措置をとる義務があり，本件の場合には，その知見を持たない医師が適切な転院措置を採らなかったことについて医療機関側に義務違反があるとされました（前記最高裁の差戻控訴審大阪高判平成9・12・4判時1637号34頁）。

⑵ 医師の説明義務

医師は患者側に対して，治療内容を説明し同意を得る義務を負います（インフォームド・コンセントともいう）。前述の光凝固法が医療水準として未確立の場合には，眼底検査の結果を告知説明しなかったとしても説明義務違反にはなりませんが（最判昭和61・5・30日判時1196号107頁），説明義務はその治療法の有効性と安全性の是認を前提にして，患者の期待を考慮し柔軟に解釈されうるとされています（前出の最判平成7・6・9）。なお，説明義務は，医療の様々な場面で生じます。例えば，医療水準の確立した療法が複数ある場合には，それらを省略することなくまた危険内容を各々具体的に説明し，患者に熟慮の機会を与える必要

があるとされています（最判平成17・9・8判時1912号16頁）。

4　専門家責任の問題点

ここでは，専門家に対して民事責任を追及する場合の問題点として，①相手方の訴訟上の負担，②専門家の高額損害賠償の負担をとりあげます。

(1)　相手方の訴訟上の負担

専門家に対して不法行為責任を追及する場合には，専門家のどの行為のどの部分に義務違反があったかを立証しなければなりません。これに対して，債務不履行責任を追及する場合には，専門家側が義務違反のなかったことを立証します。しかし，責任を追及する側が，まず専門家のなすべき行為を特定して示す必要があります。このように，訴える側は訴訟上大きな負担を負います。

契約責任を追及された専門家側は，過失がないことを主張立証すると責任を免れます。改正民法では専門家側が帰責事由のないことを主張立証すると免責されますが，帰責事由の有無は契約締結の目的，契約の締結に至る経緯他契約をめぐる一切の事情を考慮して判断されます。専門家でない者は，契約内容について質問や確認をして理解に務める等，契約に主体的に関わる必要が生じるでしょう。

(2)　専門家の高額損害賠償の負担

専門家の負担する損害賠償額は，多くの場合高額になります。そこで，各専門家のために保険制度が用意されています。さらには，例えば出産事故等により産科医院が減少したために，医療評価機構が産科医療補償制度を設け，出産事故で重い脳性まひになった際に一時金を支払う等の対策をとっています。

しかし，専門家による事故や損害発生は，専門家にも契約相手方にも長期間極めて深刻な影響を与えます。そのため，専門家による事故予防策が重要な課題となっています。例えば医療界では，2015年に医療事故を収集・分析して医療事故の再発防止につなげる「医療事故調査制度」が設けられています。

ステップアップ

専門家責任に関して，『民法判例百選Ⅱ債権〔第7版〕』，『医事法判例百選〔第2版〕』（ジュリスト），川井健ほか編『専門家の民事責任』（商事法務研究会，1993年），花立文子『建築家の法的責任』（法律文化社，1998年）の他，三浦利幸・原田悦子編著『事故と安全の心理学』（東京大学出版会，2007年）等も参考になります。

〔花立　文子〕

238 Folder Ⅷ 高度技術と法

| File 11 | 製造物責任 |

> **スタート**　現代では様々な製品が製造され販売されています。しかし，製品の欠陥のために事故が起こり，損害が生ずることもあります。そのような場合に製造者に責任を問うための法律として製造物責任法（PL法〔Product Liability Law〕）が用意されています。ここでは，PL法とはどのような法律かを学びましょう。

〈キーワード〉
- □ 製造物責任　　□ 欠陥　　□ 無過失責任　　□ 開発危険の抗弁
- □ 部品・原材料製造業者の抗弁　　□ 拡大損害

サポート

1　製造物責任とは

　製造物責任とは，製造物の欠陥のために身体や財産に損害が生じた場合，その製造物の製造者等の負うべき損害賠償責任を指します。この責任を根拠付ける法律が製造物責任法（以下，「PL法」といいます）です。製造物の欠陥によって損害を受けたので，その製造者等に対してその損害の賠償を求めるという場合，その製造者等と契約関係にあったならば債務不履行責任（民415条）の問題になりますが，そうでない場合，不法行為責任（民709条）の問題となります。不法行為責任に基づいて損害賠償を請求するには，被害者側が加害者の故意や過失を主張・証明する必要があります（Folder Ⅲ File 8を参照して下さい）。しかし，被害者側に製造物に関する専門知識がなければ，加害者の故意・過失を証明するのは困難です。そこで，被害者救済のために製造者等の**無過失責任**（過失不問責任）を定めるPL法が1994年に制定されました。ただし，PL法は，製造業者等に過失不問の不法行為責任を課すにすぎず（過失不問責任），他の要件・効果に変更を加えていません（PL6条。過失相殺や慰謝料などについては民法が適用されます）。

2 要　件

　まず，PL法は「製造又は加工された動産」に適用されます（PL2条1項）。したがって，不動産，サービスの提供，データなどにPL法は適用されません。次に製造物に欠陥のあることが必要ですが，欠陥とは，その製造物が通常有すべき安全性を欠いていることを指します（PL2条2項）。そして，欠陥の有無を判断するにあたっては，使用形態や製造物の引渡し時期といった事情が考慮されます。さらに，欠陥ある製造物に対して責任を負うべき者は，①製造物を業として製造，加工，輸入した者，②製造業者として製造物に氏名等の表示をし，または製造業者と誤認させるような氏名等の表示をした者，③製造物に実質的な製造業者と認めることができる氏名等の表示をした者が，責任を負うとされます（PL2条3項1号から3号）。

3　免責事由

　製造業者等の免責事由は次のとおりです。まず，製造物の引渡し時における科学技術の知見によっては欠陥の認識ができなかったことを証明すれば，製造業者等は免責されます（**開発危険の抗弁**―PL4条1号）。次に，製造物が他の製造物の部品や材料として使用された場合で，欠陥がもっぱら他の製造物の製造業者による設計に関する指示に従ったことで生じ，かつ，欠陥が生じたことに過失がないことを証明した場合も免責されます（**部品・原材料製造業者の抗弁**―PL4条2号）。なお，原子炉の運転等により生じた原子力損害については，「原子力損害の賠償に関する法律」4条3項の規定により，PL法は適用外とされています。

4　効　果

　PL法によって賠償される損害は「人の生命，身体又は財産に係る被害」（**拡大損害**）です。したがって，欠陥によってその製造物だけに損害が生じても製造物責任は生じません（PL3条ただし書）。また，期間制限も設けられています。被害者またはその法定代理人が損害と賠償義務者を知ってから3年，製造業者等による製造物の引渡しから10年を経過した場合には，請求権は消滅します（PL5条1項）。ただし後者については，被害を受けてから損害が発生するまでに時間的間隔のあった場合（微量の有害物質が蓄積することで，被害が表面化する場合など），損害の発生時点から10年が経過した場合に時効となります（PL5条2項）。

240　Folder Ⅷ　高度技術と法

▎ステップアップ

　PL法について更に詳しく学びたい場合は，土庫澄子『逐条講義　製造物責任法』（勁草書房，2014年）が有益です。

〔萩原　基裕〕

File 12　　　　　　　　　　原子力と法

スタート

　　　　原子力は水力や火力と並ぶ主要な電力源であり，原子力発電所（原発）の建設は私たちの日常生活を豊かにしますが，その一方で，放射能漏れが生じると環境を破壊して私たちの健康を脅かす危険性があるので，法による適切な管理や規制が必要となります。

〈キーワード〉

☐ 原子力発電　　☐ 原子力基本法　　☐ 原子力規制委員会　　☐ 原子力規制庁
☐ 原子炉等規制法　　☐ バックフィット制度　　☐ 放射性廃棄物　　☐ 原賠法

サポート

1　原子力発電と安全性

　原子力発電はわが国における主要は電力源の一つですが，アメリカのスリーマイル島原発事故（1978年），旧ソ連のチェルノブイリ原発事故（1986年），そして，2011年3月の東日本大震災時に起きた福島第一原発事故など，放射能漏れにより多大な損害を及ぼす事故が発生しています。それ故，原子力発電装置である「原子炉」に対しては規制を及ぼすことが必要です。

2　原子炉を監督する行政機関

　わが国の原子力政策の根幹をなすのは1955年に制定され2012年に改正された「原子力基本法」です。同法によると，原子力の利用は平和目的のものに限られ，安全確保を図ることが必要とされていますが，原子力の利用それ自体は禁止されていません。わが国の歴代政府は，国策として原子力発電を推進する立場をとり，

原発の建設を促進するために様々な法律（電源開発促進税法，電源開発促進対策特別会計法，発電用施設周辺地域整備法など）を制定し，原発の建設を受け入れた自治体に対して多額の補助金や交付金を支給するなどの優遇措置を講じて，全国各地で原発の建設が進められてきました。なお，原子炉の種類には，通常の原発に設置されている軽水炉の他に，研究開発段階の高速増殖炉があります（なお，政府は高速増殖炉「もんじゅ」について2016年12月に廃炉を決定しました）。

原子炉の安全確保を担当する部局は，かつては，経済産業省の資源エネルギー庁に置かれていた「原子力安全・保安院」と内閣府の「原子力安全委員会」に分かれていましたが，福島原発事故を契機に，安全確保を担当する行政機関が環境省の外局である「原子力規制委員会」ならびにその事務局である「原子力規制庁」に一本化されました。原子力規制委員会は独立行政委員会であり，内閣や各省庁から独立した権限を付与された合議制の委員会です。

3　原子炉に対する規制

原子炉に対する具体的な規制を定めたのが「原子炉等規制法」です。同法によりますと，新しい原発が稼働するまでには，原子炉の基本設計についての審査を経て原子炉の設置許可を受けた後，具体的な工事計画の認可を受けてから建設工事が開始され，さらに，工事完成後に使用前検査による安全規定の認可を受けることが必要とされています。また，既存の原子炉についても新設の原子炉と同じ最新の基準による審査にパスしなければ再稼働が許されないというバックフィット制度が採用されています。

なお，原子炉の稼働により生じる**放射性廃棄物**の処分については，「特定放射性廃棄物の最終処分に関する法律」により，**放射性廃棄物**を特別な手法により密封したうえで地下数百メートルの地層に埋設するなど厳格な安全基準が定められています。

4　被害者の救済

(1)　原賠法

原発からの放射能洩れが生じた場合，多くの住民が健康被害を受けると共に，住居や職場からの避難を余儀なくされて莫大な損害を被ります。しかも，その被害は長期間に及びます。被害者を民事的に救済するために民法709条に定められた不法行為に基づいて損害賠償を請求するという手段が考えられますが，「過失

なければ責任なし」という過失責任の原則に依拠した民法709条では，過失が証明されないことを理由に事業者側が賠償責任を免れることになるので，十分な被害救済を図ることができないおそれがあります。それ故，原発事故の特殊性を考慮した特別法として，「原子力損害の賠償に関する法律」（原賠法）が制定されています。

原賠法によると，原子力事業者は過失の有無を問わず責任を負い（3条1項，無過失責任原則），原子力事業者のみに賠償責任が課され（4条，責任集中原則。なお，国に対する国家賠償請求の可能性は残されています），賠償額に上限はありません（無限責任原則）。以上のように，無過失責任原則，責任集中原則，無限責任原則が原賠法の特徴です。また，原子力事業者は原子力損害を賠償するための措置を講ずる義務を課され（6条），具体的には，保険会社との原子力損害賠償責任保険の締結（8条），ならびに，政府との原子力損害補償契約の締結（10条）が義務付けられています。

さらに，法定の賠償措置額（1,200億円）を超える損害が発生した場合には原子力事業者に対して国が必要な援助を行うものとされています（16条）。「原子力損害賠償・廃炉等支援機構法」によると，国等が出資をして原子力損害賠償支援機構を設立し，同機構では複数の原子力事業者が損害賠償の履行に必要な費用を共同で負担します。原子力損害賠償のための資金が必要となった原子力事業者は機構に対して資金援助を申込み，同機構は積立金から資金援助を行いますが，積立金が不足する場合は，国に援助を求めることになります。

なお，原発事故と損害との間の因果関係について，原子力損害賠償紛争審査会（原賠審）が原子力損害の範囲を判定する指針を定めるものとされ（18条2項），同指針を参照して因果関係の認定がなされ，賠償すべき原子力損害の範囲が確定されます。

(2)　原発訴訟

原発の原子炉設置許可に対して周辺住民等が許可処分の取消を求めた行政訴訟において，最判平成4年10月29日民集46巻7号1174頁（伊方原発事件）は，①行政庁による審査には高度な最新の科学的，専門技術的知見に基づく総合的判断が必要であり，審査基準の適合性については専門家等で構成された委員会等の意見を尊重して行う大臣や行政庁の合理的判断に委ねられる，②現在の科学技術水準に照らし，具体的審査基準に不合理な点があり，あるいは，委員会等の審議や判断に看過し難い過誤等があり，行政庁の判断がこれに依拠していた場合には，行

政庁の判断は不合理なものとなり許可処分は違法と解すべきである，③行政庁の判断に不合理な点があることの主張・立証責任は本来は原告が負うべきであるが，原子炉施設の安全審査に関する資料をすべて行政庁側が保持していることから，行政庁の側において自らの判断に不合理な点がないことを相当な根拠と資料に基づき主張・立証する必要があり，行政庁側が主張・立証を尽くさない場合は行政庁の判断に不合理な点があることが事実上推認される，④原子炉設置許可の段階における安全審査の対象は基本設計の安全性に関わる事項に限定される，と判示しました。また，最判平成4年9月22日民集46巻6号571頁（もんじゅ事件判決）では，周辺住民に原子炉設置許可無効確認訴訟の原告適格が認められました。なお，福島第一原発事故以降において原発運転の差止を求める住民の申立を認めた裁判例として大津地決平成28年3月9日判時2290号75頁（高浜原発）等が，住民の申立を退けた裁判例として福岡高裁宮崎支決平成28年4月6日判時2290号90頁（川内原発）等があります。

■ ステップアップ

原子力と法の問題は環境法の重要論点とされていますので，知識を深めたい人には畠山武道『考えながら学ぶ環境法』（三省堂，2013年），交告尚史他『環境法入門〔第3版〕』（有斐閣，2015年），富井利安『レクチャー環境法〔第3版〕』（法律文化社，2016年）等がお薦めです。さらに，近時の研究成果を学ぶためには大塚直編『環境法研究第5号　特集・原発規制と原発訴訟』（信山社，2016年）が参考になるでしょう。

〔川地　宏行〕

File 13　温 泉 と 法

スタート

火山活動が活発な日本では，火山性の温泉が豊富に存在しています。また，再生可能エネルギーの一環として地熱発電が推進されようとしています。ここでは，温泉法を中心として，観光資源としての温泉と温泉の熱利用の関係について学びましょう。

244 Folder Ⅷ 高度技術と法

〈キーワード〉
- [ ] 温泉法　　[ ] 観光立国推進基本法　　[ ] 再生可能エネルギー
- [ ] 地熱発電　　[ ] 温泉の熱利用　　[ ] 温泉発電

サポート

1 観光と温泉

　我が国には3,000カ所を超える温泉地が存在し，年間延べ約1億2,000万人の人が温泉宿に宿泊しています。また，既存の温泉地以外の地域や都市部にも温泉が開発され，我が国では，すべての都道府県に温泉地が所在しています。現在，温泉が湧出する源泉は27,000本を超えていますが，その70%以上は人工的に掘削されたものです。

　日本では，「温泉法」が1948年に制定・施行され，現在まで13次の改正が実施されています。温泉法の目的は，制定当初から「温泉の保護」と「温泉の利用の適正を図る」ことでしたが，東京渋谷区で温泉採取に伴って発生する可燃性天然ガスの爆発事故を契機になされた同法改正（2007年11月）により，温泉法の目的に「温泉の採取等に伴う可燃性天然ガスによる災害の防止」が追加されました。その他にも，温泉法では我が国における温泉の定義（2条）をはじめ，温泉の開発および温泉の利用についての規定や地域の指定などが規定され，違反した場合の罰則も規定されています。

　また，観光は我が国の重要な政策のひとつで，観光立国を標榜して2006（平成18）年に「観光立国推進基本法」が制定され翌年から施行されました。同法13条によれば，「国は，観光資源の活用による地域の特性を生かした魅力ある観光地の形成を図るため，史跡，名勝，天然記念物等の文化財，歴史的風土，優れた自然の風景地，良好な景観，温泉その他文化，産業等に関する観光資源の保護，育成及び開発に必要な施策を講ずるものとする」と規定されています。

2 温泉法と温泉資源の保護

　温泉の開発は，土地を掘削して実施します。温泉を掘削するには温泉法3条の規定により，都道府県知事の許可を受ける必要があります。また，温泉の湧出路の増掘および温泉をポンプで汲み上げる場合も，同法11条の規定により同様の許可を受ける必要があります。このように，土地の掘削や動力装置の設置を許可制

にすることによって，温泉資源の保護に通じるとされています。さらに，同法12条では「温泉の採取の制限に関する命令」として，都道県知事は，温泉源を保護するために必要と認めるときは温泉の採取の制限を命じることができると規定されています。しかし，同条が適用されたことはほとんどありません。

3 地熱発電と温泉の熱利用

地熱発電は生産井と呼ばれる井戸から常時膨大な熱水を採取して発電する仕組みです。この熱水は温泉法上の温泉です。我が国の地熱発電は1966年にはじまり，現在までに18カ所の地熱発電所が設置されています。他の再生可能エネルギーである太陽光発電や風力発電と比べると地熱発電は，気象条件等に左右されずに24時間安定した発電ができることが利点とされています。しかし，熱水の量は減衰する傾向にあり，全国の地熱発電所では平均約3年で新しく生産井を掘削し続けています。そうしなければ，発電量が維持できないからです。また，地熱発電を実施している周辺の温泉地では，泉温の低下や湧出量の減少など，温泉資源への影響が報告されています。このように，地熱発電には種々の問題が指摘されてきました。このように，発電施設の設置や施設維持に関するコストが莫大であることや，熱源の調査から発電稼働までの期間を長く要することから，1999年以後は設置されていませんでした。

ところが，東日本大震災を契機に，脱原発とエネルギー自給率の問題が発生し，政府は再生可能エネルギーの利用促進を提唱して地熱発電が再び脚光を浴びることになりました。その結果，種々の規制緩和が実施されることになり，国立公園内で地熱発電を実施する際に，特別地域の地下深部にある熱源へ向けての斜堀を許可することをはじめ，2013年の「規制改革実施計画」では，「温泉法第3条が温泉をゆう出させる目的で土地を掘削しようとする者は許可が必要としていることを踏まえ，許可が不要な掘削について類型化する」ことが閣議決定されました。これを受け，環境省では，従来，温泉の湧出が見込まれる場合は，温泉の湧出を目的としているか否かに関わらず温泉法第3条の許可が必要としていた温泉法の運用について，「温泉のゆう出を目的としない掘削については温泉法第3条の許可対象ではない」との見直しを行い，「温泉資源の保護に関するガイドライン（地熱発電関係）改正」を2014年12月に公表しました。

これにより，地熱発電関係の調査による土地掘削は温泉法の許可を得ずに実施することが可能となったのみならず，温泉法の解釈が変更されたことにより，地

熱発電に関係のない一般地域や温泉地において，土地を掘削すれば温泉が湧出する可能性が限りなく高くても温泉を湧出させる目的ではない掘削であれば温泉法の許可を要しないこととなりました。

　この他，**温泉の熱利用**として，高温の温泉や蒸気源泉を利用した**温泉発電**があります。温泉発電は一般的にバイナリー発電と呼ばれるアンモニアなど沸点の低い媒体を利用して発電する仕組みが主流です。温泉発電を実施するために新たに温泉を掘削する場合もありますが，高温の既存源泉の熱を利用して小規模な発電を実施する事例が多く，高温のため直接利用できずに加水等の方法で冷却しなければ入浴できなかった温泉の余剰な熱を利用することは有意義であると考えられます。また，既存の源泉を利用することにより，地熱発電のように生産井を数年ごとに掘削し続けることも必要ない点から，温泉資源に悪影響を及ぼさず，環境に負荷をかけないということも意義があると考えられます。

◢◣ **ステップアップ**

　温泉法に興味のある方には，質疑応答等の形で温泉法を解説している『温泉実務必携』（健康と温泉フォーラム，2016年），温泉法の立法・改正の審議を集成している北條浩・村田彰『温泉法の立法・改正審議資料と研究』（御茶の水書房，2009年）温泉と観光については布山裕一『温泉観光の実証的研究』（御茶の水書房，2009年）等が有益です。

〔布山　裕一〕

Folder Ⅸ　　　国　家　と　法

File 1　　国会（法律の制定過程）

> **スタート**
>
> 　テレビでもその審議の模様が中継される国会は，憲法上極めて重要な役割を与えられています。ここでは，とくに「唯一の立法機関」（憲41条）としての地位に注目して，国会の役割を考えてみます。

〈キーワード〉
- □ 全国民の代表機関　　□ 国権の最高機関　　□ 国の唯一の立法機関
- □ 形式的意味／実質的意味の立法　　□ 国会中心立法／国会単独立法の原則

サポート

1　権力分立制のもとにおける国会

　日本国憲法がよって立つ近代立憲主義は，権利保障と権力分立の仕組みを導入することを憲法に要求しています（フランス人権宣言16条を参照）。日本国憲法もまた，国家の権力を立法，行政，司法の三権に分け，それぞれ別の機関に担当させて（憲41条・65条・76条1項），相互に抑制と均衡を図る仕組みを設けて，権力の濫用を防止し，国民の自由を確保しようとしています。これをふまえて，以下では国会が行使する立法権の意義とその行使の仕方を概観します。

　日本国憲法は，国会に ① 全国民の代表機関（憲43条），② 国権の最高機関（憲41条），③ 国の唯一の立法機関（憲41条）という地位を与えています。

　まず，①の国会が「全国民」を「代表」する機関であるとは，通説的見解によると，国会が選挙を通じて国民の意思を反映する機関だということを意味します。次に，②国会が「国権の最高機関」であるとは，通説によれば，国会が内閣や裁

判所と異なり主権者たる国民から直接に選出された議員により構成される機関であり，かつ，憲法によって立法権をはじめとする重要な権能を付与された，国政上極めて重要な地位を占める機関であることを踏まえて国会に付された「政治的な美称」であると解されています（これに対して，主権者国民から直接選出された議員によって構成されている点を重視して，「国権の最高機関」という概念は，単なる「政治的な美称」ではなく，国政上，特別の意義をもった機関という意味に解する見解も学説上は有力です）。

2 「唯一の立法機関」

(1) 「立法」とは

③ 国会が「国の唯一の立法機関」であるということについて見ます。まず，ここでいう「立法」には，①「形式的意味」と②「実質的意味」の二つの意味があると考えられています。①「形式的意味の立法」とは，「法律」（法形式の一種で，国会によって制定される法のことです。詳しくは，Folder Ⅰ の File 4 を参照して下さい。）を制定する作用のことを言います。これに対して②「実質的意味の立法」とは，ある一定の内容の法規範を制定する作用のことを言います。このとき，「ある一定の内容」とはどういう内容なのかが問題となります。実務上は，国民の権利を制限したり義務を課したりする内容の法規範だと考えられています（これに対して学説上は，「ある一定の内容」を上記の見解よりも広く解する立場が一般的です）。そして，憲法41条にいう「立法」とは，②の「実質的意味の立法」だと解すべきであると考えられています。

(2) 「唯一」の立法機関の意味

以上のことを踏まえますと，国会が「唯一の立法機関」であるとは，国会が，法律という形式を通じて，ある一定の内容の法規範を制定することのできる唯一の機関である，ということを意味することだと考えられます。

このことから，次の二つの具体的な原則が導き出されます。ひとつは国会中心立法の原則です。これは，国会以外による実質的意味の立法は，憲法上の例外を除いて許されないという原則のことです（憲法上の例外には，各議院の議院規則制定権〔58条 2 項〕，内閣の政令制定権〔憲73条 6 号〕，最高裁判所の規則制定権〔憲77条 1 項〕，地方公共団体の条例制定権〔憲94条〕。なお，国会中心立法の原則との関係で，本来法律で自ら定めるべき事項を行政機関の制定する命令に委任する「委任立法」の問題があります。憲法の講義や教科書で勉強してください）。もうひとつは国会単独立

法の原則であり，これは法律の制定に際しては国会以外の機関の関与を認めないという原則のことです（憲59条1項。例外として，いわゆる地方自治特別法の住民投票〔憲95条〕があります）。

3　立法権の行使—法律の制定過程—

　国会には，憲法上，⑴憲法改正の発議権（憲96条1項），⑵内閣総理大臣の指名権（憲67条1項），⑶弾劾裁判所の設置権（憲64条1項），⑷財政監督権（憲83条），⑸条約承認権（憲73条3号）そして⑹法律の議決権（憲59条）が付与されています。ここでは⑹の法律の議決権について概観します。

　憲法59条1項は，「法律案」は「両議院で可決したとき法律となる」と定めています。衆参両院の議員が法律案の発議を行いうるほか（法律案の発議には衆議院で20人以上，参議院で10人以上，予算を伴う法律案の場合にはそれぞれ50人以上，20人以上の賛成を要します。国会56条1項），内閣による法律案の提出も認められています（内閣5条。なお，この点については権力分立の見地から批判もあります）。一方の院で提出された法律案は，議長によって適当な委員会に付託され（国会56条2項），委員会における審査（質疑，討論，評決）が行われます。その後本会議（定足数は総議員の3分の1—憲56条1項）で審議され，可決されると，他方の院に送付されます（可決には出席議員の過半数の賛成が必要です—憲56条2項）。そこでも同様の手続を経たうえで，本会議で可決されると，法律として成立します。

　仮に衆議院で可決された法律案が参議院で否決された場合，衆議院において出席議員の3分の2以上の多数決で再可決することで，参議院の可決がなくとも法律を成立させることができます（憲59条2項。なお同4項も参照。また，衆議院は両院協議会の開催を求めることも可能です。同3項）。これはいわゆる衆議院の優越の重要な一場面です。

ステップアップ

　まずは定評ある教科書，例えば，芦部信喜（髙橋和之補訂）『憲法〔第6版〕』（岩波書店，2015年）の「第14章　国会」（287頁以下）等を熟読した上で，立憲主義における議会の位置づけを比較法的，歴史的な視点を踏まえて検討している林知更「立憲主義と議会」安西文雄ほか『憲法学の現代的論点〔第2版〕』（有斐閣，2009年）115頁以下等にチャレンジすることをお薦めします。

〔前田　聡〕

250　Folder IX　国家と法

| File 2 | 議院内閣制 |

スタート

　行政権（ここで「行政」とは，国の作用のうち立法と司法を除いた部分のことを指しています。）を担う機関や，当該機関と立法府との関係のあり方には様々なものが考えられます。日本は「議院内閣制」を採っている，と言われますが，それはどのような仕組みなのでしょうか。

〈キーワード〉
- □ 議院内閣制　　□ 大統領制　　□ 責任本質説　　□ 均衡本質説
- □ 衆議院の解散　　□ 解散権の所在　　□ 解散権の限界

サポート

1　議院内閣制

(1)　議院内閣制とは

　日本国憲法が採用する統治の仕組みの大きな特徴のひとつとして，議院内閣制が挙げられます。議院内閣制とは，イギリスにおいて発展してきた立法府と行政府の関係のあり方のひとつで，議会（立法府）と内閣（行政府）の分立を前提として議会（二院制を採る国の場合，とりわけ下院）の信認を内閣存立の必要条件とする仕組みのことです。しばしば議院内閣制は，アメリカに代表される大統領制（国民が，立法権を担う議会とは別個に行政権の主体たる大統領を選出する仕組み）と対比されます。大統領制と議院内閣制とは，権力分立の仕組みを採用している点では共通するものの，多くの点で違いがあります（たとえば，任期が一定〔大統領制〕かそうでないか〔議院内閣制〕，独任制〔大統領制〕か合議制〔議院内閣制〕か，法律案の提出権が認められるか否か，など）。両者の違いについての重要なポイントとして理解しておくべきことがらとして，大統領制では立法府と行政府の厳格な分立が要求されるのに対して議院内閣制では両者の協働関係が重視される，という点が挙げられるでしょう。

(2)　議院内閣制の本質

　議院内閣制について，その本質的な要素とは何かをめぐる議論がなされてきま

した。すなわち，いかなる要素を持った統治の仕組みのことを議院内閣制だと考えるのか，という問題です。多くの論者は，(i)立法府と行政府とが一応分立していること，(ii)内閣が議会に対して連帯責任を負っていること，の二点を本質的な要素だと考えています（議院内閣制の本質についての**責任本質説**）。以上の二つに加えて，(iii)内閣が議会（下院）の解散権を有することもまた議院内閣制の本質的な要素である，と考える見解も有力です（**均衡本質説**）。

(3) **日本国憲法の下における議院内閣制**

日本国憲法は，内閣の国会に対する連帯責任（憲66条3項），国会による内閣総理大臣の指名（憲67条。なお任命は国会による指名を受けて天皇が行います。憲6条参照），内閣総理大臣および過半数の国務大臣を国会議員の中から選出すること（憲67条1項，同68条1項ただし書），衆議院による内閣不信任決議（憲69条）などを規定しています。これらから，国会，特に衆議院の信任を内閣存立の要件とする議院内閣制の仕組みを採用していることは明らかです。

2　衆議院の解散

(1) **衆議院の解散**

議院内閣制の仕組みを理解するうえで重要なことがらのひとつとして，**衆議院の解散**の問題があります。（議会の）解散とは，議員全員について任期満了前にその資格を喪失させる行為のことをいいます。今日，解散の制度には議会と内閣との間に生じた政治的対立を調整し政治に安定をもたらす機能や，民意を国政に的確に反映させる機能などが期待されていると言われます。

(2) **解散権の所在**

日本国憲法には，衆議院の解散を予定した条文が存在します（憲7条，69条参照）。ただ，その一方で憲法は誰が解散権を有するかについて明確にしているわけではなく，**解散権の所在**が問題となります（憲法7条3号は天皇の国事行為として「衆議院を解散すること」を挙げていますが，「国政に関する権能を有しない」〔憲4条〕天皇に，高度な政治的判断を伴う衆議院の解散について実質的権限があると解することはできません）。また，**解散権の所在**とも関係して，解散は憲法69条が定める内閣不信任決議が可決されたときにのみ行いうるのか，それともそれ以外の場面においても解散を行いうるのか，という点も問題となります。これらの問題は，議会が内閣の責任を追及しうるという点に議院内閣制の本質を求めるのか（**責任本質説**），それとも内閣と議会との均衡に求めるのか（**均衡本質説**）という問題と

252　Folder IX　国家と法

も関係する問題です。

　この問題については，日本国憲法施行後早い時期に生じた「解散権論争」を中心に，学説上議論が積み重ねられてきています。その一方で，実務上は憲法7条3号を根拠として内閣に実質的な解散権が認められており，かつ，解散できる場面は憲法69条が定めるような衆議院による不信任決議が可決されたときのみに限定されるわけではない，という考え方が確立されています。なお，本書刊行時までに衆議院の解散は24回行われていますが，このうち内閣不信任決議が可決されたことに伴う解散，すなわち，憲法69条所定の解散は，4回（1948〔昭和23〕年，1953〔昭和28〕年，1980〔昭和55〕年，1993〔平成5〕年）にとどまります。

(3)　解散権の限界

　衆議院の解散について，内閣に実質的な決定権があり，かつ，解散を行いうるのは憲法69条所定の場合に限られないとしても，内閣が解散権を行使しうる場面は無限定というわけではない，というのが学説上は支配的です（**解散権の限界の問題**）。解散制度が，国民により直接選出された衆議院議員全員の資格を任期前に喪失させて，総選挙を通じて国民に直接信を問う制度である以上，それにふさわしい重要な理由が求められるのであり，ときの内閣の一方的な都合や政権与党の党利党略に基づく解散は許されない，と考えられています（この観点から，しばしば個々の解散の正当性が論じられることがあります）。

▎ **ステップアップ**

　本Fileでは深入りしませんでしたが，解散権の所在をめぐる議論は初学者にとってややわかりにくい点があると思います。講義や教科書（たとえば，芦部信喜〔高橋和之補訂〕『憲法〔第6版〕』（岩波書店，2015年）48-50頁，334-335頁）を通じて理解を整理して下さい。参考文献として，かなりレベルが高いですが，高橋和之『国民内閣制の理念と運用』（有斐閣，1994年）にチャレンジするのもよいでしょう。

〔前田　聡〕

File 3　行政と法

スタート　現代社会では，行政活動はごみの収集から宇宙開発までと言われるように非常に広範囲に及んでいます。ここでは，行政活動の特質とそれに対する法的規律のあり方について学びましょう。

〈キーワード〉
- □ 規制行政　□ 給付行政　□ 行為形式　□ 行政処分　□ 法の支配
- □ 行政手続　□ 司法審査

サポート

1　行政の行為形式——行政法的なものの見方

　行政活動は各種の観点から分類することができます。たとえば，外交，教育，社会保障，経済産業，環境保全，租税などのように，行政活動の内容による分類はなじみのあるものでしょう。また，行政の目的に着目して，**規制行政**（交通取締りや各種営業規制のように，公共の安全と秩序の維持のために私人の権利自由に制限を加える行政活動），**給付行政**（各種社会保障，補助金交付のように，私人に対する財やサービスの提供そのものを目的とする行政活動）という分類もよく見られます。

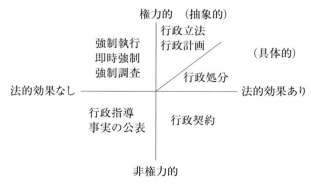

図　行為形式

254　Folder Ⅸ　国家と法

　しかし，法律学の世界では，行政活動の内容よりも，むしろその**行為形式**に着
目して行政活動を分析する，というものの見方が重要視されます。**行為形式**とは，
行政のある行為が国民の権利義務に変動（権利義務の発生・変更・消滅）をもたら
すものか，それとも単に事実として一定の行動を行うにとどまるものか（法的効
果の有無），また一方的強制的なものであるか，それとも国民との合意や任意の
協力に基づくものであるか（権力的か非権力的か），という観点から分類された行
政の行動パターンのことを言います（図参照）。これらの**行為形式**の中でも，とり
わけ**行政処分**がもっとも重要視されています。

2　行政処分

　行政処分とは，「公権力の主体たる国又は公共団体が行う行為のうち，その行
為によって，直接国民の権利義務を形成し又はその範囲を確定することが法律上
認められているもの」（最判昭和39・10・29民集18巻8号1809頁）を指します。この
定義からは，行政処分の特質として少なくとも次の3つを挙げることができます。
　①公権力の行使であること（権力性）。権力性を正確に定義することは難しい
ですが，ここではとりあえず，相手方の意思いかんを問わず，行政が法律に基づ
いて命令強制したり，一方的にその権利義務を変動させたりすることと理解して
おきましょう。この意味において，相手方との合意に基づく契約や相手方の任意
の協力を求める行政指導などは非権力的であるため，行政処分とは区別されます。
　②国民の権利義務を変動させること，つまり法的効果を有する行為であること
（法効果性）。したがって，権利義務を変動させない行政指導や実力行使たる行政
上の強制措置などは行政処分ではないということになります。
　③特定人の権利義務を直接具体的に決定すること（直接具体性）。この点において，
政省令の制定など，一般的抽象的な規範を定める行為も行政処分ではありません。
　典型的な行政処分の例としては，例えば税金の賦課決定（税通25条），飲食業
者に対する営業の許可，禁止・停止命令（食品衛生52条，55条），自動車の運転免
許（道交84条），建築確認（建基6条），違反建築物に対する除却・改善等の命令
（建基9条），公共料金の認可（電気18条など），道路の占用許可（道32条）など，
枚挙に暇がありません。しかし，個別法の定める措置が行政処分に当たるかどう
かが分かりにくい場合もあります。このような場合には，当該措置を定める個別
具体の法律の規定ないし当該法律の仕組みの解釈を通して，当該措置に**行政処分**
としての特質が認められるかどうかを見極めなければなりません。

3 法の支配（法治主義）

　行政処分や行政上の強制措置などに典型的にみられるように，行政は，相手方である国民の意思いかんを問わずその権利や自由を制限することができるから，これを行政の好き勝手に任せるわけにはいかず，法の制約に服させる必要があります。これを法の支配又は法治主義と言います。

　まず，実体法上，①行政活動はすべからく，憲法をはじめ法律や政省令・条例などすべての法に違反してはなりません（法の優越）。②国民の権利を侵害する行政活動など一定の行政活動は，法に違反しないだけでなく，それを行うためにはさらに国会制定法たる法律の具体的な根拠がなければなりません（法律の留保）。法律の根拠が必要な行政活動を根拠なしに行えば，他の既存の法に違反していなくてもそれだけで違法になります。

　つぎに，③公正な行政，透明な行政，公衆参加を確保するという観点から一定の事前手続を履践しなければなりません（適正手続）。具体的にどのような行政活動にいかなる手続が適用されるかについては，行政手続法（平成5年法88号）は，行政処分，行政指導，届出及び命令制定について通則的な規定を定めています。ただ，これ以外の行政手続についてはなお個別法に委ねられているのが現状です。

　最後に，④違法な行政活動が行われた場合，法の番人たる裁判所がその違法性を審査し，国民の権利利益を救済するシステムが必要です（司法審査）。これに関する一般法としては，行政事件訴訟法（昭和37年法139号）や国家賠償法（昭和22年法125号）があります。行政事件訴訟法は，まさに公権力の行使の適法性を審査し，違法な行政活動を是正するための訴訟手続について定めた法律です。同法は，国民の権利利益の実効的な救済を図るため，2004年に大きな改正を施され，今後よりいっそうその真価が問われます。

▰ ステップアップ

　行政法に関する入門書としては，藤田宙靖『行政法入門〔第7版〕』（有斐閣，2016年）が，さらに行政法に関して本格的に勉強したい人には，塩野宏『行政法Ⅰ〔第6版〕』（有斐閣，2015年），同『行政法Ⅱ〔第5版補訂版〕』（2013年），同『行政法Ⅲ〔第4版〕』（2012年）がおすすめです。

〔周　作彩〕

256　Folder IX　国家と法

| File 4 | 財　　政 |

スタート

　私たちが健康で豊かな生活を送るためには，国や地方公共団体がさまざまな公的サービスを提供していく必要があります。そのためのお金を調達し，管理し，支出する一連の活動を財政と言います。日本の国家予算は，一般会計だけで年90兆円を超えています。このように莫大なお金をどこから調達し，その使い道がどのように決められているのでしょうか。

〈キーワード〉
- 財政民主主義　□ 租税法律主義　□ 予算　□ 衆議院の優越
- 国会の予算修正権　□ 決算

サポート

1　財政民主主義

　国家の存在そのもの及び国家の諸活動は，究極的には国民の需要に応えるためのものです。そのために必要なお金も結局，国民が負担するほかありません。したがって，財政の適正な運営は国民の重大な関心事です。日本国憲法は，「国の財政を処理する権限は，国会の議決に基いて，これを行使しなければならない」（83条）として，国会のコントロールを強く認めています。国会は国民の代表機関ですから，財政の処理に国会の議決が必要ということは，財政を国民のコントロール下に置くということを意味します。これを**財政民主主義**と言います。

2　租　税

　財政の原資となるお金は，租税や社会保険料を徴収したり，国債を発行して借り入れるなどの手段により調達します。中でも，租税が中心的な手段です（もっとも，現在，日本の国家予算の約4割は国債に頼っています。しかし，その借金も将来の世代の税金で返していかなければなりませんので，財政を支えるのは，結局は税金なのです）。

　租税とは，国家が課税権に基づいて強制的に徴収する金銭給付のことを言いま

す。直接の反対給付（見返り）なしに国民のお金の一部を強制的に国家の手に移すものですから，租税の賦課・徴収は，必ず法律の根拠に基づいて行われなければならないとされています（租税法律主義）。これは，古くイギリスのマグナ・カルタ（大憲章）の「代表なければ課税なし」という原理に由来する考え方です。日本国憲法も，「あらたに租税を課し，又は現行の租税を変更するには，法律又は法律の定める条件によることを必要とする」（84条）として租税法律主義を採用しています。より具体的には，租税の賦課・徴収にあたっては，納税義務者，課税物件（課税の対象となる物・行為・事実，例えば所得税の対象である「所得」），課税標準（課税物件を価額や数量で表したもの，例えば所得税の「所得額」），税率などの課税要件や手続があらかじめ法律で定められ，その内容もできる限り一義的で明確でなければならないとされています。

3　予　算

　国の収入がいくら見込まれ，それをどのような用途にいくら支出するかを予定的に計算したものが予算です。予算には，本予算（当初予算），補正予算（本予算成立後に法律上又は契約上，国の義務に属する経費の不足を補い，あるいは新たな事由に基づき内容に変更を加えるもの），暫定予算（本予算が新会計年度の開始前に成立しない場合に必要に応じて暫定的に定めるもの）などがあります。国の予算は，すべての国家活動の裏付けとなるものですので，内閣が会計年度ごとに予算案を作成して国会に提出し，国会の審議及び議決を経なければならないとされています（憲86条）。

　予算のうち，歳入予算は単なる見積りにすぎませんが，歳出予算は，支出の目的・金額・時期について政府を拘束する効力をもち，原則としてこの制限を超える支出は許されません。つまり，政府は，財源を予算に計上された費目から他の費目に移し替えて支出したり，予算計上額を上回って支出したり，あるいは複数年度間で収入と支出を融通することはできないのです。

　予算の審議については，憲法は，民意をより直接に代表すると考えられる衆議院に先議権（参議院より先に審議する権限）を与え，かつ，両議院の議決が異なるとき，又は参議院が衆議院の可決した予算を受け取ってから30日以内に議決しないときには，衆議院の議決を国会の議決とする旨を定め，衆議院の優越を認めています（憲60条）。

　さて，予算は，国会の審議・議決を経て成立するといっても，その際，国会は

内閣の原案をどこまで修正することができるか，という問題があります。一般には，原案にあるものを廃除削減する減額修正については，新たな財源を確保する必要がないことから，国会の予算修正権に限界はないと解されています。これに対して，新たな項目を追加したり，金額を増加したりする増額修正がどこまで認められるかについては，諸説があります。1977年の政府統一見解は，「内閣の予算提案権を損なわない範囲内において可能と考えられる」，としています。しかし，予算提案権を損なうかどうかは具体的にはきわめて不明確であり，また，現行法にも増額修正を前提とする規定がある（財19条，国会57条の３など）ことに照らせば，条理上の制約はともかくとして，国会の修正権には制限は存しないと解するのが妥当でしょう。

4　決　算

　決算とは，毎会計年度の出納完結後に，歳入歳出の実績を予算と対比して作成される確定的計数（数値）のことを言います。憲法は，「国の収入支出の決算は，すべて毎年会計検査院がこれを検査し，内閣は，次の年度に，その検査報告とともに，これを国会に提出しなければならない」，と定めています（90条）。ただ，法的効果を有する予算と異なり，決算そのものには，国家機関を拘束する法的規範性がなく，また，国会がそれを認めない議決をしたとしても，歳入歳出の是正がなされるわけでもありません。そのためか，国会での決算審査は，十分な審議が行われず，議決することなく終了することもあるなど，形骸化しているとの指摘があります。

◥ ステップアップ

　財政についてもっと知りたい人は，芦部信喜（高橋和之補訂）『憲法〔第６版〕』（岩波書店，2015年）第17章，日本財政法学会編『財政法講座１・財政法の基本課題』（勁草書房，2005年）を参照してください。

〔周　作彩〕

| | File 5　基本的人権　　259 |

| File 5 | 基本的人権 |

スタート
　日本国憲法には様々な基本的人権が規定されています。それらがどういうものであり，具体的にはどのように守られているのか，見ていきましょう。

〈キーワード〉
- □　人権宣言　　□　自由権　　□　参政権　　□　受益権（国務請求権）　　□　社会権
- □　違憲審査権　　□　憲法判断回避の準則　　□　私人間効力　　□　三菱樹脂事件

サポート

1　人権思想の歴史と変遷

　人権思想の芽生えは，イギリスにおいてマグナ・カルタ（1215年），権利請願（1628年），人身保護法（1679年），権利章典（1689年）の中に見ることができます。しかし，これらで確認された権利は，特権身分の権利やイギリス国民の古来の権利であり，近代的人権の特徴である普遍的な性格をもつものではありませんでした。その後，ロックやルソーなどが説いた自然権論と社会契約論を基礎として，近代的人権宣言が誕生しました。その結果，アメリカのヴァージニア権利章典（1776年）やフランス人権宣言（1789年）において，すべての人は生まれながらにして一定の権利・自由を持つことが宣言されました。

　初期の人権宣言は，平等の思想を出発点として，国家に対する個人の自由を主張するために，「国家からの自由」が中心でした。しかし，資本主義の進展とともに貧富の差が拡大し，貧困や失業といった社会問題が深刻になっていき，これらを改善することが要求されるようになりました。そして，ドイツのワイマール憲法（1919年）において初めて，社会的・経済的弱者を保護するために国家の積極的な介入を求める社会権の規定が盛り込まれました。

　日本国憲法もこのような人権思想の流れを受け継ぎ，その第3章において，精神的自由・経済的自由・人身の自由に分類される自由権，選挙権・被選挙権などの参政権，裁判を受ける権利などの受益権（国務請求権）とならび，生存権や教育を受ける権利，勤労の権利などの社会権も定めています。

2　基本的人権の保障

　では，憲法に規定されている基本的人権は，具体的にどのように保障されているのでしょうか。まず，基本的人権が最高法規である憲法に明記されていることから，国家はそれらをむやみに制限することはできず，それらの実現を図らなければならない義務を負うことは当然です。しかし，実際には国家権力により基本的人権が侵害されることもあります。そこで，法律や命令，国家機関の行為が憲法に適合しているかどうかチェックし，人権保障が実効力を伴うようにするために，違憲審査制が第2次大戦後の多くの国の憲法に導入されています。日本国憲法もその第81条で，裁判所が**違憲審査権**を持つことを規定しています。ところが，裁判所が憲法問題を避けて判決を下すことができるのであれば，それには踏み込まないとする憲法判断回避の準則というルールがありますので，違憲審査に対する裁判所の態度は極めて消極的です。

3　憲法の私人間効力の問題

　憲法は本来，国家と私人との関係を規律する法であって，私人間相互の関係を規律していません。しかし，人権侵害が生じる場面は，国家と個人の関係には限られず，私人相互の関係においても起こりうるものです。これが憲法の**私人間効力**の問題です。この問題について，①憲法の規定が私人間において一切の適用がないとする無適用説，②憲法の規定が私人間において直接に適用されるとする直接適用説，③私法の一般条項（例えば，民法90条などです）に憲法の趣旨を取り込んで解釈・適用する間接適用説という考え方があります。通説・判例は③の立場を採用しています。これを採用した有名な判例として，**三菱樹脂事件**（最大判昭和48年12月12日）が挙げられます。本件では，憲法の規定ではなく，民法90条等の適用可能性の有無で案件を処理しています。

◢ ステップアップ

　憲法のテキスト等で人権保障の知識を更に学んでみてはどうでしょうか。芦部信喜『憲法〔第6版〕』（岩波書店，2015年），渋谷秀樹・赤坂正浩『憲法1〔第6版〕』（有斐閣，2016年），安藤高行『新・エッセンス憲法』（法律文化社，2017年），野中俊彦ほか『憲法Ⅰ〔第5版〕』（有斐閣，2012年）等がお薦めです。

〔平　誠一〕

File 6　プライバシー保護と法　261

| File 6 | プライバシー保護と法 |

スタート

　　プライバシーとは，個人や家庭内の私事・私生活，個人の秘密などを指します。それに権利性が与えられると，プライバシー権として法律上保護される利益になります。そこで，ここではプライバシー権の内容と個人情報を保護するための制度について概観することにしましょう。

〈キーワード〉
□　人格権　□『宴のあと』事件　□　個人情報保護法　□　個人情報保護条例
□　プライバシー権

サポート

1　プライバシー権

　私生活の保護という観点から主張されたのがプライバシー権であり，人の生命・身体・名誉・氏名・貞操・信用など人格的な利益は，他人の侵害から保護されなければならないとする人格権のひとつとして論じられます。人格権の侵害は，もっぱら私法上の不法行為として取り扱われてきましたが，今日では，人格権そのものを憲法上の基本的人権としても位置づけるようにもなり，プライバシー権は公法上の権利としても認めるべきであるといわれています。なぜなら，プライバシーの侵害が主に「表現の自由」との関係で生じるものであり，この自由は憲法上の権利であることから，それに対抗するためには，プライバシー権も憲法的利益と捉える必要があるからです。また，プライバシー権を公法上の権利であるとするからこそ，国は個人情報の保護に関する施策を行う義務を負い，個人情報保護制度の確立が図られるからです。

　プライバシー権は，もともとアメリカ法の下で発展した権利であり，①私生活への侵入行為，②私事を他人に公開する表現行為，③他人に誤認を生じさせる表現行為，④氏名，肖像などの営利的使用などの諸類型が含まれるものと解されており，その法益は広く捉えられています。

　アメリカの判例理論の展開において，プライバシー権は，当初は「一人にして

もらう権利」や「私生活に干渉されない権利」として捉えられてきました。その後，私的生活領域における自己決定権をも含めてより広義に捉えられるようになり，コンピュータの普及に伴う情報化社会の進展を背景とし，「自己に関する情報をコントロールする権利」としても捉えられるようになりました。

2　判　例

　日本でもプライバシー権の発展がみられ，これに関する多数の判決例が存在しています。有名なものとしては，下級審判決例ですが，その後のプライバシーに関する訴訟に指導的役割を果たしている『宴のあと』事件（東京地判昭和39・9・28下民集5巻9号2317頁）があります。これは，日本で最初にプライバシーを扱った判決例です。本件の事案は，モデル小説によりプライバシー権を侵害されたとして，慰謝料と謝罪広告を求めて提訴したものです。裁判所は，「いわゆる人格権に包摂されるものであるけれども，なおこれを1つの権利と呼ぶことを妨げるものではない」とした上で，「いわゆるプライバシー権は，私生活をみだりに公開されないという法的保障ないし権利として理解されるから，その侵害に対しては侵害行為の差し止めや精神的苦痛に困る損害賠償請求権が認められるべきものである」と説示し，その上で，これらの救済が与えられるためには，公開された内容が，①私生活上の事実または事実らしく受け止められるおそれのあることがらであること，②一般人の感受性を基準にして，当該私人の立場に立った場合，公開を欲しないであろうと認められることがらであること，③一般の人々にいまだ知られていないことがらであること，という3つの要件を示しました。本判決は，これらの要件をすべて満たしているとし，慰謝料請求を認容しています。本判決以降，多くの判決例はこの定義・要件を踏襲しています。

3　個人情報保護制度

　かねてから，行政機関が個人情報を大量に収集・蓄積していることなどを前提に，プライバシー保護のためには個人が行政機関の保有する自己情報を閲読し，訂正や削除を要求する権利を認めるべきだとして保護制度の確立が求められていました。国は，1988年にようやく個人情報保護法ともいうべき「行政機関の保有する電子計算機処理に係る個人情報の保護に関する法律」を制定しました。これは，国の行政機関によるコンピュータ処理に係る個人情報の保有・利用の限度を定め，何人も行政機関に対して自己情報の開示請求および訂正等の申立てを可能

とする法律です。1970年代にいわゆる**個人情報保護条例**が，いくつかの自治体で国に先駆けて制定されました。しかし，これらの法律や条例は，保護の対象をコンピュータ処理された個人情報に限り，保護範囲の拡大に対応できないなど，不十分なものであり，ましてや民間部門に及ぶものではありませんでした。

高度情報化社会においては，個人情報を大量に収集・蓄積するようになった民間部門の保有する個人情報の保護のための規制が図られなければならず，一般的な個人情報保護法の制定が求められるようになりました。そして，2003年に現在の個人情報保護法ともいうべき「個人情報の保護に関する法律（個人情報保護法）」（1〜3章までが個人情報保護法制における基本法の部分であり，4〜6章までは民間部門における個人情報保護の一般法にあたる規定を置いています。）が成立しました。他にも，行政機関や独立行政法人を対象とした，「行政機関個人情報保護法」（1988年に制定された先の個人情報保護法に代わるものです。）「独行個人情報保護法」「情報公開・個人情報保護審査会設置法」「行政機関個人情報保護法等の施行に伴う関係法律の整備等に関する法律」が，同じ年に成立しました。これらは，まとめて個人情報保護関連5法と呼ばれています。

ステップアップ

プライバシーや個人情報保護について更に興味があれば，阪本昌成『プライヴァシー権論』（日本評論社，1986年），堀部政男『プライバシーと高度情報化時代』（岩波新書，1988年），榎原猛『プライバシー権の総合的研究』（法律文化社，1991年），新保史生『プライバシーの権利の生成と発展』（成文堂，2001年），五十嵐清『人格権法概説』（有斐閣，2003年），園部逸夫『『個人情報保護法の解説〔改訂版〕』（ぎょうせい，2005年），岡村久道『個人情報保護法〔新訂版〕』（商事法務，2009年），平松毅『個人情報保護』（有信堂，2009年），升田純『現代社会におけるプライバシーの判例と法理』（青林書院，2009年），宇賀克也『個人情報保護法の逐条解説〔第5版〕』（有斐閣，2016年）等を参照して下さい。

〔平 誠一〕

264　Folder IX　国家と法

| File 7 | 宗　教　と　法 |

スタート

　法的知識が発達していない時代，社会のルールは伝統や文化あるいは宗教によってつくられていました。その結果，統治の原理は宗教に基づくものとなり，国の選んだ国教または公認宗教のみが認められ，それ以外の宗教は，異端として刑罰を含む迫害を受けていました。

〈キーワード〉
- □ 信教の自由　　□ 政教分離　　□ 目的・効果基準　　□ 国家神道
- □ 臣民の義務

サポート

1　大日本帝国憲法と信教の自由

　信教の自由とは，宗教の自由を意味し，信仰と宗教実践の自由を含む精神的自由権を意味します。近代自由主義の中心的存在として歴史上きわめて重要な意味を有しています。この歴史的重要性は，わが国の場合においても同様です。

　大日本帝国憲法（明治憲法）は，天照大神の神勅（神の言葉）により葦原の国（日本）を治めよと命じられた瓊瓊杵尊（天照の孫）の子孫が世襲で日本を治めることとした神話（古事記・日本書紀）に基づき天皇主権を根拠づけていました（神勅天皇制）。また，天照の子孫である神武天皇（初代天皇）が即位して以降，万世一系の皇孫が主権者として日本を統治する国家体制（国体）であることが明治憲法の告文や上諭に明記されていました。そのため，神話の世界観（伝統・文化）に基づく天皇は「現御神」と崇められ，天皇所縁の神社を崇めることが法的に正しいことと考えられていました。条文も，「安寧秩序ヲ妨ケス臣民タルノ義務ニ背カサル限ニ」（明治憲28条）於いてのみ宗教の自由が許されると解され，天皇や神道の存在を軽々しく口にすることでさえ，例えば，日記に天皇のことを記すだけでも安寧を妨げるものとして処罰されるほどでした（不敬罪・旧刑73条〜76条）。

　明治憲法28条の下での信教の自由は神道に抵触しないものに限定され，神職が官吏（国家公務員）に準ずる待遇とされるなど神道に事実上の国教的地位が与え

File 7　宗教と法　265

られ，国家と神道が密接に結びついたことにより，わが国の軍国主義に拍車がかかり，神道への信仰要請や迫害など種々の弊害が生みだされたのでした。

2　日本国憲法における信教の自由

　無条件降伏を勧告したポツダム宣言第10項は，宗教的自由の確立を日本に要求していました。その実現に向けて，占領軍の総司令部（GHQ）は1945年12月に，いわゆる「神道指令」を発し，神道に対する公的支援の廃止を命令しました。さらに，1946年1月1日，「現御神」天皇自身による「人間宣言」が行われたことで，明憲下の神勅天皇制・国家神道体制が解体され，天皇主権国体が法的に変更したことが確認されました。

　憲法20条は，信教の自由の歴史的重要性を意識し，国家に干渉されることなく自由に宗教を選択・実践することを保障しています。すなわち，同条の1項前段で，「信教の自由は，何人に対しても保障する」とし，2項で，「何人も，宗教上の行為，祝典，儀式又は行事に参加することを強制されない」と規定することで，宗教を信じるのか信じないのかといった信仰の自由，祈祷や礼拝といった宗教儀式や宣伝布教といった宗教実践を含めた宗教行為の自由，そして，宗教を目的とする人々の集会・結社を含む宗教結社の自由を保障しています。これらの信教の自由が国家によって侵害された場合には，その救済を裁判所に求めることができます。

　憲法20条は，これらの自由をより完全なものとするために政教分離の規定を設けています。「いかなる宗教団体も国から特権を受け，又は政治上の権力は行使してはならい」とした1項後段と，「国及びその機関は，宗教教育その他いかなる宗教的活動もしてはならない」とした3項，そして，国家と宗教の結びつきを金銭面から厳しく禁止した89条がそれです。しかし，これらの規定は，国民の権利を具体的に保障する内容を持つものではなく，国家と宗教とが分離すべきことを定めているものなので，国家が分離原則に反する行為をしたからといって直ちに裁判所に救済を求めることができるというわけではありません。もちろん，国家が特定宗教に特権を与えたり，宗教活動を行ったりすることで，個人の自由に圧力が加えられるような場合には，信教の自由の侵害として裁判所に救済を求めることができます。

3 日本国憲法における政教分離

　政教分離とは，統治の原理から宗教を分離させる憲法原則のことです。しかし国家と宗教の分離を徹底するといっても，実際は，例えば正月や春分・秋分といった暦やお彼岸・お盆といった行事の背景にも宗教的意味合いがありますし，日本の重要文化財のほとんどが歴史的な宗教施設と，実際の国家（国柄・風土・国民生活）と宗教の関係は切っても切れない密接な関係にあるといえます。

　最高裁も，このことを踏まえ，**政教分離**原則の規定は，「国家と宗教との完全な分離を理想とし，国家の非宗教ないし宗教的中立性を確保しようとしたもの，と解すべきである」と説示したうえで，現実の国家制度としては「完全な分離を実現することは実際上不可能に近い」として，国家と宗教がある程度かかわり合いを持つことはやむを得ないとの判断を下しました。そして，「宗教とのかかわり合いをもたらす行為の**目的及び効果にかんがみ**」，日本の社会的・文化的諸条件に照らし，「相当とされる限度を超えるものと認められる場合にこれを許さない」（最大判昭和52・7・13民集31巻4号533頁）と解すべきとして，いわゆる「**目的・効果基準**」を示しました。この基準によれば，相当とされる限度を超える国家の宗教活動とは，その目的に宗教的意義があり，その効果が宗教に対する援助，助長，促進又は圧迫，干渉になるような行為であるとされ，その典型は，宗教教育のような宗教の布教，教化，宣伝や，玉串料の奉納のような宗教上の祝典，儀式，行事であるとされています（最大判平成9・4・2民集51巻4号1673頁）。

　それ以外であっても，例えば，宗教施設に自治体の敷地を無償・低額で提供するなどの特定宗教に対する優遇措置は，社会通念に照らし総合的に判断した場合，国家による特権の付与にあたり，憲法89条と20条1項の**政教分離**原則に違反するとの判断を示しています（最大判平成22・1・20民集64巻1号1頁）。

◢ ステップアップ

　政治的パフォーマンスとして政治家が宗教施設へと参拝することが政教分離原則に違反しているのではないかが議論されることがあります。社会通念に照らし客観的に判断した場合に，お墨付きの問題（1項後段違反）が生じますが，それを直ちに裁判所に訴え，救済を求めることは制度上できません。主権者は，そのような国家の活動をどう受けとめるべきなのでしょうか。芦部信喜『宗教・人権・憲法学』（有斐閣，1999年）を参考に検討してみてください。

〔徳永 達哉〕

File 8　選挙に関する問題　267

File 8	選挙に関する問題

> **スタート**
>
> 　2016年7月から，国政・地方いずれの選挙においても選挙権の行使可能
> 年齢が引き下げられ，18歳から投票できることになりました。国民主権原理
> の下，選挙は極めて重要視されますが，そもそも選挙とはどういうもので
> しょうか。

〈キーワード〉

- [ ] 選挙権　　[ ] 普通選挙　　[ ] 秘密選挙　　[ ] 直接選挙　　[ ] 自由選挙
- [ ] 平等選挙　　[ ] 投票価値の平等　　[ ] 議員定数不均衡問題

サポート

1　選挙権と選挙法の諸原則

(1)　選挙権

　国民主権原理とともに議会制民主主義の仕組みを採用する日本国憲法の下，国
会議員等の公務を担当する者を選出する行為である選挙で一票を投じる権利であ
る**選挙権**（憲15条1項）は，「国民の国政の参加の機会を保障する基本的権利とし
て，議会制民主主義の根幹をなすもの」として極めて重視されています（最大判
昭和51・4・14民集30巻3号223頁）。

(2)　選挙法の諸原則

　選挙権を実現する仕組みを規律する選挙法の原則として，①**普通選挙**，②**秘密
選挙**，③**自由選挙**，④**直接選挙**，⑤**平等選挙**があります。

　まず，①**普通選挙**とは，歴史的には納税額の多寡や財産の有無を選挙権の要件
としないこと，今日的には財産のみならず人種，信条，性別，社会的身分，門地
や教育などを選挙権の要件としない選挙の実施を要求する，という原則のことで
す（憲44条）。次に②**秘密選挙**とは，誰が誰に投票したのかについて秘密を侵し
てはならないという原則のことです（憲15条4項）。③**自由選挙**とは，棄権しても
罰金や氏名公表といった制裁を受けないという原則のことを，④**直接選挙**とは，
選挙人が直接議員等の公務員を選挙するという原則のことを，それぞれいいます。

2 平等選挙と「一票の価値」―議員定数不均衡問題―

そして⑤平等選挙とは，一人一票を投じることのできる選挙を要求する考え方です。今日，形式的に個々人が一票を投じることができればよいというのではなく，「各選挙人の投票の有する影響力の平等」，すなわち投票価値の平等を保障することも意味すると考えられています（前掲・最大判昭和51・4・14）。

「投票価値の平等」との関係で，国政選挙（衆参両院の〔小〕選挙区選挙）で重要なのが「議員定数不均衡問題」（選挙される議員の数と選挙区の人口数との比の較差の問題）です。例えば，ある2つの選挙区間で，選挙される議員数と選挙区内の人口数との比に2倍の較差が生じた場合，一方の選挙区の有権者には事実上二票投ずることを認めるような効果が生じます。

この問題に対して，最高裁は，1976年4月14日の大法廷判決以来，前述したように，投票価値の平等が重要だと認めながらも，選挙区割りを決めるに際しては人口比以外の様々な要素も考慮する必要があることを指摘した上で，(ア)国会においてそうした要素をしんしゃくしてもなお，「一般的に合理性を有するものとはとうてい考えられない程度」の較差に達しているか否か，(イ)それが「憲法上要求される合理的期間内に是正がなされなかったもの」と言えるか否か，を検討して較差の合憲性を判断しています。この枠組みに基づき，衆議院議員総選挙につき過去に2回，較差が違憲と判断されました（前掲・最大判昭和51・4・14，最大判昭和60・7・17日民集39巻5号1100頁）。ただし，いずれも較差を違憲としつつも，選挙それ自体の有効性を維持する判断をしており（「事情判決の法理」），その点につき学説から批判が出されています。

◢ ステップアップ

まず，定評ある教科書，例えば，芦部信喜（高橋和之補訂）『憲法〔第6版〕』（岩波書店，2015年）260-266頁，301-307頁で選挙制度の基礎知識を押さえたら，浅野博宣「投票価値の平等について」安西文雄ほか『憲法学の現代的論点〔第2版〕』（有斐閣，2009年）439頁以下などに取り組むと良いでしょう。また，少し古い文献ですが，芦部信喜『憲法と議会制』（東京大学出版会，1971年）中の第2部「選挙・政党と議会制」は，今日の問題を考え直す契機となるでしょう。

〔前田　聡〕

File 9 地方自治 **269**

File 9	地方自治

> スタート
>
> 1999年の地方自治法大改正は，国の業務を地方公共団体に肩代わりさせる機関委任事務を廃止して自治を強化したといわれます。とはいえ，バブル崩壊以降継続する税収不足から，国と地方の関係には見直しも提言されています。憲法が要請する地方自治について考えてみましょう。

〈キーワード〉

☐ 機関委任事務　　☐ 民主主義の砦　　☐ 地方自治の本旨
☐ 国地方係争処理委員会

サポート

1　明治憲法下の地方行政の特徴

(1)　官治

明治憲法下での地方行政の特徴は二つあり，その一つは「官治」でした。現行憲法まで「地方自治」は憲法上保障されず，地方行政は国の官吏を地方に派遣して統一的に行う官治のしくみになっていました。当時は，行政組織間を統制する訓令による地方行政が専ら行われていたといえましょう。強大な行政権力に対抗する「砦」としての地方自治体が存在しなかったため，大正期に一時的に民主主義興隆をみた地方議会も，国家的な戦時統制下にありました。

(2)　機関委任事務

旧憲法下の地方行政のもう一つの特徴は，自治体の長が国からの指揮・監督下にあるということです。当時の地方公共団体の長は独自の権限がなく，地方議会も意見を述べるだけで，国家機関の機関委任事務を行うだけでした。執行しない長は国から訴訟を提起され，裁判所から執行命令が下りました。このように国家機関に依存する地方行政のあり方は，戦後においてもしばらくは続き，「3割自治」という批判がなされたこともありました。

2　現行憲法下の「地方自治」

　地方公共団体が自ら治める（self-government）という「地方自治」概念の登場は日本国憲法を待たねばなりません。現行憲法は第8章「地方自治」中の92条において「地方自治の本旨」と「法律主義」を，憲法により保障しました。地域住民の自由な意思に基づいて地方自治が行われるべきとのイギリス由来の「住民自治」の概念と，国から独立した地方公共団体によってこそ地方自治が行われるとのプロイセン流「団体自治」の概念を模範としました。これら二つの概念が「地方自治の本旨」の内容であり，二つは車の両輪に例えられます。次に「法律主義」は，地方行政には法的根拠が必要なことをあらわし，憲法に付随して制定されたのが1947年地方自治法です。同法は，憲法92条の住民自治の考えを反映し，条例の制定・改廃，事務監査請求，議会の解散，議員や長の解職請求など，国政の場合より一層の直接民主主義的なしくみが第5章「直接請求」中に規定されていて，これにより住民の権利も明らかになりました。

3　国と地方の関係

　官治と機関委任事務のしくみに基づく国と地方の「上下・主従」関係を「対等・協力」へと刷新したのは，冒頭に掲げた「地方分権一括法」による地方自治法の大改正です。これにより，地方自治法には，「地方公共団体の役割と国の配慮」（1条の2）がくわえれらています。また，機関委任事務が廃止され，現在，地方公共団体の処理する事務は，地方公共団体自身で処理できる自治事務と，国や都道府県の関与が必要な法定受託事務の2系統となっています。後者で国が関与する場合は法令の根拠が必要で，しかも，地方公共団体の自主性と自立性とに配慮することが地方自治法245条以下に明記されています。更に，国と地方の権限争いが生じた時には，国地方係争処理委員会が設置されました（同法250条の7）。更に又，国からの是正の要求に応じない場合には，高等裁判所に訴える「違法確認訴訟」のしくみも創設されました。

　国と地方をめぐる昨今の事件として同じく耳目に新しいのは，「大阪都」構想でしょう。結果は否決されましたが，大阪市と堺市という2つの政令指定都市を廃止して，5～7区の特別区に分割した上で大阪府と合併させた「大阪都」を新設するというこの構想は，行政区を特別区に変えて中核市並みの権限を与え，民意反映のために公選区長にするという改革でした。政府は2000年頃から市町村合

併を奨励，政令指定都市は2014年現在で20市まで増えましたが，政令都市内部には市の内部組織として行政区が設置可能です。大阪市24区のように人口や財産規模が大きい市はこの政令指定都市の特例を受けて都道府県並みの権限を持つことから府と政策が食い違い，二重行政の解消が問題とされたのでした。大阪都構想に対して，住民に近くてよりきめ細かなサービスを提供すべく，人口の多い政令市の中に従来の行政区より権限の強い「総合区」を新設可能にした平成26年改正地方自治法が制定されました。市の内部組織の一般職であった行政区長に代えて，議会の同意が必要な特別職の総合区長が誕生すれば，市長から権限の包括的委任を受け，市に対して住民のニーズにそった予算提案や区職員の任命なども可能になりますが，前途は多難のようです。

　これまでにも地方制度改革は何度か提唱されてきました。例えば，憲法改正につながる二元代表制度（93条２項）の廃止までには至らなくても，長の指名で議員が執行機関の各部門のトップを務めるしくみや長を廃止して議員から執行機関の代表者を選ぶシティーマネジャー制度の提唱があります。これらは議会と長の無用な対立を減らし議事進行を効率化しますが，議会の重要な役割である行政監視について本当に変化はないのか，考えて見る必要があるでしょう。

　同様に，道州制の導入が提言されたことがあります。地方自治法２条に定める基礎的自治体としての市町村と，それを包括する広域自治体としての都道府県という２段階制度を維持する限り，現在の都道府県より広域の道州の導入は違憲ではないとする見解がありますが，住民自治の希薄化を招くとの批判もあります。「住民に身近な」，そして「民主主義の砦」となるような地方公共団体をどのように構想し，その質を高めるかを国民の一人ひとり人が常に考えておく必要があります。「分権化」を英訳すれば「decentralization」となり，これは中央政府（国）に蓄えられた政治権力の一部を地方公共団体に移譲するという言葉に相当しそうですが，その「分権化」が地方公共団体が自ら治める（self-government）ことを可能にするために，われわれはどのようにすべきかを考える必要がある，と思われるのです。

ステップアップ

　地方自治法は改正の多い法律なので，まず憲法の基本書の中にある地方自治の項目の学習を勧めます。大体のことを学んだ後は，松本英昭『地方自治法の概要〔６次改訂

272　Folder IX　国家と法

版）』（学陽書房，2014年），宇賀克也『地方自治法概説〔第6版〕』（有斐閣，2015年），
後藤光男編『地方自治法と自治行政〔補正版〕』（成文堂，2009年）等が有益です。また，
新聞も貴重な資料です。

〔村山　貴子〕

File 10	平 和 主 義

スタート

　日本国憲法は，世界でも類を見ない徹底した平和主義を採用し，戦争の
遂行に役立つ一切の武力を放棄することを宣言しています。ところで，現実
に存在している自衛隊は，この宣言との関係で問題にならないのでしょうか。

〈キーワード〉

☐ 平和主義　　☐ 戦争　　☐ 武力の行使　　☐ 戦力　　☐ 必要最小限度の実力
☐ 自衛権　　☐ 自衛権の行使

サポート

1　日本の平和主義

　日本国憲法公布式典の勅語に「日本国民は，みずから進んで戦争を放棄し，全
世界に，正義と秩序とを基調とする永遠の平和が実現することを念願し」とある
ように，日本の平和主義は格調高い理想的理念に基づいています。占領下にあっ
た日本の国民が新国家を建設するにあたり，この平和主義を採用するに至った背
景には，無条件降伏を勧告したポツダム宣言の受諾，連合国軍による占領，そし
て占領から独立するために連合国軍の求める平和国家（ポツダム宣言にある戦争遂
行能力の破砕が達成された社会）を建設する必要があったといった歴史的事実があ
りました。これら，占領・戦争責任・独立条件といった背景を踏まえることで，
世界史上でも稀な完全平和・非武装を掲げる憲法9条の特質が見えてきます。

2　戦争の放棄

　憲法9条が定める戦争の放棄は，世界の平和主義憲法（例えば，征服戦争の放

棄を掲げたフランスの1791年憲法や1848年の二月革命憲法，国際紛争を解決する手段としての戦争〔侵略戦争〕の放棄を宣言した1929年の不戦条約，1931年のスペイン憲法，1947年のビルマ連邦憲法やイタリア共和国憲法など）と比べた場合，次の点で独自の内容を持っています。①侵略戦争のみならずあらゆる戦争を例外なく放棄している点，②戦争の放棄だけでなく戦争に至らない武力の行使（事実上の戦闘行為）や威嚇までをも放棄している点，③その実効性を高めるために一切の戦力を保持しないとした点です。これらの点から日本独自の憲法特質（完全平和主義）が導かれています。ところが，近年，これまでの解釈に対し，国際法上の用例や同盟国からの強い要請などから，従来の特質とは方向性の異なる解釈へと変更することが提案されています。

　なお，国際社会では，すでに戦争は違法な国家行為となっておりますので，解釈や議論の際には戦争の語ではなく，実際に問題となってくる武力の行使の語を用い検討したほうがより正確な理解が得られます。また，戦争放棄と自衛権の放棄は同義ではなく，自らが戦争する手段（戦闘）を放棄したのであって，国民の生命や財産を侵略国軍から守るための自衛権は放棄していないというのが一般的な理解です。そこから，憲法9条はより平和的な自衛策として国連憲章に基づく集団安全保障体制（国連憲章42条）を念頭に置いているのです。

　もともと，国際社会や国際法で用いられてきた**戦争**という語には①侵略戦争②制裁戦争③自衛戦争という3つの意味がありました。①侵略戦争とは，自国の国家政策（例えば原料資源・市場獲得・人口問題・移民問題・領土問題など）によって他国との間に紛争が生じた場合の解決をはかるために他国に侵入し，これを征服しようとする戦争をいいます。これに対し，②制裁戦争とは，A国がB国を侵略した場合にC国がA国に対する制裁として武力攻撃を加えることをいい，③自衛戦争とは，A国がB国を侵略した場合にB国が自国を防衛するために行う戦争をいいます。世界の平和主義憲法の先例はすべて，①侵略戦争だけを放棄しており，②と③の戦争までも放棄している例はありませんでした。これに対し，憲法9条が侵略戦争のみならず，あらゆる戦争②③を例外なく放棄した点に，世界でも稀な理想的平和主義を宣言した条文と讃えられてきた所以がありました。しかし，近年，政府は，憲法9条が放棄した戦争は①の侵略だけなのであって，**戦争・武力威嚇・武力行使**に至らない程度の自衛権の行使（自衛目的の武器の使用）は放棄していないとし，自衛のための**必要最小限度の実力**を備えたとしても憲法9条に違反することはないと説明しています。

この理解は，直ちに，「陸海空軍その他の戦力は，これを保持しない」とした憲法9条2項の解釈問題と結びつきます。戦力が何を意味するのかについて，軍隊及び有事の際にそれに転化し得る程度の実力部隊と理解するのが通説です。最新鋭の防衛装備（武器）を備えた自衛隊が軍隊ないしそれに類似の組織であることに疑いはありません。その存在が憲法9条の戦力に当たり憲法違反となるとの疑問が生じるのは当然のことです。これに対し政府は，一貫して憲法9条に違反しないと説明してきました。その理由として，時代による変化も見られますが，おおむね政府は憲法9条が禁じる戦力とは自衛のための必要最小限度を超える実力であるとし，自衛のための必要最小限度の実力を備えることは憲法に違反せず，自衛力のために武器を使用すること（事実上の戦闘行為）は戦力に含まれないとしています。「政府は，これまでも自己または自己と共に現場に所在する我が国要員の生命または身体を防衛することは，いわば自己保存のための自然権的権利というべきでるから，そのために必要な最小限の武器の使用は，憲法9条1項で禁止された武力の行使には当たらない」（第142回国会参議院会議録第8号8頁内閣総理大臣〔平成10年5月20日〕），と述べています。この必要最小限度の実力は自衛力と表現されますが，自衛力がどの程度のもので，どのような基準で武力の行使と区別されるのかは法的に明確ではありません。そのため，核兵器ですらも自衛のための必要最小限度に留まる使用である限り戦力には当たらないと語られるぐらいです。

2015年9月，自衛隊法をはじめ10本の法律を改正すると定めた平和安全法制整備法と，諸外国軍の支援を定めた新法・国際平和支援法が国会において成立しました。これにより，我が国を防衛する米軍等の武器等を防護するために自衛官が武器を使用することができるようになりました（自衛隊法95条の2）。また，武力攻撃事態等及び存立危機事態における自衛隊の武力の行使も可能となりました（事態対処法第9条）。自衛官が，事態に応じ合理的に必要とされる限度で武器を使用できるよう法律を改正したことで，憲法9条の戦力解釈に関する政府の方針は大きく転換したといわれています。しかし，何が最小限度なのか，その内容は未だ明確にはされておらず判断の基準も明確にはされておりません。今後，政府には，必要最小限度の実力の具体的な内容（例えば，大陸間弾道ミサイルは限度を超えるが長距離巡航ミサイルは限度内とする具体的な理由など）について，国民に対する正確な説明を行う責任が生じるといえるでしょう。

| | Fil 11 憲法改正 | 275 |

▶ **ステップアップ**

　教科書・資料に，伊藤正己『憲法〔第三版〕』（弘文堂，1995年），宮沢俊義著（芦部信喜補訂）『全訂日本国憲法』（日本評論社，1978年），浦田一郎編『政府の憲法九条解釈 ―内閣法制局資料と解説』（信山社，2013年）をお薦めします。

〔徳永 達哉〕

| File 11 | 憲　法　改　正 |

スタート

　近年，日本国憲法の改正をめぐる議論が大きな注目を集めています。日本国憲法は未だ憲法改正を経験したことがありませんが，そもそも憲法の改正は法律の改正と何が違うのでしょうか。またその違いはなぜ生じるのでしょうか。

〈キーワード〉
□ 憲法改正　　□ 硬性憲法／軟性憲法　　□ 国民投票法　　□ 国会の発議
□ 国民の承認

サポート

1　憲法改正

　成文憲法（憲法典）の条項を，憲法典の定めに従って修正，削除，追加することを**憲法改正**といいます。日本国憲法は，「第9章　改正」を設けて憲法改正について規律し，各議院の総議員の3分の2以上の賛成による国会の「発議」と，国民投票（憲96条1項）における過半数の賛成による国民の「承認」とを要求しています。これは法律の制定・改廃の手続に比して極めて厳格です（憲59条・56条参照）。通常の法律の改廃手続よりも厳格な改正手続を要求する憲法を**硬性憲法**といいます（これに対して，通常の法律と同じ手続によって改正できる憲法を**軟性憲法**といいます）。硬性憲法の仕組みは，最高法規（憲97条・98条参照）としての憲法の安定性を確保しつつ，社会や政治の変化に対応するためのものです。

2 憲法改正手続の概要

憲法施行以来，憲法改正に関する手続を定めた法律は存在しませんでしたが，2007年に「日本国憲法の改正手続に関する法律」（いわゆる「国民投票法」）が制定されるとともに，国会法にも「日本国憲法の改正の発議」に関する規定（第6章の2）が設けられました。以下，憲法改正の手続を概観します。

(1) 国会の発議

憲法改正には，まず，国会が国民に提案すべき改正案を決定する必要があります。これを「国会の発議」といいます。国会法によると，国会で審議すべき対象である「憲法改正原案」は，衆議院では100人以上，参議院では50人以上の議員よって提出することが必要です（国会68条の2）。そして憲法改正を国民に発議するには，各議院において総議員の3分の2以上の賛成が必要です（憲96条1項）。

(2) 国民の承認

憲法96条1項は，国会が発議した改正案について国民の承認を要求しています。国民投票法によれば，この国民の承認にかかる投票（「国民投票」）は，国会による憲法改正の発議の日から起算して60日から180日の間で国会が議決した日に行われます。投票権者は，2014年の同法改正により，改正法施行後4年を経過するまでは年齢満20歳以上，その後は満18歳以上の日本国民となっています（国民投票法3条）。賛成の投票が投票総数（憲法改正案に対する賛成の投票と反対の投票を合計した数。国民投票法98条2項）の2分の1を超えたときに，憲法96条1項が要求する国民の承認があったものとされます（国民投票法126条1項）。なお，改正案に対する賛否についての「国民投票運動」には，一般の選挙運動とは異なる規律がなされています（国民投票法2章7節）。

(3) 天皇による公布

承認の通知を受けた総理大臣は直ちに公布の手続をとります（国民投票法126条2項）。その上で，憲法の規定に従い，天皇が「国民の名で，この憲法と一体をなすものとして，直ちにこれを公布」します（憲96条2項・7条1号）。

3 憲法改正の限界

憲法96条の定めに従えば，いかなる内容の改正も許される，というわけではありません。憲法改正には法的な限界があり，たとえば基本原理を否定するような改正は許されない，というのが学説では支配的です。

ステップアップ

　ここでは，憲法改正の「手続」を概観しましたが，「どの部分が改正の議論の対象となっているのか」という点も当然重要です。これについては，奥平康弘ほか編『改憲の何が問題か』（岩波書店，2013年）や樋口陽一『いま，憲法改正をどう考えるか』（岩波書店，2013年）などを参考にして，しっかりと考えてみてください。

〔前田　聡〕

File 12　　国家賠償法

スタート

　会社員が仕事中に他人に損害を加えた場合には，その会社員が損害賠償責任を負うとともに，会社も使用者としての責任を負わなければなりません（民709条，715条）。では，公務員が職務上の行為によって他人に損害を与えた場合，誰が，どのような要件の下で，損害賠償責任を負うのでしょうか。

〈キーワード〉
- ☐ 公権力の行使　☐ 不法行為　☐ 違法性　☐ 客観的法規違反説
- ☐ 職務義務違反説

サポート

1　国家賠償法の制定

　明治憲法（大日本帝国憲法）下においては，官吏が公権力の行使により違法に他人に損害を与えても，国家も官吏個人も一切責任を負うことはありませんでした（国家無答責）。これに対して，日本国憲法は，「何人も，公務員の不法行為により，損害を受けたときは，法律の定めるところにより，国又は公共団体に，その賠償を求めることができる。」（17条）と規定し，初めて国家賠償責任を肯定しました。これを受けて，すぐに国家賠償法（昭和22年法125号。以下，国賠法という）が制定されました。同法は，明治憲法下では認められなかった公権力の行使に関する賠償責任を定める（1条）とともに，それまで必ずしも明確でなかった公の営造物の設置管理に関する賠償責任についても規定し，その範囲や要件を明

らかにしました（2条）。ここでは，1条の公権力の行使に関する賠償責任を中心に見ていくことにします。

2　公権力の行使

国賠法1条は，「国又は公共団体の①公権力の行使に当る②公務員が，③その職務を行うについて，④故意又は過失によって⑤違法に他人に⑥損害を加えたときは，国又は公共団体が，これを賠償する責に任ずる」（番号と下線は著者による），と規定しています。これによれば，本条の適用対象は，公務員（②）の職務行為（③）のうち公権力の行使（①）に当たる行為です。その行為につき故意・過失（③），違法性（④）があり，損害（⑤）が発生すれば，公務員の帰属する国又は公共団体が，損害賠償責任を負わなければなりません。国家賠償責任は，本来，不法行為をした公務員が負うべき責任を，国が本人に代わって負うものと解されています（代位責任説＝通説）。したがって，公務員個人は，国が被害者に支払った賠償金の一部又は全部の返還を国から請求されることはあっても，もはや被害者に対して責任を負うことはないとされています（最判昭和30・4・19民集9巻5号534頁）。この点において，民法における会社員の場合とは大きく違います。

さて，1条の適用対象要件（①②③）のうち，もっとも重要なのは公権力の行使です。公権力の行使とは，もともと命令強制したり，もしくは一方的に権利義務を変動（発生・変更・消滅）させたりする権力作用を指すものと考えられていましたが（狭義説），その後，その範囲は判例により拡張されて，純粋な私経済作用を除くすべての公行政作用を意味することとなり，行政指導や学校での教育活動のような本来非権力的な作用も含まれると解されています（広義説）。さらに，公権力の行使には，行政権の作用だけでなく，立法権，司法権の作用も含まれるとされています。ただし，判例は，国会議員による立法行為及び裁判官による裁判行為については，ごく例外的な場合にしか国家賠償責任は成立しないとしています（立法行為につき最判昭和60・11・21民集39巻7号1512頁，裁判行為につき最判昭和57・3・12民集36巻3号329頁参照）。公権力の行使に該当しない行為（純粋な私経済作用）については，国賠法の適用はなく，一般法たる民法上の不法行為規定が適用されることになります（国賠4条）。

3　違法性

民法709条は，違法という言葉を使わず，故意・過失とともに，「他人の権利又

は法律上保護される利益を侵害」したことを不法行為の成立要件としています。民法では，一方的に他人の権利又は法律上保護される利益を侵害することは原則として許されず，権利侵害それ自体が違法を構成します。これに対し，行政活動の中には，課税処分などのように権利侵害を内容とするものがあり，権利侵害自体を国家賠償責任の要件とすることはできません。そこで，国賠法は，「違法に」他人に損害を加えたことを要件としているのです。

　違法とは何かをめぐっては，いろいろな見解の対立があります。通説は，行政活動が法に則って行われなければならないことから，違法とは客観的な法規範（憲法，法律，政省令等の成文法だけでなく，条理等の不文法をも含む）に違反したことを意味すると考えてきました（**客観的法規違反説**）。例えば，行政処分の場合には，通常それを根拠付ける根拠法令があり，当該処分が違法かどうかは，まずはその根拠法令に違反したか否かによって判断されるわけです。ところが，近時の判例は，根拠法令違反があったとしても，そのことからただちに国賠法上の違法を意味するものではなく，公務員が行為時に通常尽くすべき注意義務を尽くさなかった場合に限り，国賠法上違法と評価される，としています（**職務義務違反説**。最判平成5・3・11民集47巻4号2863頁，最判平成20・2・19民集62巻2号445頁等を参照）。かかる立場では，違法性の判断は実質的に過失と一体的に行われることになります。**公権力の行使**の概念が拡張されたことに伴い，明確な行為規範が存在しない場合など，客観的な法規違反をもって違法判断が困難もしくは不適切であるケースも考えられます。職務義務違反の考え方をこのような場合に限定して適用するならともかく，通常の行政処分にまで広げることに対しては，学説からの根強い批判があります。明確な法規違反があるのに，職務上の注意義務違反がないとしてあえて違法性の判断を避けるのは，行政法の基本原則である法治主義の考え方にそぐわないからです。

ステップアップ

　国家賠償法を理解するためには民法上の不法行為法の知識が不可欠です。あらかじめ，あるいは並行して勉強しておくとよいでしょう。不法行為法一般については，潮見佳男『基本講義 債権各論Ⅱ 不法行為法〔第3版〕』（新世社，2017年），国家賠償法については，藤田宙靖『行政法入門〔第7版〕』（有斐閣，2016年）第14～15講，より詳しくは宇賀克也『国家補償法』（有斐閣，1997年）を参照してください。

〔周　作彩〕

281

Folder X　国際社会と法

File 1　外国人と財産権

スタート

　　経済活動のグローバル化は，各国で反発を起こしながらも，とどまることのない動きです。日本は内向きだと批判されますが，人・物・金・情報が世界から，日本に流れ，観光客ではない外国人・外国法人による経済活動が日本国内で，幅広く展開されています。しかし，意外にも，この国際化時代に外国人の私権制約は多岐にわたります。

〈キーワード〉
- [ ] 外国人　　[ ] 権利能力平等の原則　　[ ] 相互主義　　[ ] 内国法人
- [ ] 外国法人

サポート

1　外国人との共存

　外国人とは法的には，人種・民族の違いではなく，日本国籍を有しない（外国籍・無国籍）者をさします（国籍2条・4条）。2014末現在における中長期在留者数は176万3,422人，特別永住者数は35万8,409人で，これらを合わせた在留外国人数は212万1,841人となりました（法務省統計）。厚生労働省統計によりますと，2015年10月末現在の外国人労働者数は90万7,896人で，2007年に雇用対策法28条による届出が義務化されて以来，過去最高を更新しました。永住者・外国人労働者を含め，外国人の日本経済への貢献は増し，いまや外国人は日本社会の構成員といってもよい存在です。指紋押捺制度は1999年に廃止され，外国人登録制度も2012年に廃止されました。外国人の人権に配慮し，共存を図る方向に制度は変化

282　Folder X　国際社会と法

してきました。しかし，島国である日本は外国人と共存することに，未だに不慣れです。実習生制度など，本音と建て前の食い違いのある問題のある制度を抱えながら，外国人労働者の受け入れには消極的です。また，外国人の経済活動に対する各種の制約は，外資系企業への許可・認可および行政指導などの間接的な規制による制約を通して多種多様に存在します。外国人に対する各種の私権制約も先進諸国としては多い方にあります。外国人に対する私権制約の理由は，国防上の要請または，国土保全・天然資源の確保と説明されていますが，実は，制度の残存や，既存団体の既得権の保護のためであることがうかがえます。

2　日本における外国人の財産権保有制限

外国人の私法上の権利に関しては，民法2条に「外国人は法令または条約に禁止ある場合を除く外私権を享有する」と定めがあり，外国人の私法上の権利は，原則として享有が認められています。明治29年の民法制定時はすでに近代民法の理念が確立されていましたので，権利能力平等の原則が採用されたわけです。とはいえ私法上の権利の享有を，すなわち権利能力の範囲を法令によって制限しうるとしています。これは一般的な制度であり，特に排外的な立法ではありません。制限のあり方・範囲が問題なのです。財産権取得の制限のあり方として，各種の特別法や政令により，第一に外国人の私権取得そのものを制限する規定による場合と，第二に，職業選択の自由の制限を通じて私法上の地位の制限，ひいては財産権の制限につながる場合が存在します。

第一の私権を制限する立法として，①不動産権保有制限が挙げられます。国家の重要な資源の保護のためとして，外国人土地法1条は不動産上の権利の相互主義による制限の可能性を留保しています。同法4条は国防上の理由により，相互主義による保有制限を認めており，戦前は多くの区域が勅令により，制限地域とされ実効性がありました。第2次世界大戦後同法4条は憲法との関係で，地域指定が解除されました。現在両条とも具体的制限はなく，不動産保有の制限はありません。水資源保全の点から批判されたこともありましたが，論議は中断したようです。大正年間に制定された法は現存していますが，外国人による不動産投資は価格維持に影響を与えている面すらあります。さらに②鉱業権・租鉱権の取得制限（鉱業17条）があります。これは資源保護の観点からだとされています。一応，国防上の理由から③日本船舶の所有権（船舶1条2号）の取得制限，日本航空機の所有権（航空4条）の取得制限もあります。ただし船舶法は国際化の流れ

の下で，1999年に改正され，外国人取締役が内国法人にいても，3分の2名以上の取締役が日本国民であれば日本船籍が取得でき，外国法人でも代表者の全員が日本国民であれば同じく日本船籍が取得できるとされました（船舶1条3号・4号）。なお，年金恩給受領資格制限（恩給9条1項3号）もあります。恩給は国庫から直接支弁されるものであるので，受給範囲を限定したのですが，共済制度・厚生年金制度は国籍による差別をしません。

　第二の職業選択の自由の制限として，主として，以下のものが挙げられます。①外国人には公証人就任資格が認められていません（公証12条1項）。私権としての制限か公権としての制限かはあいまいですが，予防司法の役割を果たし，国民の権利に深くかかわる業務であり，資格者が限られる現状から問題はないと考えます。②水先案内人になる資格が認められていません（水先5条）。これは国防上の理由です。③無線通信事業者（電波5条）は日本人・内国法人等に限定されています。放送の公正は重要だからです。株式の保有割合制限について慎重な運用がされています。

3　問題点

　外国人への私権制限が立法政策であると考えることは過去のものです。曖昧な根拠で，慣習的に規制法が残っていることは問題です。近時，外国人の公法上の権利について，新たな見直しを求める動きが，日本国内において新しい波となって押し寄せています（Folder X File 2）。地方自治体における外国人の選挙権の承認が論議されています。また一部の自治体で一定職種について地方公務員採用が認められました。旧国立大学等の教員就任も立法によって認められました。政治活動の自由の保障などは，一応，保障する判例もあります（最大判昭和53・10・4民集32巻7号1223頁〔マックリーン事件〕）。外国人の財産権も，憲法の基本的人権保障として，日本国民以外にも尊重されるべきです。公法上の権利の再構成に呼応して，外国人の私法上の権利の制限基準の洗い直しが必要です。しかし，恩給受領資格制限については憲法14条違反であると，韓国籍の旧日本兵から訴訟提起がされましたが，恩給の受領権の要件や範囲は立法政策であると判示されました（最判平成14・7・18裁判所時報1319号6頁）。

284　Folder X　国際社会と法

ステップアップ

外国人の法的地位について，より詳しく知りたい人は，手塚和彰『外国人と法〔第3版〕』（有斐閣，2005年），大村敦志『他者とともに生きる―民法から見た外国人法』（東京大学出版会，2008年）などを参照してください。

〔中村　昌美〕

File 2　外国人の参政権

スタート

　　第2次世界大戦後日本に残った在日韓国・朝鮮人及びその子孫を含め，日本に生活の本拠を置く定住外国人はいまや100万人を超えています。彼らは，日本人と同じように働き，税金も納め，日本の政治に影響を受けながら暮らしているのですが，選挙などを通じて政治に参加することができるのでしょうか。

〈キーワード〉
☐ 権利性質説　　☐ 選挙権・被選挙権　　☐ 禁止説　　☐ 許容説
☐ 公務就任権

サポート

1　外国人の人権享有主体性

　日本国憲法が保障する人権は，そもそも外国人（日本の国籍を有しない者）にも及ぶのでしょうか。人権の前国家的性格（国籍に関係なく人が人として当然に有する権利），日本国憲法の国際協調主義（前文・98条），さらに人権の国際化傾向（国際人権規約など）を前提に考えるならば，外国人には人権が保障されないとは言えないでしょう。しかし，一口に外国人といっても，旅行者など一時的な滞在者もいれば，日本に生活の本拠を置く定住外国人もいます。また，人権にもさまざまな種類があり，すべてが日本国民と同等に保障されるわけではないということも言えそうです。

　判例は，憲法による「基本的人権の保障は，権利の性質上日本国民のみをその

対象としていると解されるものを除き，わが国に在留する外国人に対しても等しく及ぶ」としており（マクリーン事件に関する最判昭和53・10・4民集32巻7号1223頁），通説も同じ立場を取っています（**権利性質説**）。つまり，人権の性質によって，外国人にも保障されるものと保障されないものがあり，また，保障される範囲にも違いが出てくるというわけです。

2　外国人の参政権

　参政権とは，主として**選挙権・被選挙権**を通じて政治に参加する権利を言いますが，広い意味では，公務員となる権利（**公務就任権**），自治体における直接請求権なども含まれます。従来は，国民主権の原理を根拠として，いずれも外国人には及ばないとする考え方（**禁止説**）が支配的でしたが，今日では，国政選挙か地方選挙か，また外国人についてもその在留資格（日本における活動内容又は身分に応じて付与される資格）及び在留期間によって参政権の有無を区別する見解が有力となっています。

　国政に関する**選挙権・被選挙権**は，国民主権の原理に照らせば，その性質上，日本国民にのみ認められる権利であり，したがって，外国人には及ばないというのが，今日でも，学説・判例の一致した立場です（参照最判平成5・2・26判時1452号37頁）。他方，地方参政権については，地方公共団体の事務が住民の日常生活に密接な関連を有することから，生活実態が限りなく日本人住民に近い定住外国人（永住者とりわけ在日韓国・朝鮮人等の特別永住者など）に認めることができるという見解（**許容説**）が多数説となっています。判例も，外国人の地方参政権は憲法の保障外としつつも，法律で定住外国人に地方選挙権を付与することは憲法上禁止されていない，としています（最判平成7・2・28民集49巻2号639頁）。この最高裁判決を契機に，外国人の地方参政権を実現すべく，公明・旧民主・共産の各党が外国人地方参政権付与法案を提出してきましたが，いずれも自民党の反対により廃案となり，現在も外国人地方参政権は実現していません。

　公務就任権も，従来は，「公務員に関する当然の法理として，公権力の行使または国家意思の形成への参画にたずさわる公務員となるためには，日本国籍を必要とする」（1953年内閣法制局見解）として，外国人には認められませんでした。しかし，今日では，公権力を行使する職務であっても，直接国の政策に影響を及ぼすことの少ない調査的・諮問的・教育的な職務などは，定住外国人に受験資格を認めても，必ずしも国民主権の原理には反しないと考えられ，地方公務員の国

286 Folder X 国際社会と法

籍要件は各地で撤廃されています。

▎ステップアップ

　参政権を含め外国人の人権保障一般につき，芦部信喜（高橋和之補訂）『憲法〔第6版〕』（岩波書店，2015年）第5章四・3，近藤敦『外国人の人権へのアプローチ』（明石書店，2015年）を参照して下さい。

〔周　作彩〕

File 3	国際結婚・離婚

スタート

　結婚についての法律規定は国ごとに異なります。例えば，何歳になると結婚できるか（婚姻適齢），いとこ同士も結婚できるか（近親婚の禁止範囲），挙式や役所への届けが必要かといった要件は，国によって異なります。離婚についても同様です。それでは，国籍の異なる人が結婚・離婚する場合，どの国の法によるべきでしょうか。

〈キーワード〉

☐ 国際私法　　☐ 準拠法　　☐ 法の適用に関する通則法　　☐ 本国法

サポート

1　国際私法とは

　日本で生じる日本人間の紛争について，特に深く考えずに日本法を適用して当事者の権利・義務を判断しますが，外国・外国人に関係する紛争や外国人間の紛争については，適正妥当な解決をするためには外国法を適用すべきだと思われる場合があります。紛争に適用すべき法（ある国の法秩序を指す）は，準拠法といいます。準拠法を指定する法規範は，国際私法と呼ばれ，日本では主に「法の適用に関する通則法」（以下，通則法）に規定されています。例えば，通則法17条本文は「不法行為によって生ずる債権の成立及び効力は，加害行為の結果が発生した地の法による」と定めています。台北で交通事故を起こした日本人観光客が賠

償を求められて日本で訴えられたとしますと，この規定により準拠法が原則として台湾法になりますから，裁判所は台湾法の内容を調査し，それを適用して損害賠償請求権の有無やその賠償額を判定することになります。

　結婚は家族法上の法律関係であり，売買・雇用など財産法上の法律関係と同じく，事案に渉外性がある場合，まず通則法を適用して準拠法を決定する必要があります。決定された準拠法は日本法になる可能性もあれば，外国法になる場合もあります。なお，国際私法は渉外紛争にのみ適用するように見えますが，法の適用構造では，渉外紛争か国内紛争かを区別・判断することなく，あらゆる法律関係は直接に通則法を適用して準拠法（日本法か外国法）を決定する，と解すべきです。

　各国裁判所は，自国の国際私法が指定する準拠法を適用して法律問題を判断します。各国の国際私法が必ずしも同じ内容でないことから，同じ事案について，各国で内容の異なる法が準拠法になる可能性があります。そのため，ある法律関係（例えば，婚姻）は日本で（通則法の指定する準拠法を適用して）有効とされても，外国では（その国の国際私法の指定する準拠法を適用して）無効と判断されることがあります。このように各国で異なる評価をされた法律関係は，跛行（はこう）的法律関係と呼ばれ，各国の国際私法が異なる現状では，どうも避けられない現象です。

2　国際結婚

　通則法は，「婚姻の成立」（24条１項），「婚姻の方式」（24条２項・３項），「婚姻の効力」（25条），「夫婦財産制」（26条），「嫡出である子の親子関係の成立」（28条），「嫡出でない子の親子関係の成立」（29条），「親子間の法律関係」（32条）等について，準拠法の決定のしかたを規定しています。また，扶養義務については，「扶養義務の準拠法に関する法律」に規定があります。それらの法律関係（「単位法律関係」と呼ばれる）については，それぞれの条文により準拠法を決めることになります。

　例えば，結婚に一定の届出・儀式等といった外部形式の要否の問題は，婚姻の「方式」の問題であって，通則法24条２項・３項によれば，婚姻挙行地の法に従っても，いずれの当事者の本国法（国籍所属国の法）に従っても構いませんが，当事者の一方が日本人でしかも日本で結婚する場合，日本法によらなければなりません。そうしますと，例えば，日本人女性と台湾人男性が中国で結婚する場合，

結婚の方式はこの3か国のいずれかの法に適合すれば，日本では有効と認められますが，日本で結婚する場合には，日本法に従って婚姻届を提出しなければなりません。

「方式」以外の結婚要件（実質成立要件）は，通則法24条1項により，「各当事者につき，その本国法による」，と定められていますので，例えば，夫になる人の婚姻適齢は彼の本国法に従い，妻になる人の婚姻適齢は彼女の本国法に従いますが，当事者双方の関係に関わる結婚障碍要件，例えば重婚禁止，近親婚禁止については，性質上，当事者双方の本国法をともに適用することになり，双方当事者のいずれの本国法に照らしても重婚・近親婚でないことが必要です。

なお，日本人同士が結婚する場合，夫婦は夫又は妻の氏を称するが（民750条），外国人と婚姻した日本人は，配偶者の称している氏に変更することができるにとどまり（戸107条），氏を変更しなくてもよいとされています。

3　国際離婚

各国の離婚法制は有責主義と破綻主義とに大別されますが，いかなる条件下で離婚できるかについては国によって異なり，更には，離婚をまったく認めない国や，協議離婚を認めない国もあります。通則法27条によれば，離婚は，「夫婦の本国法が同一であるときはその法により，その法がない場合において夫婦の常居所地法が同一であるときはその法により，そのいずれの法もないときは夫婦に最も密接な関係がある地の法による」（同法25条を準用）ことを原則としつつも，「ただし，夫婦の一方が日本に常居所を有する日本人であるときは，離婚は，日本法による」，と規定されています。したがって，日本で離婚訴訟が提起された場合，裁判所はそれに従い準拠法を決定した上で，その準拠法を適用して離婚の可否を判断します。例えば，日本在住の台湾人夫婦が離婚訴訟を起こした場合，日本の裁判所は夫婦の同一本国法である台湾法を適用して離婚の可否を判断することになります。これに対して，米国人夫とベトナム人妻の夫婦である場合，離婚準拠法が常居所地の日本法になるため，日本民法770条の要件を満たさない限り，日本の裁判所は離婚判決を下すことができません。

離婚の準拠法が協議離婚を認める場合，当事者は協議離婚をすることができます。協議離婚は法律行為なので，その方式（書面・届出・公正証書等の形式）は通則法34条により，離婚の準拠法に従っても離婚地の法に従っても有効です。

ステップアップ

　櫻田嘉章『国際私法〔第6版〕』（有斐閣，2012年），道垣内正人『ポイント国際私法：総論〔第2版〕・各論〔第2版〕』（有斐閣，2007年（総論），2014年（各論））を参照してください。

〔王　欽彦〕

File 4	国際連合（国連）

スタート

　1945年に設立された国際連合（国連）は，どのような目的で作られた，どのような国際組織でしょうか。ここでは，国連設立の経緯を振り返りながら，国連の目的や，組織の構成を理解し，国際法に果たす役割について学習しましょう。

〈キーワード〉
- [ ] 国際連合憲章　　[ ] 総会　　[ ] 安全保障理事会　　[ ] 経済社会理事会
- [ ] 国連平和維持活動（PKO）　　[ ] 国際司法裁判所　　[ ] 拒否権　　[ ] 事務総長
- [ ] 国際法の成文化

サポート

1　国際連合の設立

　第一次大戦において，ヨーロッパ各国は歴史上類を見ない犠牲者を出し，大きな痛手を負いました。この第一次大戦を教訓にして構想されたのが集団安全保障体制であり，この構想を現実化したのが国際連盟です。集団安全保障体制とは，その体制に参加する国のいずれかが侵略等を行った場合に，他の参加国が協力してそれに対抗することを約束し，国家の安全を相互に保障しようとする安全保障の一方式です。しかし，世界初の集団安全保障体制と言われる国際連盟は，第二次大戦を防ぐことができませんでした。この反省を踏まえ，国際連盟に代わる新たな一般的国際平和機構として設立されたのが国際連合です。

　1941年8月14日に英米共同宣言として発表された大西洋憲章は，「一層広範か

290　Folder X　国際社会と法

つ恒久的な一般的安全保障制度」の確立に言及し，1943年10月30日の米英ソ中４か国によるモスクワ宣言は，一般的国際機構を設立する必要性について合意しています。そのような国際機構の骨格は，1944年８月から10月に行われたダンバートン・オークス会議で固められ，1945年４月から連合国50か国が参加して開催されたサンフランシスコ会議において，国連の設立条約である**国際連合憲章**（国連憲章）の草案が審議されました。こうして作られた国連憲章は会議最終日の６月26日に署名が行われ，10月24日に発効して，国連は正式に発足しました。その原加盟国はサンフランシスコ会議参加50か国とポーランドの計51か国です。

2　国際連合の目的，構成，任務

⑴　目　的

国連は，一般的国際平和機構として設立されましたが，国連の目的は，安全保障に限定されません。国連憲章第１条は，国連の目的として，①国際社会の平和と安全を維持すること，②人民の同権及び自決の原則の尊重に基礎をおく諸国間の友好関係を発展させること，③経済的，社会的，文化的又は人道的性質を有する国際問題を解決すること，及び人権や基本的自由の尊重を助長奨励することについて国際協力を達成すること，を挙げています。

⑵　**構成と任務**

国連には６つの主要機関があります。それらは，**総会，安全保障理事会，経済社会理事会，信託統治理事会，国際司法裁判所**，そして**事務局**です。

総会は，すべての国連加盟国の代表で構成され，広く国連憲章の範囲内にある問題を討議します。ただし，総会では一国一票制の形で表決が行われます（国連憲章18条）。その決議には法的拘束力はなく，勧告としての効力しかありません。

安全保障理事会（安保理）は，国連の第一の目的である国際社会の平和と安全の維持について主要な責任を負う機関（国連憲章24条）です。安保理は15か国で構成されます。そのうち５か国は，中国，フランス，ロシア，イギリス，アメリカの常任理事国で，他の10か国は，総会によって選出される非常任理事国です。非常任理事国は，国際社会の平和及び安全の維持等への貢献と衡平な地理的配分を考慮して選出され，任期は２年，毎年５か国ずつ改選され，再選は許されません（国連憲章23条）。手続事項以外の問題についての決定は，常任理事国の同意投票を含む９理事国の賛成投票によって行われます（そのため常任理事国には，いわゆる**拒否権**が認められていると言われています——国連憲章27条）。安保理の一定の

決定は，全加盟国を法的に拘束する（国連憲章25条）という点が他の機関にない特徴です。安保理は，国連憲章第7章に基づく強制措置の発動を決定することができます。

なお，武力紛争の当事者の同意の下，総会又は安保理の決議に基づいて行われる国連平和維持活動（PKO）は，国連の重要な任務の一つとなっており，紛争地域における停戦確保，兵力引き離し，治安維持，選挙監視などを行っています。

国連の安全保障以外の目的を達成するために重要な役割を果たすのが**経済社会理事会**（経社理）です。経社理は，54か国で構成され，理事国の任期は3年で，毎年18か国ずつ改選されます（国連憲章61条）。経社理は，人権関係や人道問題，経済問題，社会問題など幅広い分野を扱っており，多くの下部委員会，補助組織が活発な活動を行っています。

信託統治理事会は，信託統治の監督に当たることを任務としていました（国連憲章75条）が，最後の信託統治地域となったパラオが1994年10月1日に独立したことから，その任務を終了したとして，1994年11月1日から活動を停止しています。

国際司法裁判所は，国連の主要な司法機関です（国連憲章92条——File 7参照）。

事務局は，**事務総長**（1名）と必要な職員で構成されます。事務総長は，安保理の勧告に基づいて総会が任命します（国連憲章97条）。事務総長は，行政職員の長としての行政的任務に加え，安保理に注意喚起を行ったり（国連憲章99条），総会等から委託される周旋，国際調停などをする等，政治的機能も担っています。国連の任務遂行には，国連職員が重要な役割を果たしており，国連職員には一定の中立性と独立性が求められると同時に加盟国からの独立性が保証されています（国連憲章100条）。

これらの主要な機関の他にも，総会が設立した機関（国連開発計画（UNDP），国連児童基金（UNICEF），国連環境計画（UNEP），国連貿易開発会議（UNCTAD）等）や委員会（国際法委員会（ILC）や国連国際商取引法委員会（UNCITRAL）等），国連と連携している専門機関（世界観光機関（UNWTO），国際通貨基金（IMF），国際電気通信連合（ITU），国連教育科学文化機関（UNESCO），国際海事機関（IMO），国際民間航空機関（ICAO）等）等が活発に活動しています。

3　国際連合と法

国連は，世界政府であるかのように，過度に神格化されるべきではありません

292 Folder X 国際社会と法

が，国際法の適用・執行，国際法の定立・形成に大きな役割を果たしています。例えば，国際法の成文化（不文法である慣習法を条約形式で成文化すること）や，漸進的発達に積極的な貢献をしています。総会の補助機関である国際法委員会（ILC）のほか，国連内部の人権委員会（現在は人権理事会），宇宙平和利用委員会が様々に条約を作成したり，国連海洋法条約のように国連主催の外交会議によって直接条約の採択が行われることもあります。

▶ ステップアップ

国際連合の歴史やその構成について理解した人は，さらに筒井若水編『国際法辞典』（有斐閣，1998年）や中谷和弘他著『有斐閣アルマ　国際法〔第3版〕』（有斐閣，2016年）第4章を読んでみましょう。また，国際連合広報局が出している八森充訳『国際連合の基礎知識　2014年版』（関西学院大学出版会，2015年）や明石康著『国際連合――軌跡と展望（岩波新書）』（岩波書店，2006年）も参考になるでしょう。一層専門的に取り組みたい方は佐藤哲夫著『国際組織法』（有斐閣，2005年），藤田久一著『国連法』（東京大学出版会，1998年）等も読んでください。

〔中村　秀之〕

File 5 　障害者権利条約

スタート
ここでは，わが国が2014年に批准した障害者権利条約について，その意義と特徴を学ぶとともに，国内法への具体的影響についても見てみましょう。

〈キーワード〉
- □ 障害（disability）　　□ 法的能力（legal capacity）　　□ 障害者権利委員会
- □ 障害者差別解消法　　□ 意思決定支援（supported decision-making）

サポート

1　障害者権利条約とは？

2006（平成18）年に国連総会で採択された「障害者の権利に関する条約」

(Convention on the Rights of Persons with Disabilities〔CRPD〕)（以下，単に「条約」といいます。）は，わが国においても，国内法の整備を待った上で，2014年1月20日に批准され，同年2月19日に施行されています。

法的拘束力を伴って，障害者を保護の客体から人権の主体へと転換させるよう締約国に求めるこの条約は，1945年の国連成立から60年以上の年月を経てようやく実現しました。それまでも，障害者権利宣言の採択（1975年）や国際障害者年決議（1976年〜1981年）等，障害者の権利に対する意識を向上させる一連の動向はみられましたが，権利制限の余地を残しており，また，行動・実践を伴っているとは必ずしもいえませんでした。

条約では，これら一連の動向の集大成として，前文と本文50ヶ条からなる条約本体と，前文と本文18ヶ条からなり，締約国が自由な選択で締結できる選択議定書（Optional Protocol）とにより，6ヶ国語（英語，フランス語，スペイン語，ロシア語，アラビア語，中国語）の正文で，詳細な規律を設けています（したがって，外務省のＨＰで公表されている同条約の日本語訳は正文ではなく，他に民間による日本語訳が存在します。また，わが国は，この選択議定書を未だに締結していません。）。

2　条約の特徴

(1)　条約の障害概念

条約が採用する「障害（disability）」概念は，いわゆる社会モデルに基づいています。社会モデルによれば，「障害」は，「機能障害を有する者とこれらの者に対する態度及び環境による障壁との間の相互作用であって，これらの者が他の者との平等を基礎として社会に完全かつ効果的に参加することを妨げるものによって生ずる」（条約前文(e)）ものとして捉えられます。つまり，「障害」の医学モデルのように，障害者に生じた不利益を，その者の機能障害という医学的側面にもっぱら還元させるというのではなく，その者に対する態度・環境による障壁（社会的障壁）との相互作用によって「障害」の有無を判定することとなります。

(2)　条約の概要

条約は，25項にもわたる長大な前文の後に，条約の目的が，「全ての障害者によるあらゆる人権及び基本的自由の完全かつ平等な享有を促進し，保護し，及び確保すること並びに障害者の固有の尊厳の尊重を促進すること」にあることを定める第1条，「合理的配慮（reasonable accommodation）」等，条約が用いる基本的用語の定義を定める第2条，自律・自立の尊重や無差別，社会への参加・包容

(inclusion)，機会の均等，施設・サービス等の利用の容易さ（アクセシビリティ[accessibility]）等といった条約の一般原則を定める第3条を置いています。

また，第4条以下では，締約国が果たすべき義務を列挙しています。その中には，生命に対する権利（10条），身体の自由・安全（14条），移動の自由（18条），表現・意見の自由（21条），プライバシーの尊重（22条），教育についての権利（24条），健康を享受する権利（25条），労働についての権利（27条），政治的権利（29条）等といった基本的人権を掲げていますが，これらの権利・自由をすべて，「他の者との平等を基礎として」認めるべきことを締約国に要求しています。

(3) 障害者権利委員会

なお，法的能力（legal capacity）に関する第12条とアクセシビリティに関する第9条については，条約の実施状況を監視する役割を担う**障害者権利委員会**（Committee on the Rights of Persons with Disabilities）によって一般的意見（general comment）が採択され（前者が第1号，後者が第2号），各条項の解釈指針が明らかにされています。

また，同委員会は，条約の実施状況に関する締約国からの報告を審査し，総括所見（concluding observation）をもって勧告を行うこととなっています。わが国も，条約の批准から2年が経過した2016年6月に政府報告書を提出しました。

3 条約の国内法への影響

それでは，条約がわが国にも施行されたことで，国内法はどのような影響を受けたのでしょうか。

(1) 国内法の整備

まず，条約批准の前提として行われた国内法の整備が挙げられます。

具体的には，2011年から2013年にかけて行われた障害者基本法や障害者総合支援法，障害者雇用促進法の各改正，障害者差別解消法の制定などがこれに当たります。

(2) 成年後見法への影響

また，わが国では改正に至っていませんが，民法中に規定をおく成年後見法への影響も指摘できます。すなわち，条約12条が法的能力の平等を求めているところ，この法的能力に行為能力も含まれるとしますと，わが国の成年後見法が行為能力に制限を加えていることから，同条との抵触が問題となります。さらに，同条に関する前記の一般的意見第1号でも，意思決定代行（substitute decision-making）から**意思決定支援**（supported decision-making）への移行が強調されています。この点からも，わが国の成年後見法が成年後見人に包括的代理権を付与している点（民859条）は，今後改正されなければならない課題のように思われます。

ステップアップ

　条約については，長瀬修ほか編『障害者の権利条約と日本―概要と展望〔増補改訂〕』（生活書院，2012年），松井亮輔・川島聡編『概説障害者権利条約』（法律文化社，2010年）が有益です。

〔清水　恵介〕

File 6　国際司法裁判所

スタート

　国際連合の主要な司法機関である国際司法裁判所。付託された紛争を国際法に従って解決するこの国際司法裁判所は，国際社会における「法の支配」にとってとても重要な機関であり，国際社会において最も権威ある裁判所です。ここでは，国際司法裁判所の設立経緯を振り返りつつ，その制度上の特徴を見ていきましょう。

〈キーワード〉
- □ 常設仲裁裁判所　　□ 常設国際司法裁判所　　□ 国際司法裁判所
- □ 勧告的意見　　□ 同意原則　　□ 先決的抗弁　　□ 選択条項受諾宣言
- □ 暫定措置（仮保全措置）　　□ 判決

サポート

1　国際司法裁判所の成立

　19世紀の終わりから，国際的紛争を法により解決することで国際社会の平和が達成，維持されるのではないかという考えが広く支持されるようになっていきました。このような中，1899年の国際紛争平和的処理条約に基づき，オランダの

ハーグに常設仲裁裁判所（PCA）が設立されました。第一次大戦後に設立された国際連盟の規約は，その第14条で常設の国際司法裁判所の設立を規定し，この規定に従って1921年に常設国際司法裁判所（PCIJ）がハーグに設立されました。第二次大戦後，国際連盟の解体でPCIJも役割を終えましたが，国際連合が設立され，その主要な司法機関として国際司法裁判所（ICJ）がハーグに設立されました。ICJ規程はPCIJ規程とほぼ同一で，ICJはPCIJの実質的な後身と考えられています。

2　国際司法裁判所の構成

ICJは異なる国籍を有する15名の裁判官で構成されます（ICJ規程第3条）。裁判官は，各国の最高の司法官に任ぜられる資格を有するか，国際法に有能であるとの名声がある法律家でなければなりません（同第2条）。裁判官は，安全保障理事会（安保理）と総会での選挙で選ばれますが，選挙に際しては，世界の主要文明形態及び主要法系が代表されるよう留意されます（同第9条）。裁判官の任期は9年で，3年ごとに5名が改選されます（同第13条）。なお，ICJには国籍裁判官の制度があり，訴訟当事国の国籍を持つ裁判官がいない場合には，当事国は特任裁判官（judge *ad hoc*）を指名する権利を有します（同第31条）。

3　裁判と勧告的意見

ICJは，国家間の争いについて裁判し，判決を下します。訴訟当事者になれるのは国家だけです。日本は最近「南極海における捕鯨」事件で訴訟当事国になりました。一方，国連総会及び安保理はすべての法律問題について，他の国際機関はその活動の範囲内での法律問題について**勧告的意見**を要請でき，ICJはこの要請に基づき**勧告的意見**を与えることができます。勧告的意見は判決と異なり法的拘束力がありません。しかし，意見を要請した国際機関は，国際的に最も権威のある裁判所の法的判断として，出された意見をよく遵守してきたと言われ，また，勧告的意見は国際法の内容の明確化に大きな貢献をしてきています。1996年の「核兵器の使用・威嚇の合法性」についての勧告的意見は大きな注目を集めました。

4　管轄権

付託された事案を審理し，判決を下す権限を管轄権と言いますが，ICJが管轄権を行使するには紛争当事国の同意が必要です（同意原則）（ICJ規程第36条）。こ

の点，国内の裁判制度とは異なっています。同意のしかたには，①一定の紛争について，あらかじめ条約により ICJ の管轄権に同意しておくもの，②**選択条項受諾宣言**によるもの（「5」参照），③紛争当事国が裁判所への紛争の付託につき特別に合意するもの（合意付託），④紛争の一方の当事国が提訴した場合に，他方の当事国が ICJ の管轄権を認め，手続に参加するもの（応訴管轄）があります。この同意原則のために，ICJ の裁判では，しばしば訴訟当事国から**先決的抗弁**が提起され，本案の審理の前に ICJ に管轄権があるかどうかの決定が行われます（同第36条6項）。なお，先決的抗弁では，ICJ の管轄権の有無だけでなく，受理可能性（国内救済が尽くされたか，訴えの利益があるかなど）についても争うことができます。

5　選択条項受諾宣言

各国は，ICJ 規程第36条2項に基づき，ICJ の強制管轄権を受諾することをいつでも宣言することができ，宣言を行った国の間では，同一の義務を受諾している範囲内で ICJ の管轄権が自動的に設定されます。国際裁判所が国内の裁判所と同じように一般的な強制管轄権を持つことを期待して，PCIJ 時代に導入された仕組みです。しかし，この宣言を行っているのは現在でも国連の全加盟国の3割程度です（日本は1958年に受諾）。当初宣言を行っていたアメリカやフランスはその後宣言を撤回し，安保理の常任理事国で宣言を行っているのはイギリスだけです。また，受諾宣言には様々な留保が付されることが多く，宣言の有効期間を設定したり（時間的留保），特定事項に関する紛争を除外したり（事項的留保）しています。

6　裁判手続と判決

ICJ の裁判手続は ICJ 規程及び ICJ 規則に定められています。審理は，書面手続と口頭手続の二つの手続で行われます。一方の当事者が出廷しなくても手続は中断されません（ICJ 規程第43条）。管轄権や本案の判決を待つと当事国の権利に回復しがたい損害が生じるおそれがある場合，ICJ は「**暫定措置**」（仮保全措置）を指示することができます（同第41条）。判決は，出席した裁判官の過半数で決定され，可否同数の時は裁判所長が決定権を有します（同規程題55条）。判決は終結とされ，上訴はできません（一審終結）（同規程第60条）。判決には理由が付されます（同規程第56条）。主文に反対の裁判官は反対意見，理由に反対の裁判官は個

298　Folder X　国際社会と法

別意見，理由を付さずに同意又は反対を表明する裁判官は宣言を付すことができます（同規程第57条）。また，判決の法的拘束力は紛争当事国間のその特定の事件に関してのみ及びます。

　一方の当事国が判決を履行しない場合，他方の当事国は安保理に訴えることができますが，どのような措置を講じるか，あるいは講じないのかは安保理次第です。安保理の決定には常任理事国の拒否権が働くため（国連憲章第27条），判決に従わない常任理事国に対して強制措置がとられる可能性はほとんどありません（例えば，ニカラグア事件）。ただし，実際には，判決が履行されなかったケースは例外であり，判決のほとんどは自発的に履行されています。

ステップアップ

　国際司法裁判所は，国際法の教科書，体系書において必ず取り上げられています。例えば，小寺彰他編『講義国際法　〔第2版〕』（有斐閣，2010年），杉原高嶺『国際法講義〔第2版〕』（有斐閣，2013年）や，中谷和弘他著『有斐閣アルマ　国際法　〔第3版〕』（有斐閣，2016年）などの「紛争の平和的解決」の章を参照してみてください。国際司法裁判所についてさらに詳しく知りたい場合には，杉原高嶺『国際司法裁判制度』（有斐閣，1996年）や，小田滋著（酒井啓亘，田中清久補訂）『国際司法裁判所〔増補版〕』（日本評論社，2011年）を見てみましょう。

〔中村　秀之〕

File 7　EU（EC）法

スタート

　ヨーロッパ（欧州）では，第二次大戦後，主権国家の枠組みを超える統合の試みが進められてきました。この試みにより，欧州共同体（EC）が生まれ，それが欧州連合（EU）へと発展してきました。ここでは，欧州統合の歴史を簡単に振り返りつつ，EUの構成とEU法の基本的枠組みについて見ていきます。

〈キーワード〉

☐ 欧州共同体（EC）　　☐ 欧州連合（EU）　　☐ マーストリヒト条約
☐ リスボン条約　　☐ EU 条約　　☐ EU 運営条約　　☐ EU 基本権憲章
☐ 規則　　☐ 指令　　☐ 決定　　☐ 勧告　　☐ 意見　　☐ 欧州議会
☐ 欧州理事会　　☐ 理事会　　☐ 欧州委員会　　☐ EU 司法裁判所
☐ 外交安全保障上級代表

| サポート |

1　ヨーロッパ統合の発展

　第二次大戦後，フランス＝ドイツ間の戦争を繰り返さないために構想された
石炭・鉄鋼の共同管理は欧州石炭鉄鋼共同体（ECSC）として実現します（1951年）。
加盟国はフランス，西ドイツ，イタリア，ベルギー，オランダ，ルクセンブルク
でした。1958年には欧州経済共同体（EEC）と欧州原子力共同体（Euratom）が
設立されました。これらの 3 組織を統合する合併条約が1967年に発効し，1 つの
欧州委員会，1 つの理事会となり，EC が誕生しました。1973年にはイギリス，
アイルランド及びデンマークが，1981年にはギリシャが，1986年にはスペインと
ポルトガルが加盟します。その後，単一欧州議定書（1986年署名，1987年発効）に
より，「物，人，サービス及び資本の自由移動が確保される」域内市場の概念が
導入され，また，欧州理事会（the European Council）が条約上の根拠を得ました。
　EU の設立は，1993年発効のマーストリヒト条約（EU 条約）によります。同条
約は，①条約の枠組みを基礎とするこれまでの EC（EEC 条約は EC 条約に変更）
という柱に加えて，政府間協力を基礎とする 2 つの柱，②共通外交安全保障政策
及び③司法・内務協力という 3 本柱からなる EU を創設しました。また，単一通
貨ユーロの導入が決められ，2002年に実際に流通を始めました。さらに，欧州連
合市民（EU 市民）という概念も誕生しました。なお，1995年に，オーストリア，
スウェーデン，フィンランドが加盟しました。
　1999年のアムステルダム条約の発効で，③の司法・内務協力の一部が EC 条約
に取り込まれ，また，EU の外にあった，国境管理を廃止するシェンゲン協定は
同条約の付属議定書（シェンゲン議定書）として挿入されました。
　1989年ベルリンの壁崩壊後，東欧諸国が EU 加盟を模索します。EU はニース
条約（2003年発効）を準備し，組織改革を行いました。この後，キプロス，マル

タとポーランド，ハンガリー，チェコ，スロバキア，スロベニア，ラトビア，リトアニア，エストニア（2004年），ルーマニア，ブルガリア（2007年）が加盟します。

　2004年署名の欧州憲法条約は発効しませんでしたが，改革条約（リスボン条約）が2009年に発効しました。これにより，EU条約は新たなEU条約に，EC条約はEU運営条約に変更され，ECは消滅してEUがそれを継承しました。旧EU条約で掲げられた3本柱はすべてEU条約またはEU運営条約に取り込まれました。また，EU共通外交政策を遂行する外交安全保障上級代表（外交安保代表）が創設されました。さらに，EUへの法人格の付与，市民の参加，国内議会の関与，欧州議会の権限拡大といった，いわゆる民主主義の赤字の改善が図られたほか，基本権の保障の強化，EUと加盟国の権限配分の明確化，脱退規定の導入などが行われました（なお，この脱退規定に基づき2017年3月イギリスがEUに脱退を通告しました）。2013年のクロアチア加盟により，2016年8月現在の加盟国数は28か国です。

2　EU法

　EU法には第一次法と第二次法があります。第一次法は，EU条約とEU運営条約，これらと同等の法的価値を有するEU基本権憲章からなる「EU基礎条約」と，EUが第三国または他の国際組織との間で締結した条約で構成されます。第二次法（広義）は，第一次法から派生し，EUの諸機関が採択する「立法行為」（狭義の第二次法）と，それに基づく「委任行為」と「実施行為」（これらをあわせて「非立法行為」という）で構成されます。第二次法には，一般的適用性を有する「規則」，達成すべき結果につき名宛人たる加盟国を拘束する「指令」，すべての部分が拘束力を持ち，名宛人を特定した場合は名宛人のみを拘束する「決定」，法的拘束力を有さない「勧告」および「意見」があります（EU運営条約第288条）。

3　EUの構成

(1)　欧州議会

　理事会と同じ立法機関であり（EU条約第14条），また，欧州委員会に対する監督権限を有します。議員はEU市民による選挙で選出されます（同条）。

(2)　欧州理事会（the European Council）

　リスボン条約により会議から機関となり，欧州理事会常任議長という役職が創

設されました。加盟国首脳，常任議長および欧州委員会委員長で構成され，政治的方向性，優先順位を定めます（同第15条）。

(3) 理事会 (the Council)

各加盟国の閣僚級の代表により構成され，立法および政策決定を行う EU の中心的機関です（同第16条）。分野ごとに会合し，現在は，総務，外務，経済財務，司法内務，雇用・社会政策等，競争，運輸等，農業・漁業，環境，教育・青少年・文化等の10の分野があります。

(4) 欧州委員会

欧州委員会は，法案や予算案の提出権を独占し，EU の立法，政策を実施し，EU 法の適用を監督します（同第17条）。委員長は，欧州理事会が欧州議会に候補者を提案し，欧州議会が選出します。委員については，理事会が委員長指名者と合意して加盟国の提案に基づき委員候補者リストを作成します（特定多数決）。その後，委員長，外交安保代表（兼副委員長）及びその他の委員が一体として欧州議会の承認（投票数の過半数）を得，欧州理事会の特定多数決により任命されます（同条）。欧州委員会には複数の総局とサービス部門があり，3万人を超える職員が働いています。委員は1又は複数の総局の長となります。

(5) EU 司法裁判所

欧州司法裁判所，一般裁判所及び専門裁判所から構成され（同第19条），EU 条約及び EU 運営条約の解釈と適用において法が順守されることを任務とします（同条）。裁判所の判例に先例拘束性はありません。裁判所が扱う事件は，加盟国や自然人，法人による通常の訴訟案件のほか，国内裁判所からの付託事項に対して裁定を下す先決裁定手続と，EU が締結する国際条約と EU 条約及び EU 運営条約の両立性を審査する裁判所意見という重要な司法制度もあります（同条）。

(6) その他の機関

欧州中央銀行，会計検査院，経済社会評議会，地域評議会及び各種のエイジェンシー（欧州環境庁，欧州麻薬監視機関，欧州海上保安機関など）があります。また，外交安保代表の下には欧州対外行動庁が設けられています。

◢ ステップアップ

リスボン条約の発効により EU 及び EU 法は大きく変化しました。リスボン条約以前の判例等は今でも意義がありますが，これから勉強するのであれば，比較的新しい本を読むと良いでしょう。例えば，庄司克宏『はじめての EU 法』（有斐閣，2015年），同

302 Folder X 国際社会と法

『新EU法 基礎編』(岩波書店, 2013年), 同『新EU法 政策編』(岩波書店, 2014年), 中西優美子『EU法』(新世社, 2012年)を読んでみてください。

〔中村 秀之〕

File 8 　国際ビジネスと法

> **スタート**
>
> 　世界市場の一体化が進む今日においては, 国際ビジネスはその重要性がますます高まり, 極めて身近なものとなっています。ヒト・モノ・カネ等の国際間の流動が伴っていることから, 国際ビジネスに特有の法律問題があります。ここでは, かかる法律問題を考えてみましょう。

〈キーワード〉
- [ ] 抵触法　　□ 準拠法　　□ 最密接関係地法　　□ WTO　　□ CISG
- [ ] INCOTERMS　　□ 国際裁判管轄　　□ 仲裁

サポート

1　国際ビジネスに関する抵触法・準拠法の問題

　グローバリゼーションという言葉に象徴されるように, 今日では, 世界市場の一体化が進み, ほとんどの国との垣根が低くなっています。このような状況下においては, 本来, 一国の国内で行われるあらゆる種類の経済活動の様態が国際ビジネスの舞台にも登場してきます。国際間で経済活動が展開される場合は, 複数の国の法令と関わりを持つようになって, 特に国際取引等の両当事者の所在が異なる国である場合, 当該取引等に関係する法律行為の私法上の効力等についてはどの国の法令に従って判断されるのか, という問題が出てきます。これがいわゆる国際ビジネスに関する**抵触法**(Conflict of Laws, 法の抵触, 国際私法ともいいます。)の問題です。

　日本では, 上記の**抵触法**の問題を規律するルールとして, 「法の適用に関する通則法」(平成18年法律第78号, 以下では, 「通則法」と略称します。)があり, これに従って国際ビジネスに係る法律行為の**準拠法**(Governing Law)が確定されます。

まず，法律行為の成立および効力は，当事者がその法律行為の当時に選択した地の法によるものとされます（通則法 7 条）。実務では，国際ビジネス契約が締結される際に，当事者の合意の下で，当該契約の準拠法に関する条項を盛り込むことが多いです。つぎに，当事者による準拠法の選択がない場合もありますが，この場合，法律行為の成立および効力は，その法律行為の当時において最も密接な関係がある地の法（最密接関係地法）によるものとされます（同法 8 条 1 項）。一般的には特徴的な給付を行う当事者の常居住地法が最密接関係地法に該当しますが，不動産を目的物とする法律行為については，その不動産の所在地法が当該法律行為の最密接関係地法と推定されます（通則法 8 条 3 項）。また，国際ビジネスについて法令の適用を検討する際に，私法上の準拠法の確定と関係国の公法的規制の適用とはまったく別次元の問題であることに注意しなければなりません。原則として，各関係国の絶対的な強行法規の適用は当然に免れないことになります。

2　国際ビジネスに関する統一的なルール

国際ビジネスをスムーズに行えるようにするためには，国際間の広範な合意に基づいて統一的なルールの形成を模索していくことが望ましいと思われます。このような統一的なルールおよびその形成に取り組んでいる組織は多数ありますが，ここでは，いくつか代表的なものについて簡単にみておきましょう。

⑴　WTO

WTO（世界貿易機関：World Trade Organization）は，1947年に発足した GATT（貿易と関税に関する一般協定：General Agreement on Tariffs and Trade）を前身に持ち，最も影響力のある世界的な貿易機関です。2016年 8 月現在で164ヵ国・地域が加盟しています。WTO 協定（WTO 設立協定およびその附属協定）は貿易に関連する様々な国際ルールを定めています。WTO はこうした協定を策定していると同時に新たな貿易課題に取り組むなど，多角的貿易体制の中核を担っています。

⑵　CISG

CISG（国際物品売買契約に関する国際連合条約：UN Convention on Contracts for the International Sale of Goods）は，国際取引の発展促進を目的として，国連国際商取引法委員会（UNCITRAL）が起草した国際条約です。2018年 3 月現在の締約国は89ヵ国です。異なる締約国にある企業の間の取引においては，この条約が統一法として適用されるから，いずれの国の法が適用されるかという不確実性を解消し，法的安定性を高めることができます。

(3) INCOTERMS

INCOTERMS（貿易取引条件解釈の国際規則：International Rules for the Interpretation of Trade Terms）は，国際商業会議所（ICC）が国際売買の行動準則の統一を図るために策定した貿易条件に関するルールです。最新版は2011年1月1日に発効したINCOTERMS2010になります。国際売買契約を締結する際に，当事者がINCOTERMS所定のFOB（本船渡し）やCIF（運賃保険料込）などの定型化貿易条件を援用することによって，紛争回避を図ります。現在では，INCOTERMSはほとんど世界標準となっていますが，法や国際条約ではなく，強制力が伴いません。そのため，当事者がINCOTERMS所定の貿易条件を援用したい場合は，契約において援用することについて明示する必要があります。

3 国際ビジネスにおける紛争解決

国際ビジネスにおける紛争の解決手段は，協議による和解以外に，訴訟，**仲裁**等の選択肢があります。訴訟による紛争解決の場合は，準拠法の問題もあれば，管轄権のある裁判所を確定する必要もあります。当事者の合意により，国際ビジネス契約においてあらかじめ専属的管轄に関する条項をおくことができますが，かかる合意がない場合は，**国際裁判管轄**（Folder X File9参照）の問題が生じます。日本では，国際裁判管轄の有無については，民事訴訟法第2章第1節の規定に従って判断されます。

もっとも，一国における訴訟はその国でのみ効力があり，訴訟による確定判決を得ても，必ずしも外国で強制執行できるとは限りません。それに比べて，仲裁判断のほうは外国での執行が容易であると思われます。それは多くの国が「**外国仲裁判断の承認と執行に関する条約**」（Convention on the Recognition and Enforcement of Foreign Arbitral Award）等の**仲裁**関係の条約に加盟しているからです。また，当事者が紛争解決の手段として仲裁を選択したい場合は，契約において仲裁合意の条項を予め定めておく必要があります。

◢ ステップアップ

国際ビジネスと法の問題は，多岐にわたる法律分野と関係し，独特の複雑性があります。さらに学習したい人は，浜辺陽一郎『現代国際ビジネス法』（日本加除出版，2018年），久保田隆『国際取引法講義』（中央経済社，2017年）等を参照してください。

〔王　偉杰〕

File 9 国際民事訴訟 305

| File 9 | **国際民事訴訟** |

○スタート

　　国際民事訴訟については，国際裁判管轄，外国での送達や証拠調べ，国際二重起訴，外国判決の承認・執行，等の問題があります。また，裁判所は外国法を準拠法として適用することもありますが，それは国際私法の問題です。

〈キーワード〉
□ 国際裁判管轄　　□ 外国判決　　□ 外国仲裁判断　　□ 国際訴訟競合
□ 司法共助

サポート

1　国際裁判管轄

　民事紛争について訴えが提起された場合，裁判所は審理を拒否できません（裁判を受ける権利，憲32条）。しかし，渉外（国際）民事紛争の場合では，それが外国の裁判所で提訴すべきものとして，日本の裁判所は裁判を断ることがあります。外国の裁判権との関係において一国の裁判権の有無の問題は，国際裁判管轄の問題と呼ばれます。裁判権は国家主権の一部であり，それを制限する国際条約がない以上，日本の国際裁判管轄の問題は，日本の裁判権行使の自己抑制の問題になります。受訴裁判所は，提起された訴えについて，日本は国際裁判管轄を有しないと判断する場合，訴えを却下します。

　各国の裁判所は自国のルールに従って自国裁判所の国際裁判管轄を判断します。世界各国の国際裁判管轄を調整する条約がないため，同じ紛争に対して複数国の裁判所は自国の国際裁判管轄を肯定することがあり，これにより国際訴訟競合の現象が生じます。

⑴　財産関係事件の国際裁判管轄

　どのような場合において日本の裁判所は渉外事件を審理・判決すべきかという国際裁判管轄の問題について，明治民訴法には直接な規定がありませんでした。しかし，土地管轄の規定から日本の国際裁判管轄の有無を推論することができま

す。すなわち，土地管轄の規定により日本のある裁判所が土地管轄権を有する場合，日本は国際裁判管轄を有するということができます。ところが，戦後，国際裁判管轄について民訴法に明文規定がない以上，「各国の裁判機関が国際的に協力して国際的私法交通から生じる民事・商事の事件の裁判機能を分担する」という理念に基づいて判断すべきだという「管轄配分説」が主張され，日本の通説になりました。それで，2011年に民訴法が改正され，財産関係事件に対する日本の国際裁判管轄について明文規定が置かれるようになりました（民訴3条の2以下の内容を参照してください）。

(2) 家事事件の国際裁判管轄

離婚などの人事訴訟事件に関する日本の国際裁判管轄も，明文規定がないため，判例法理により判断されることになっています。明確性を図るために，人事訴訟法および家事事件手続法において国際裁判管轄の規定を新設する法律案が国会に提出され，2018年現在では継続審議中です。

2　国際民事司法共助

日本の訴訟手続において，外国で送達や証拠調べを行うことが必要になる場合があります。ところが，送達や証拠調べは国家権力（司法権）の行使とみられるため，許可なく外国で行うと，当該国の主権の侵害と批判されかねません。従って，条約により，または外国政府の個別応諾を得る上で，外国の政府や裁判所に送達・証拠調べを代行してもらいます。外国での送達ができない場合，裁判所は公示送達を行うこともできますが，当該事件の判決は外国で承認・執行されない可能性は高いです（公示送達により開始した外国訴訟手続の判決は日本でも承認されません。民訴118条2号）。外国での証拠調べができない場合，裁判所は妥当な判断ができない可能性があり，これを理由に日本の国際裁判管轄を否定した判決例もあります（遠東航空事件＝東京地裁昭和61年6月20日判決）。

3　外国判決の承認・執行

裁判所の民事判決は，訴えの類型（給付・確認・形成）に応じて，国家権力に基づく給付命令ないし確認・形成（法律関係の変動の）の宣言であり，その効力は原則として国境を超えません。しかし，多くの国は，外国民事判決を承認・執行する制度を設けています。日本でも，民訴118条の掲げる要件を満たせば，外国の民事確定判決の効力が承認され，また，民事執行法24条の執行判決を得た上

で，その強制執行ができます。承認される**外国判決**があると，その既判力により，日本で同じ紛争を蒸し返すことができなくなります。

4　国際訴訟競合（国際二重起訴）

国際民事紛争について複数の国で訴訟する可能性がありますから，当事者は，各国の法律・訴訟制度の相違（例えば陪審制の有無）や，言語・場所についての利便性などを考慮して，自己に有利な国で訴訟したいと思うのは当然です。そのため，ある国で訴えを提起した原告又はその被告が，別の国で同一事件につき提訴することがよくあります。

二重起訴を禁止する民事訴訟法142条は前訴を優先して後訴を却下するとしていますが，この条文は国際訴訟競合に適用しないと解釈されているので，たとえ外国での訴訟が先に提起された場合であっても，日本での後訴は却下されません。しかし，内外国の手続が並行して不経済をもたらすほか，将来，外国裁判所の判決が先に確定した場合，民事訴訟法118条の要件を満たせば，日本ではその効力が承認されるため，その既判力により，日本での訴訟手続は無駄になります。そのため，国際訴訟競合に何らかの規制を加えるべきだとの主張があります。

5　国際仲裁

仲裁は，紛争の当事者に選任された仲裁人が，裁判官の代わりに紛争の判断をする制度です。仲裁判断には裁判所の確定判決と同一の効力が付与されます（仲裁45条）。当事者間の合意に基づく私的紛争解決の性格が強いため，また，1958年「外国仲裁判断の承認及び執行に関する条約」もあり，外国での承認・執行は比較的容易です。日本では，裁判所の執行決定（仲裁46条）を得て，**外国仲裁判断**を強制執行することができます。

◤ ステップアップ

国際民事訴訟に関心のある方は，本間靖規・中野俊一郎・酒井一『国際民事手続法〔第2版〕』（有斐閣，2012年）を参照してください。

〔王　欽彦〕

執筆者一覧 （執筆順）

村田　　彰	流通経済大学名誉教授〈編者〉	Ⅰ-1・2・3，Ⅲ-1
藤原　正則	北海道大学名誉教授	Ⅰ-4，Ⅵ-5，Ⅶ-7
宮平　真弥	流通経済大学教授	Ⅰ-5・6
西島　良尚	流通経済大学教授・弁護士	Ⅱ-1・2，Ⅲ-9・11，Ⅵ-3
村上　正子	名古屋大学教授	Ⅱ-3・4
清水　恵介	日本大学教授・弁護士	Ⅱ-5，Ⅳ-8，Ⅹ-5
中村　昌美	名古屋学院大学教授	Ⅱ-6，Ⅶ-5，Ⅹ-1
信太　秀一	流通経済大学教授	Ⅱ-7・8，Ⅶ-13，Ⅷ-3
平山　陽一	駿河台大学専任講師	Ⅲ-2
芦野　訓和	東洋大学教授	Ⅲ-3・13，Ⅷ-6
長坂　　純	明治大学教授	Ⅲ-4
青木　則幸	早稲田大学教授	Ⅲ-5・8・12
隅谷　史人	流通経済大学准教授	Ⅲ-6，Ⅳ-3
花立　文子	元白鷗大学教授	Ⅲ-7，Ⅶ-9，Ⅷ-10
布山　裕一	流通経済大学兼任講師	Ⅲ-10，Ⅷ-13
雨宮　則夫	弁護士	Ⅲ-14，Ⅵ-9
溝田　泰夫	元流通経済大学教授	Ⅳ-1・6
川地　宏行	明治大学教授	Ⅳ-2，Ⅷ-12
柴崎　　暁	早稲田大学教授	Ⅳ-4・5，Ⅴ-9
萩原　基裕	大東文化大学教授	Ⅳ-7，Ⅷ-11
楠元純一郎	東洋大学教授	Ⅴ-1・2・3
神吉　正三	龍谷大学教授	Ⅴ-4・5・6
梅村　　悠	上智大学教授	Ⅴ-7・8
黄　　詩淳	国立台湾大学副教授	Ⅵ-1・7・8
前田　　泰	群馬大学教授	Ⅵ-2，Ⅶ-4・11・12

蓮田　哲也	日本大学准教授		Ⅵ-4・6
熊谷　士郎	青山学院大学教授		Ⅶ-1，2・3
平　　誠一	日本経済大学教授		Ⅶ-6，Ⅷ-7，Ⅸ-5・6
上山　　泰	新潟大学教授		Ⅶ-8，Ⅷ-9
王　　偉杰	流通経済大学准教授		Ⅶ-10，Ⅹ-8
大塚　哲也	流通経済大学准教授		Ⅷ-1・2
島田美小妃	流通経済大学専任講師		Ⅷ-4・5
晴山　秀逸	東京大学出版会		Ⅷ-8
前田　　聡	流通経済大学教授		Ⅸ-1・2・8・11
周　　作彩	流通経済大学教授		Ⅸ-3・4・12，Ⅹ-2
德永　達哉	熊本大学准教授		Ⅸ-7・10
村山　貴子	武蔵野音楽大学専任講師		Ⅸ-9
王　　欽彦	静宜大学教授		Ⅹ-3・9
中村　秀之	公益財団法人日本海事センター研究員		Ⅹ-4・6・7

＜編者＞

村田　彰（むらた　あきら）

流通経済大学名誉教授

1953年山口県生まれ。1988年3月法政大学大学院博士課程科目修了。佐賀大学助教授などを経て，2001年4月より流通経済大学法学部教授（2005年4月より同大学院法学研究科教授を併任）。

主な著作として，「不法原因給付と所有権の帰属」安達三季夫監修『債権法重要論点研究』（酒井書店，1988年），「遺贈と心裡留保──特に包括遺贈を中心として」（1）（2・完）法学志林87巻4号，88巻1号（1990年），「契約の成否と多角的法律関係」法律時報81巻3号（2009年），『温泉法の立法・改正審議資料と研究』（共編著，御茶の水書房，2009年），『リーガルスタディー法学入門』（酒井書店，初版2002年，第二版2005年，第三版2007年），『現代とガバナンス』（共編著，酒井書店，2008年），『現代日本とガバナンス』（共編著，流通経済大学出版会，2011年）などがある。

リーガルスタディー現代法学入門

| 2018年6月25日 | 第1版第1刷発行 |
| 2024年10月5日 | 第1版第3刷発行 |

編　者　村　田　　　彰

発行者　山　本　　　継

発行所　㈱中　央　経　済　社

発売元　㈱中央経済グループ
　　　　パブリッシング

〒101-0051　東京都千代田区神田神保町1-35
電　話　03(3293)3371(編集代表)
　　　　03(3293)3381(営業代表)
https://www.chuokeizai.co.jp

©2018
Printed in Japan

製版／東光整版印刷㈱
印刷・製本／㈱デジタルパブリッシングサービス

＊頁の「欠落」や「順序違い」などがありましたらお取り替えいたしますので発売元までご送付ください。(送料小社負担)

ISBN978-4-502-26861-8 C3032

JCOPY〈出版者著作権管理機構委託出版物〉本書を無断で複写複製（コピー）することは，著作権法上の例外を除き，禁じられています。本書をコピーされる場合は事前に出版者著作権管理機構（JCOPY）の許諾を受けてください。
JCOPY〈https://www.jcopy.or.jp　eメール：info@jcopy.or.jp〉